大变革时代
中国经济的
五大战略

主编：海闻　副主编：巴曙松

FIVE MAJOR STRATEGIES FOR CHINA'S ECONOMY

北京大学出版社
PEKING UNIVERSITY PRESS

图书在版编目（CIP）数据

大变革时代中国经济的五大战略 / 海闻主编. —北京：北京大学出版社，2023.9
ISBN 978-7-301-33844-5

Ⅰ.①大… Ⅱ.①海… Ⅲ.①中国经济－经济发展战略－研究 Ⅳ.①F124

中国国家版本馆CIP数据核字(2023)第079502号

书　　　名	大变革时代中国经济的五大战略 DA BIANGE SHIDAI ZHONGGUO JINGJI DE WU DA ZHANLÜE
著作责任者	海　闻　主编
策划编辑	裴　蕾
责任编辑	高　源　黄炜婷
标准书号	ISBN 978-7-301-33844-5
出版发行	北京大学出版社
地　　　址	北京市海淀区成府路205号　100871
网　　　址	http://www.pup.cn
电子邮箱	编辑部：em@pup.cn　总编室：zpup@pup.cn
新浪微博	@北京大学出版社　@北京大学出版社经管图书
电　　　话	邮购部010-62752015　发行部010-62750672　编辑部010-62750667
印　刷　者	涿州市星河印刷有限公司
经　销　者	新华书店
	720毫米×1020毫米　16开本　16.5印张　260千字
	2023年9月第1版　2023年9月第1次印刷
定　　　价	65.00元

未经许可，不得以任何方式复制或抄袭本书之部分或全部内容。
版权所有，侵权必究
举报电话：010-62752024　电子邮箱：fd@pup.cn
图书如有印装质量问题，请与出版部联系，电话：010-62756370

序 PREFACE

当前,中国正处一个重要的历史时期:一方面,经过40多年的改革开放和经济高速增长后,中国经济综合实力已进入世界前列;另一方面,人均收入进入中等水平之后,一系列新的问题正在出现。人民群众对美好生活的需求不断增长,由此产生的产业不匹配和发展不平衡等问题也日益凸显。全球经济也遇到很多新的挑战,如国际经贸关系受到地缘政治的破坏,世界正处在一个新的大变革时代。

同时,中国仍是发展中国家,从传统经济向现代发达经济的起飞过程还没有结束,经济仍有较高的增长速度。中国特色社会主义市场经济改革还没有完全完成,通过改革和开放来促进经济和社会的发展仍有很大的空间。为更系统全面地反映中国经济当前和未来的发展态势,增进广大读者对新时期中国发展战略选择的理解,我们策划了《大变革时代中国经济的五大战略》一书。

本书内容选编自北京大学汇丰商学院和北京大学汇丰金融研究院主办的《北大金融评论》。自2019年创刊至今,《北大金融评论》坚持"中国金融,全球价值"定位,就"金融开放""大城市群重构金融格局""双循环战略""'双碳'金融""养老金融与银发经济""金融可持续减贫""中国式现代化金融新征程"等话题进行了深入探讨。

本书分为五篇,分别对应中国经济的五大战略:第一篇是收入分配改革与共同富裕;第二篇是"双碳"目标与经济转型;第三篇是双循环与新发展战略;第四篇是大城市群与新型城市化;第五篇是积极应对人口老龄化国家战略。

第一是收入分配改革与共同富裕。经过40多年的改革和发展，中国贫困人口大幅减少。联合国开发计划署署长阿奇姆·施泰纳（Achim Steiner）曾表示，中国的扶贫成就在规模和时间上都是空前的。但是，收入不平等问题在中国依然突出。北京大学汇丰商学院经济学教授、中国经济体制改革研究会副会长、国民经济研究所所长樊纲指出，不平等问题一直以来都是人类的一个难题，从卢梭到马克思再到皮凯蒂，都在讨论和分析此问题。因此，逆转不平等增长趋势要做长期打算。

传统经济时代，农业、农村和农民的发展是一个普遍问题，而当经济发展到一定阶段，它就成为突出问题。在经济起飞过程中，经济发展会导致农业比例不断下降、农村经济发展滞后、农民相对收入下降。在共同富裕目标下，要实现乡村振兴，必须遵循经济发展规律：降低从事农业生产的农民数量，并通过城镇化或从事非农产业的方式提高农民收入。同时，通过土地集中、资本下乡、机械化和智能化，实现农业现代化；鼓励创新创业，发展非农产业，拓展就业渠道，增加农民收入；对需要保留的村庄增加经济投入，加强管理，改善农村生态、人文、社会环境等。

第二是"双碳"目标与经济转型。在2020年9月举行的第七十五届联合国大会一般性辩论上，中国正式提出力争于2030年实现碳达峰，2060年前实现碳中和。博鳌亚洲论坛副理事长、第十二届全国政协副主席、中国人民银行前行长周小川认为，碳市场和碳价格将为未来碳达峰、碳中和起到重要作用，但需要着重考虑四个方面的问题：碳价格的激励、碳配额的收费用途、碳减排的补偿，以及碳科技的回报。这就意味着，碳中和是一个对现有产业格局进行重构的过程，不同的产业格局需要根据碳中和目标调整创新。2020年，北京大学汇丰商学院联合汇丰中国发布了《粤港澳大湾区绿色金融发展报告》，首次对大湾区的绿色金融政策、区内城市的相关布局和定位以及绿色金融产品的发展状况等进行了梳理和分析。依托中国市场的巨大潜力、凭借自身产业升级和金融产业优势，粤港澳大湾区有望成为全球绿色金融发展的中坚力量。

"双碳"目标亦代表着"人类命运共同体"理念，也是当下中国与世界沟通最重要的话题之一。由于各国资源禀赋和比较优势不同，通过合作与分工，有利于拓宽资源获取渠道，建立全球能源互联，保障低碳环境下的能源供给能力和各国发展权利，实现经济增长和减碳双赢。

第三是双循环与新发展战略。随着中国的快速崛起和对外经贸的发展，世界经济格局发生了很大的变化，各国相对经济地位的变化使得它们在与中国的经贸关系方面更加注重本国的利益。面对新的国际政治经济形势，中国的选择有两个：一是我行我素，不惜与世界各国经济脱钩；二是坚持改革，扩大开放，与世界各国合作共赢。毫无疑问，中国必须选择后者。

随着"十四五"规划与2035年远景目标纲要的出台，畅通国内大循环、促进国内国际双循环已经成为推动中国经济高质量发展的必然格局。双循环战略的提出意味着我国既要强调对外开放，也要强调国内开放。

在新的历史发展阶段，中国的高水平开放，首先意味着"更大范围、更宽领域、更深层次"的开放。不仅仅在"自贸区"要开放，在整个国家也要开放；不仅仅在制造业要开放，在金融、法律、医疗等服务业也要开放；不仅仅在具体做法上要开放，在制度和体制层面上通过改革也要开放。高水平开放还具备两个重要的特点：一是认同和遵守国际通行的规则，坚持多边主义的全球化；二是通过开放中国市场，让国际合作的各方获得利益。

第四是大城市群与新型城市化。截至2022年年底，中国的城镇化率为65.22%。但是，发达国家的城镇化率大多超过80%。在可预见的未来，城镇化还会继续成为拉动中国经济的动力。其中主要原因之一就是城镇化本身会带来新的消费。"十四五"规划建议提出："优化行政区划设置，提高中心城市综合承载能力和资源优化配置能力，强化对区域发展的辐射带动作用。"在城镇化的稳步推进中，城市群已然成为观察中国区域发展的重要视角。

随着劳动力、产业等要素进一步向城市群集聚，城市群内部通常将经历多样化与高科技型的产业升级过程。复旦大学特聘教授、重庆市原市长黄奇帆先生从供给侧的视角提出了"城市群经济学"的概念，并从合理布局城市群的空间架构、积极构建垂直整合的产业链集群、提升区域要素市场化配置效率和持续改善营商环境等方面做出具体阐述。

当前长三角、粤港澳大湾区、京津冀等城市群已经建立起明显的优势，下一步如何发挥潜力值得探讨。香港中文大学原校长、深圳高等金融研究院理事长、斯坦福大学李国鼎经济发展荣休讲席教授刘遵义认为，粤港澳大湾区如果能够成功发展，就会为中国其他的跨省市地区，例如长三角、渤海湾等区域，提供一个经济组合的可行模式。因此要尽量让商品与服务、人、资金、信息都自由流通，这样才能实现粤港澳大湾区经济一体化。

第五是积极应对人口老龄化国家战略。中国社科院国家高端智库首席专家、学部委员蔡昉先生指出，以2010年15—59岁劳动年龄人口达到峰值为转折点，中国此前处于收获人口红利的发展阶段，随后便面临着人口红利消失的挑战。老龄化是经济发展到一定阶段出现的正常现象，几乎所有国家都会经历长期的、以生育率为标志的人口转变过程。

如何面对人口老龄化，不同国家有不同的做法。比如，随着期望寿命越来越长，日本、美国、瑞典等国家通过实施灵活养老金制度，鼓励人们"老有所为"。这里，最重要的一个特点是灵活。根据不同情况制定和实行不同的政策，尊重人们的选择，而不是简单地"一刀切"。

我想说的是，中国也必须开始改变对"老龄"这个概念的看法，从制度层面把60—70岁这一部分人口的人力资源利用起来。这主要基于两个原因：一是人均寿命越来越长；二是产业结构发生了很大变化。过去的社会基本上以农业和制造业为主，并且以体力劳动为主。现在发达国家的服务业占比高达70%，中国的服务业占比也已接近55%，即制造业中对体力劳动的需求大大降低。根据《老年日报》的一项调查，中国超过四成的老年人有再就业意愿，其中既有经济原因，也源自老年人有精神需求和社交需求的原因。因此，既要给老年人按时退休的权利，也要尊重那些希望延迟退休的老年人的选择。这有利于减轻老龄社会的负担，尊重老年人，让老年人健康度过晚年。

在当前中国经济向高质量阶段迈进的大背景下，本书聚焦决定中国经济未来走向的新战略与新格局，汇集来自经济金融领域学界与业界、决策层与监管层的权威专家的思想精华，系统分析了当前新战略目标下中国面临的挑战，并指明未来经济的发展方向，为打造中国经济新格局和新战略献计献策。

此外，本书还将重点揭示五大战略之间的系统性与相关性，在兼具思想性与理论性、专业性与可读性之外，也具有一定的现实指导意义。

最后，我还想指出，在中国经济发展的新阶段，收入分配改革与共同富裕、"双碳"目标与经济转型、双循环与新发展战略、大城市群与新型城市化以及积极应对人口老龄化国家战略等是一系列高瞻远瞩的发展战略目标。而这些发展战略目标的实现，离不开相应的体制机制的支持，也离不开一系列切实可行的措施。希望本书的出版，有助于学科之间、理论与实践之间的交叉研究和互动，也有助于大家理性地思考中国未来的经济发展，共同为大变革时代中国经济的发展出谋划策。

海　闻

北京大学汇丰商学院创院院长

北京大学汇丰金融研究院院长

2023 年 7 月

目录

1 第一篇　收入分配改革与共同富裕

樊　纲： 理性解决收入不平等问题　/ 003

李　扬： 超低利率新常态：全球货币百年未有之大变局　/ 012

姜建清： 普惠金融的探索历史及理论思考　/ 021

李　实、陶彦君： 发达国家财富不平等的启示　/ 029

陈志武： 控制不平等的正道：缓解消费分配不平等　/ 043

贝多广： 普惠金融的核心问题和发展趋势　/ 048

李振华： 善用数字普惠金融缓解收入不平等　/ 053

曹远征： 金融如何克服市场失灵　/ 058

2 第二篇　"双碳"目标与经济转型

周小川： 建立碳市场需要回答的若干问题　/ 071

潘家华： 零碳金融助力碳中和　/ 076

唐　杰： 供给侧结构性改革是实现"双碳"目标的关键　/ 083

张中祥： 构建碳市场的策略秩序　/ 088

徐晋涛： 碳中和目标下中国经济增长模式　/ 095

王金霞： 乡村振兴中的"农业减碳"　/ 103

梅德文、李建涛、金子盛： 中国实现碳中和需要碳市场的九个转向　/ 108

3 第三篇　双循环与新发展战略

樊　纲： 大变局、双循环与中国经济发展新阶段　/ 117
姚　洋： 双循环下的理性追赶　/ 122
赵　伟： 国家级战略、双循环与区域选择：两大三角洲视点　/ 127
徐奇渊： 从战略升级的角度理解"需求侧管理"　/ 136
程　实： 双循环格局下的数字经济与数字监管　/ 141
沈明高： 实体经济内循环赋能资本市场外循环　/ 146

4 第四篇　大城市群与新型城市化

刘遵义： 城市群战略关键是要素的自由流通　/ 161
黄奇帆： 供给侧视角下的"城市群经济学"　/ 166
张　军： 中国城市群的胜利　/ 171
张燕生： 新的发展阶段，新的城市故事　/ 177
倪鹏飞、徐海东： 中国城市群带："弓弦箭"的空间轮廓已现　/ 184
周振华： 城市群嬗变：从"中心—边缘结构"到"网络结构"　/ 192
陆铭、李杰伟： 连接、分割与整合："流"数据视角下的城市群　/ 199

5 第五篇　积极应对人口老龄化国家战略

楼继伟： 银发经济和养老金融的发展要适合国情　/ 205
蔡　昉： 老龄化时代如何提高生产率　/ 212
王忠民： 养老金可持续的逻辑与算法　/ 218
郑秉文： 中国养老金模式的选择、路径依赖与前景展望　/ 224
胡乃军： 加快推动全国统筹构建中央统筹公共养老金制度　/ 232
杨燕绥、吴骞： 年金投资的精细化管理　/ 239
房连泉： 欧洲养老储备基金及其治理结构：以法国为例　/ 247

第一篇

收入分配改革与共同富裕

理性解决收入不平等问题

> 过于激进的方案可能事与愿违。

北京大学汇丰商学院经济学教授、中国经济体制改革研究会副会长、国民经济研究所所长

樊 纲

20世纪初,意大利经济学家帕累托(Vilfredo Pareto)第一次提出人类80%的财富由20%的人占有的观点。100年后,贫富差距再次刷新纪录:地球上最富有的26个人与全球半数人口拥有的财富相当;美国1%的富人家庭拥有33.8%的社会净财富……21世纪是人类历史上迄今最不公平的时期,全球财富两极分化从未变得如此严峻。

巨大的收入与财富不平等会引发连锁反应,从中衍生出形形色色的枝节问题:民权不平等、健康不平等、地缘政治不平等。北京大学汇丰商学院经济学教授、中国经济体制改革研究会副会长、国民经济研究所所长樊纲在接受《北大金融评论》专访时表示,不平等问题一直以来都是人类的一个难题,从卢梭(Jean-Jacques Rousseau)到马克思(Karl Heinrich Marx)再到皮凯蒂(Thomas Piketty),都在讨论和分析此问题。逆转不平等趋势要做长期打算,其中不可否认的办法是对财富收益和遗产征税,将财富本身创造的收入用于公共开支,改善穷人生活。

贫困易解，不平等难解

《北大金融评论》：2019 年，诺贝尔经济学奖授予了三位在全球扶贫方面做出杰出贡献的经济学家；近年来，皮凯蒂的《21 世纪资本论》（Capital in the Twenty-First Century）备受关注。经济学，尤其是发展经济学近年来的研究对于解决全球不平等问题方面有何启示？

樊纲：研究发展中国家的问题不一定都是发展经济学的研究范畴。发展问题的根本是落后国家的经济增长缓慢，而贫困本身不一定是发展经济学的问题，正因为有发达国家存在，所以才能反映出一些国家的落后。历史上几乎所有国家都经历过贫困的阶段，比如中世纪的欧洲。300 年前，英国的收入水平不如我们现在高，但那时候它不是发展中国家，其经济增长也不是发展问题，因为没有其他国家的收入比它更高。当时它可能也存在贫困，但并不是发展问题。现在的发展问题是与发达国家存在联系的，是研究发达国家和发展中国家之间的差距。

解决贫困是一个普遍性问题，不一定是发展经济学本身的特征性问题，但发展中国家特别要研究贫困问题。世界上有很多经济学家，特别是来自发展中国家的经济学家，对摆脱贫困等问题做了深入研究，也取得了较高成就。比如 2021 年获得诺贝尔经济学奖的三位经济学家，他们用实证、实验的办法，从微观的角度做了很细致的工作，确实值得赞扬。而这些研究方法如何在不同的国家得到普遍应用，是今后需要进一步考虑和发掘的。

《北大金融评论》：您曾强调，随着收入差距的扩大，相对低收入家庭的可见性支出提高幅度更大；您还通过研究指出，风险投资的正向效果主要有利于非农、高收入和高社会资本的群体。在当前零利率，甚至负利率趋势的大背景下，这是否意味着收入差距可能还会进一步拉大？

樊纲：经济处在不同的阶段，收入差距也存在不同的特点。对于发展中、低收入国家，收入差距主要体现在不同部门的人和不同要素的所有者之间，具体表现为农民和一般工业劳动者的收入在很长时间内难以增长。在落后国家，劳动生产率提高、技术进步产生的收入大部分归资本所有者、稀缺要素所有者和管理人才等所有。在刘易斯曲线中，当劳动供给曲线是一条水平线的时候，收入差距会越来越大。

随着收入的进一步提高，当劳动力开始出现短缺的时候，这个趋势会逐步减慢。就像 2008 年后，我国农民工收入以 18% 左右的速度增长，使基尼系数趋于平缓。随着经济的增长，实际上收入会逐步趋于均等，这是经济增长本身的趋势。近年来，我国经济增长在很大程度上来自低收入阶层的消费增长，因为他们的边际消费倾向高于高收入阶层，他们需要满足很多现在还未得到满足的需求。在这个阶段，低收入阶层收入的增长，和更多中产阶级的形成，对于我们的消费和经济增长具有非常重要的意义。

但是，目前世界上还存在这些情况：一方面，一些落后国家的经济迟迟得不到增长，处在低收入端，贫困一直持续；另一方面，在高收入国家出现的现象是资本收入持续增长，而一般的工薪收入很难增长，这是由资本和劳动在全球范围内配置所导致的。这不是金融、利率的问题，其本质是资本和劳动收入在全球化竞争中出现了分离，出现了两极分化的新趋势，即新资本论的基本含义。

在我国，早年由于劳动力过剩，技术进步的收入都归属于资本，后来在全球化趋势中又出现了新一轮资本和劳动收入的分离现象。因此，越是劳动收入，越不能增长，低收入阶层甚至中产阶级越无法积累财富。而资本收入随着全球化迅速积累，导致现在 1% 的人持有 90% 的金融资产，应该说是全球的收入分配在发生分化。

但是全球贫富分化中有一个现象值得注意，就是国别之间的差距在缩小。像中国等发展中国家成长起来了，我们的人均收入从过去的一百美元上升到一万美元，缩小了全球人口的贫富差距。但是多数国家内部的贫富差距在拉大，尤其在发达国家，这种现象目前特别突出，导致了各种各样的矛盾和分裂。目前有越来越多的经济学家在做这方面的研究。

不要过度解读"内循环"

《北大金融评论》：很多人认为，全球化促进了发展中国家的经济进步，缩小了不平等差距；但是也有学者如斯蒂格利茨（Joseph Eugene Stiglitz）指出，经济全球化并没有为世界上的落后国家和穷人服务。您如何看待此问题？

樊纲：这个问题客观上当然是存在的，但是从整体而言，发展中国家得益于全球化。有些国家不发展，多是因为历史和自身的问题，不能全归于全球化。从大的趋势来看，过去30年来，有很多发展中国家抓住了全球化机遇。亚洲国家大部分得到了发展，一部分非洲国家和拉美国家也在全球化进程中获得了发展。

总体而言，全球化使得发展中国家拥有了新的发展机遇，但有的国家没有抓住机会，就掉队了。一些之前比中国还富裕的国家可能现在比中国穷很多，那是因为它们自己掉队了，不是全球化的问题。在一般劳动产业中，有一些发展中国家获得了发展机会，其中一个非常重要的因素是教育，那些能够满足基础教育、师资相对好一点的国家，基本上都实现了发展。没有基础教育，劳动力就无法开展现代工业；工人看不懂说明书和操作手册，就不能成为现代工业的劳动力，国家当然也不能获得发展机会。所以我们不能笼统地说全球化使落后国家更落后。全球化的基本逻辑是资本和技术在全球配置，使发达国家更发达，但也使一部分落后国家有所改善，缩小了和发达国家之间的差距。

《北大金融评论》：在当今逆全球化的趋势下，您认为全球不平等差距会缩小还是进一步拉大？

樊纲：全球化使得国家之间的差距缩小，但也使得各国内部的差距拉大，特别是发达国家内部的差距拉大，美国就是一个突出的例子。这个问题在欧洲不是很严重，因为欧洲人口增长停滞，且并不接受太多移民，所以劳动力处于短缺的状态，不存在大量劳动力无法获得高收入就业的问题。美国则不同，随着资本在全球范围内的配置，在利润最高的地方去生产，有很多产业被转移出去了，其劳动阶层的收入就无法得到增长，从而造成国内贫富差距拉大。再加上美国又接受了大量移民，使得两极分化问题更加严重，由此产生了新的政治诉求。特朗普（Donald Trump）便代表了这样一种诉求：右翼民粹和极端民族主义的诉求。这种诉求的目的是缓解国内的收入差距，但是这种逆全球化的行为一定会放缓发展中国家的发展进程，甚至使一些发展中国家失去发展的机遇。

中国获益于WTO（World Trade Organization，世界贸易组织）的全球化进程。作为发展中国家，我们受益于一些特殊条款，可以通过参与全球贸易体系来促进本国的经济发展与出口贸易。但是，这也招致了很多发达国家的怨言，加剧了中美贸易摩擦。目前，中国甚至可以根据过去的经验改进WTO机制。但是，如果按照美国对WTO的改革方案，取消WTO中对发展中国家的特殊经济政策，倡导一律平等，就会使之后的许多发展中国家失去借助WTO和全球化进一步发展的机会。

发展中国家需要在一定时间内接受适当的保护。美国当年对幼稚工业保护了几百年，使自己的企业发展起来并加入国际竞争。但是美国现在完全不考虑发展中国家能否发展的问题，只考虑自己，继续这样，那确实会形成全球化的逆转。

如果按照美国现在的这种做法，发达国家的跨国公司资本仍然可以在全球配置，仍然在全球寻找最佳的利润回报机会，而一些落后国家却被排挤在全球化进程之外，那么国与国之间的贫富差距会进一步拉大，这是我们不愿看到的一种情景。发达国家会获得更大的资本利益，落后国家的贫困则会持续下去，像中国、印度等人口大国的发展也会变缓。

《北大金融评论》：当下美国一意孤行，并不愿意改变其做法，对中国公司比如华为和字节跳动采取种种限制措施，中国应如何应对？

樊纲：目前中国正在落实对WTO的一系列承诺，包括投资的便利、取消一些保护和资本股比的限制、允许金融机构进入、开放服务业等，这些都是当年加入WTO的承诺，是一定要做的。

至于美国现在又打贸易战，又要改革，还要"退群"和改革国际机构，我们只能积极应对，美国毕竟是世界上最强大的国家。我们要从国家、企业和工人的利益出发，坚持多边主义，努力为世界上的发展中国家发声，争取更好的结果。面对强国咄咄逼人的政策，我们没有主动权，只有应对。在美国人看来，强大就是真理，这就是"丛林法则"。虽然是很危险的，但是我们必须要适应它。

《北大金融评论》："以内循环为主的国内外双循环"可以发挥怎样的作用？

樊纲："内循环"的提出是为了适应国内发展的需要，当我们在国际市场上受损的时候，当然要更多地依靠国内14亿人口的大市场。过去我国的储蓄率较高、消费水平较低，国内市场的开发力度也不够，因此提出"内循环"，加大内需，利用好本国的大市场，好好发展我们自己。

也就是说，什么都替代不了我们自己的发展。要想成长，没有别人能够替代你，没有人能够恩赐你，必须做好自己的事情。我们要多思考如何改革、开放、学习，特别是学习作为落后国家如何利用后发优势，吸取别人的经验教训，加大科技创新的力度等，这都是必须做的。

对于"双循环"我们也不必过度解读。作为大国经济体，我们的GDP（Gross Domestic Product，国内生产总值）还主要来自国内部分，出口收入只占总GDP的13%—15%。只不过近年来我们的贸易额在国际上所占的比重越来越大，特别是跟美国之间存在巨大的贸易顺差，很多人便误认为中国的经济增长完全是依靠出口拉动的。其实这是不对的，我们还是以国内经济为主，只不过国内经济体量还应该更大，以支撑我们未来的经济增长。

防止收入和财富不平等加剧的策略选择

《北大金融评论》：库兹涅茨曲线描述了经济发展与收入不平等程度之间的关系，经济发展初期，收入分配状况先趋于恶化，继而随着经济发展而逐步改善。您曾指出，中国的贫富差距加剧趋势至少要20年才能逆转。库兹涅茨曲线是否符合中国现状？您如何看待不平等的长期变化趋势？

樊纲：逆转不平等趋势要做长期打算，中国的贫富差距不会很快消失。10年前，我国农民工的工资有所上涨，但这并不意味着可以解决所有贫富差距问题。贫富差距是一个非常长期的现象，我们要尽可能防止它扩大，防止它达到极端的地步。

总体来讲，中国的教育水平在世界上排名比较靠前，我们的基础教育是不错的，但能够接受高等教育的人口比例并不高。此外，中国目前存在大量的低收入群体，同时月收入达到10000—20000元的群体也不少，属于中产阶级，大致有3亿—4亿人，收入差距还是蛮大的。

收入差距易导致中等收入陷阱，造成国内市场萎缩、产业升级乏力、增长停滞不前。对于收入差距，我给出的解释是刘易斯拐点。库兹涅茨曲线是一个统计曲线，刘易斯拐点是库兹涅茨曲线中差距最大的那一点。开始时劳动工资是给定的、不可增长的，由于技术进步、效率提高带来的收入增长都变成了资本和稀缺要素收入的增长，因而导致收入差距越来越大；而到刘易斯拐点之后，当劳动者的收入等于其边际生产力的时候，劳动生产率的提高便可以成为劳动者的收入，收入差距会逐渐缩小。这是发达国家的情况。

对中国来说，如果资本继续投入，劳动也进一步增长，劳动工资会随着劳动生产率的提高而不断提高，这便可以使得在到达刘易斯拐点之前，导致收入差距不断扩大的因素逐步消失。而且随着收入的提高，社会保障制度会不断改进，一次分配之后再通过税收做二次分配，来弥补一些低收入阶层的收入差距。我国对社会保障十分重视，政府在教育、卫生医疗方面的投入比重较大。

我相信中国能够避免拉美地区曾经历的中等收入陷阱。当年拉美地区因为国内收入差距过大，左派上台后宣扬民粹主义，增加社会福利；而右派通过军事政变上台之后不仅取消社会福利，而且给富人和企业减税，结果导致财政、货币、债务危机，经济停滞了10年后又掉入中等收入陷阱。我相信中国能够避免中等收入陷阱，因为我们既可以避免极端的收入差距、两极分化，又能避免极端的民粹主义。

达到比较平等的收入分配，前提是要有平等的机会和社会福利制度。这不是10年、20年就可以实现的，需要一个相当长的历史进程。所以在这种情况下，不要过度乐观，也不要过度悲观，要努力防止收入差距极端分化，实现稳步发展，在长期逐步解决这些问题。

有人说，要20年才能解决这个问题，简直是"置贫困于不顾"。但我说，如果操之过急，也许三五年后我们便面临经济危机，穷人会更贫困。一个持续、逐步的发展演变，对所有人都有好处，特别是对低收入阶层，因为一旦发生危机或大的动荡，首当其冲的是低收入阶层。在防止发生大的危机或波动的前提下，实现平稳发展，逐步解决收入差距问题，其实是一个最好的方案。

《北大金融评论》：在贫富差距方面，很多人关注的是财富不平等。财富不平等在中国和发达国家之间还存在一些不同的特征。比如很多发达国家是在技术革命后收入剧增、财富积累；但在中国，资本流入大城市后成倍地抬高了房价，从而导致巨大的财富不平等。您认为我们的财富差距还会加剧吗？有什么应对措施吗？

樊纲：这是到目前为止全世界都还没有解决的一个问题。正如皮凯蒂所讲的，财富带来的收益远远大于各种要素的收益，因为财富本身通过利滚利的方式，可以产生新的收入。比如美国在新冠肺炎疫情中，极度宽松的货币政策造成了财富效应，大家拿着钱去炒股，股市大涨，一旦经济泡沫破裂，最先受到打击的还是小股民。对于资本市场波动带来的财富差异，目前还没有一种理论方法能够很好地解决这个问题。

唯一一种不可否认的办法是按皮凯蒂所说的，对财富收益和遗产征税，将财富本身创造的大部分收入用于公共开支，改善穷人生活。如果不这样做的话，财富差距将会继续拉大。中国对劳动工资征税，但对个人资本收入是不征税的，没有房产税和资本利得税，而这可能是导致收入差距拉大的一个重要因素。只要房地产市场价格的增长速度快于工资的上涨速度，便一定会在财富上出现两极分化，而且一个人一旦处于财富的弱势地位，就很难改变了。很多发展中国家在经济高速增长时期都会遇到这个问题。

历史上最激进的办法是进行彻底地重新分配财富。目前，一些北欧国家用高税收的方式来实现高社会福利，但其他很多国家还处于早期发展阶段，高税收方法并不适用。

一直以来，不平等问题都是人类的一个难题。从卢梭到马克思再到皮凯蒂，都在讨论和分析这些问题。在金融行业蓬勃发展的当下，金融资产又进一步拉大了收入差距，而这可能是一个相对新的问题。虽然基本的逻辑是一样的，但金融具有"脱实向虚、自我循环"的特征，即使实体经济不景气，金融依旧可以通过自我循环产生资本溢价。因此，金融对于收入分配的作用值得进一步研究。

超低利率新常态：全球货币百年未有之大变局

> 中国应高度警惕全球超低利率（负利率）引发的全球金融体系"冒险"趋势。

中国社会科学院学部委员、国家金融与发展实验室理事长

李 扬

全球利率超低甚至出现负值，已经成为一种持续数年且涉及的国家日益增多的金融现象。一种现象长期、反复出现，预示着可能存在某种我们尚不熟悉的规律或趋势。探讨这种规律或趋势，应当成为未来金融研究的重要任务之一。

标志性事件

记载全球超低利率（负利率）发展动态的主要有4个标志性事件。

20世纪90年代，全球利率（以美国为例）终于越过1981年的16.39%的高峰，于1992年回落至5%以内，全球进入低利率时期。

2007年，美国次贷危机爆发，并迅速蔓延至欧洲，触发当地主权债务危机，随后全球债务危机爆发。为应对愈演愈烈的债务危机，美联储迅速将其官方利率降至0—0.25%，且持续4年。随之，世界主要国家货币当局纷起效仿，全球进入超低利率时期。

2012年，丹麦央行为应对持续恶化的经济颓势，首次推出负利率贷款，更是宣布了全球超低利率（负利率）时期的到来，人类社会从此进入了一片

未知领域。

2021年2月至3月，全球新冠肺炎疫情开始缓和。然而，欧洲及美国和日本的央行却相继发表货币政策声明，继续保持负利率（日本央行和欧洲央行）和零利率（美联储）不变，同时加码了量化宽松的力度，全球超低利率（负利率）的格局仍在持续。

利率长期超低甚至为负，异乎寻常。一直以来，正利率构成金融正常运行的基石和持续发展的动力——因有正利率，金融才得以产生，金融产品和金融服务方能在种类和范围上不断拓展；因有利率为正，银行等金融机构方能存活和发展。显然，利率超低（负利率）对金融运行的传统秩序和我们一直奉为圭臬的主流金融理论和政策都提出了挑战。

成因

超低利率（负利率）长期持续，是一系列决定利率的重要因素长期共同作用的结果。我们可以从实体经济发展、金融周期的影响和货币政策操作范式的调整3个角度探讨个中原因。

第一，实体经济发展。实体经济运行体制机制的变化，是利率走低的基本因素。全球利率在20世纪80年代后期摆脱长期高悬的格局，并于90年代初期回落至5%之内，根本原因在于，在这期间世界的发展进程发生了翻天覆地的变化——亚洲各国相继崛起、中国于90年代开启市场化改革进程、苏联于90年代初解体并全面转向市场经济体制等。这些变化深刻改变了世界发展格局，其中全球劳动力供求格局的巨变让全世界收获了长达20年的人口红利。IMF（International Monetary Fund，国际货币基金组织）曾在研究中指出，20世纪80年代后期以来，由于劳动力变得日益全球化，全球有效劳动力供给在1980—2005年间增加了3倍。从时间分布看，有效供给的增加主要发生在1990年以后；从地区分布看，有效供给的增加有一半以上来自中国等东亚国家，其他则大部分来自南亚、东欧、非洲和拉美地区国家。分析显示，正是全球人口红利的释放，给这个世界带来了前所未有的"大缓和"（Great

Moderation）时期。这个时期经济运行的典型特征就是"三高两低"：高储蓄、高投资、高增长、低通胀（通货膨胀）和低利率并存。

然而，"大缓和"只是故事的上半段。2001年美国互联网泡沫的破灭，和接踵而来的美国次贷危机、欧洲主权债务危机等，则开启了整个故事的下半段。目前这个过程仍在持续，连同此前长达20余年的"大缓和"时期，共同构成了百年未有之大变局的丰富内容。

20世纪90年代便已形成了全球总储蓄长期超过总投资的格局，在21世纪仍在持续，并决定了自然利率长期向下的趋势。只不过，20世纪的人口红利，此时已悄然转变为"人口负债"。其中，中国老龄化的不断加深，成为主要贡献因素。进入"人口负债"阶段后，经济通常会在两个方向上失去增长势头：生产力下降和社会负担加重。在"人口负债"下，工资率上升、潜在生产率下降、老龄化加重并带来社会支出增加、资本积累减少，"三高两低"中的"三高"逐渐消失，仅余"两低"还在顽强地表现自己。换言之，表现在货币金融领域中的长期超低利率现象，实则只是实体经济长期衰退的金融表征。

在诸多导致自然利率趋降的实体经济因素中，人口结构恶化和技术进步速度趋缓是主因。在全球老龄化的背景下，全球劳动人口增长率、安全资产收益率在过去30—50年中均处于下行趋势，直接导致了全球自然利率下降。而由于近几十年来全球尚未出现"颠覆性"科技进步，全球全要素生产率（Total Factor Productivity，TFP）的增长率亦趋于缓慢下降状态。数据显示，自21世纪初互联网泡沫破灭以来，全球技术进步的速度远低于20世纪40年代至70年代期间的平均水平。

第二，金融周期的影响。对于经济活动日益以金融活动为中心，以金融关系为纽带，以金融政策为协调工具，从而把金融作为一种重要的经济资源来推动经济发展的这一过程与趋势，我们将其称为经济的"金融化"。20世纪末以来，西方发达国家出现了实体经济不断被"金融化"的现象，从而使得金融周期逐渐成为主导经济运行的主要动力。

从源头上说，金融工程的出现和资产证券化的广泛推行，完美地解决了实体经济在运行中经常出现的期限错配问题，引导了经济的"金融化"进程。

这一革命性进展最早大规模出现在住房金融领域。抵押贷款证券化显著提升了住房市场的流动性，而其原理也在大范围复制和推广，催生了各式各样的资产证券化。正是这些证券化产品，构成发达经济体影子银行体系的主体，其规模如今已达到货币当局不可忽视的程度。

经济"金融化"不断提高的事实，还可以从各个金融领域的发展及其同实体经济的关系变化中观察到。例如，经济的证券化率（各类证券总市值/GDP）上升、金融相关比率（金融资产总量/GDP、M2/GDP等）不断提高，证券市场年交易量、信贷余额、年保费收入、外汇日交易量等对GDP的比率稳步上升，贸易相关的资本流动与非贸易相关的资本流动的比率不断下降（20世纪末已达到145）等，都是经济"金融化"的实例。

毫无疑问，经济"金融化"程度不断提高，正逐步改变着人们之间的经济关系，使得债权/债务关系、委托/代理关系、风险/保险关系等金融关系逐渐在经济社会中占据了主导地位，并深刻地改变着我们的经济运行规律。

"金融化"对货币政策的影响，主要体现在它使得货币政策向实体经济传导的渠道发生了变化，表现为：传统上，货币政策通过影响商品与劳务的价格（物价）和实体经济的资金成本（利率）发挥作用；在经济"金融化"情况下，货币政策尚未来得及展示其对物价和资金成本等实体经济因素的影响，金融产品等"虚拟"产品的价格便已发生即时和剧烈的变化，并通过改变经济主体的资产负债表的平衡关系，改变经济主体的行为方式。鉴于此，货币政策不得不越来越关注金融资产的价格变动，不得不越来越多地将政策重点置于压低利率方面。

第三，货币政策操作范式的调整。通过对货币政策操作的分析，我们能进一步解释超低利率背后的人为因素。这方面的进展，与金融界持之以恒地对20世纪30年代大萧条展开研究密切相关。至今，学术界和政策界已经在很多方面实现了对大萧条原因的解释。其中，大萧条的深刻教训是，在全社会都急切需要流动性的状况下，央行却囿于真实交易原则且将减少金融风险作为最优先事项，未能及时向金融体系注入流动性，以救助商业银行和企业，致使危机愈演愈烈，终至几乎演变成使资本主义制度灭亡的大萧条。这种认识,深刻地改变了央行调控的逻辑和行为方式,并因一批精研大萧条的专家,如本·伯南克(Ben Bernanke)等,入主央行而从根本上改变了其行为方式。在2008年国际金融危机中,发达国家货币当局毫不犹豫地相继推出了超低利率和量化宽松等新型货币政策工具。2020年以来,为应对新冠肺炎疫情影响,它们更将应对危机的政策推向极致:一方面,允诺向经济主体直接提供流动性,增加各类经济主体的资金可得性;另一方面,索性直接实行负利率政策,进一步降低经济主体获取资金的成本。

总之,鉴于以上三大因素均将继续存在并发挥作用,全球超低利率乃至负利率将大概率成为金融运行的长期现象。

影响

长期超低利率对经济社会的影响比较复杂,可以从经济主体(企业、居民、商业银行、非银行金融机构)、宏观调控当局(政府、央行)和市场(固定收益市场、资本市场)等几个层面加以分析。

企业。企业是超低利率的受益者,因为其贷款可得性增加且融资成本降低,企业获得循环贷款、贷款展期的机会也会增加。但在支持实体企业的政策导向下,商业银行很可能错配资金,为高风险、盈利能力很差的"僵尸企业"提供"常青贷款"。日本和欧洲地区的14个发达经济体在推行负利率政策之后都出现了"僵尸企业"数量增加的现象;我国原已存在的大量亏损企业和"僵尸企业"也都在低利率的政策环境中得以存活。

居民。在收入不增加的条件下,超低利率会使居民减少消费,同时减少投资性储蓄,但可能增加预防性储蓄。在投资一端,居民更倾向于寻求高收益、高风险投资,如私募基金等,同时,也倾向于追求更为个性化的金融资产。值得忧虑的是,在正常情况下,居民收入的相对下降本应导致储蓄率下降,而目前的情况是,居民储蓄率不降反升,这样一种格局,将导致货币当局的救助政策效力下降(居民获得补助后"不花钱")。这是反危机政策最不乐见的结果。

商业银行。超低利率对商业银行的净利差有再分配效应，以利息收入为主要盈利来源的商业银行受到的负面影响较大；而依靠提供服务等非利息收入的银行则受损较小，相反，其因提供服务的资金成本下降，反而可能获利。我们的初步研究显示，在美国、日本及欧洲等发达经济体，商业银行受超低利率（负利率）的影响较小，主要原因就在于，这些国家的商业银行早就完成了银行从"产品推销者"向"服务提供商"的转变，而且大多采取混业经营模式，它们的盈利主要来自服务收费和市场交易费用，息差收入在盈利中占比较低。

非银行金融机构。非银行金融机构是超低利率（负利率）的受益者，因为它们原本就较少依赖息差收入，主要依靠向非金融部门提供各类服务和参加证券市场各类交易赚取收入。21世纪以来，发达经济体的非银行金融机构均有较大发展，而且，随着影子银行的迅速发展，商业银行与非银行金融机构的界限进一步模糊了。

政府（财政）。短期内，超低利率或将诱发政府债务过度扩张，造成潜在的新的财政风险；长期来看，市场投资将共同推高主权债务的风险溢价，反而约束了政府债务的过度扩张。值得注意的是，超低利率长期持续，可能会从根本上改变政府债务扩张的逻辑。理论上，如果可以不断借新还旧，本金并不构成政府债务政策的限制，而利息偿还将成为债务的限制。只要国债付息占GDP比重和占政府支出比重不呈上升之势，则政府的债务融资几乎可以无限制地持续下去。事实上这种情况已经发生了。资料显示，美国政府现在每年支付的国债利息接近6000亿美元，但自20世纪90年代以来，全球历史性的低利率使得国债利息占GDP的比重大体保持稳定。因此，虽然美国国债占GDP的比重自1990年以来逐步走高，但由于利率持续走低，国债利息占GDP的比重已经创至少30年来的新低。由此可以看到，超低利率与财政赤字之间已经形成高度内洽的关联。这种状况如果持续，财政政策和货币政策将高度一体化。

央行。负利率政策弱化了货币政策传导效果，使得央行越来越需要把各类资产市场的动态纳入观察视野，其货币政策逻辑将经历根本性变化。同时，负利率的施行也使央行的独立性受到削弱，央行资产负债表风险暴露增加。从体制上说，中央银行需要在降低政府债务负担与未来通货膨胀之间、在支持政府债务融资和保持央行独立性之间寻求平衡。更重要的是，由于超低利率，政府债务、债务货币化等货币政策越来越深地契合在一起，两大政策体系的协调配合可能进入新的格局。

固定收益市场。固定收益产品的收益率随超低利率的出现而下降，其投资吸引力下降，这对此类市场的发展不利。同时，以固定收益产品（如政府债券等）为主要投资对象的非银行金融机构（如人寿保险公司等）的盈利也会受到负面影响。它们会逐步减持固定收益类产品，寻求其他风险更高的资产增值之道，使得自身行为变得更具冒险性。

资本市场。股票市场因能获得源源不断的低成本资金，其价格便有了上涨动力。但是，超低利率也意味着经济下行趋势延续，上市公司的盈利状况趋于恶化，故而股市泡沫可能加大。

金融稳定。超低利率不利于金融稳定，具体表现在，金融中介体系更具冒险性；非金融企业的杠杆率会继续攀升；长期负利率会使央行货币政策环境发生变化，可能在不知不觉中使其政策导向从逆周期的初心转变为顺周期的结果，从而加剧金融不稳定。

对中国的影响及对策建议

大致上，超低利率（负利率）对中国的影响，可以沿着如下三个方向展开分析。其一，全球的长期超低利率和负利率格局恶化了中国的国际环境，特别是国际金融环境。这将通过多重渠道对中国产生负面影响。其二，目前中国是唯一的保持正常货币环境的国家，利率水平仍保持为正，这就使得中外息差成为套利对象。息差导致人民币汇率坚挺，引致资本内流，其利在于可以活跃中国资本市场，助力人民币国际化，其弊在于可能引致国内金融波动，这将考验我们的管理能力。其三，中国目前固然仍保持着较高的利率水平，但由于经济增长下行趋势依旧，加上新冠肺炎疫情长期化，未来一定时期内,利率下行的压力比上行的压力要大一些。如果果真如此,主要靠息差存活的中国商业银行就会受到极大的冲击,因此中国的金融结构将面临极为巨大的调整压力。

面对全球超低利率(负利率)趋势,中国必须高度警惕,全面布局。其中,如下五点最为重要。

一是在向双循环新格局转型的过程中,货币政策应该更加关注中国经济的内部均衡,不应简单与发达国家竞争或追随其政策,更不宜为维持外部均衡而牺牲内部均衡。同时,在全球经济仍在下行的时期,应着眼中国经济的中长期发展,合理使用降息空间,更多使用结构性政策工具。

二是应当有效监测跨境资本流动,谨慎、有掌控、有次序地向外国资本开放金融市场。宜运用延长申购期限、适当控制中标率等经济手段,有效调控外资进入中国债务市场的速度、规模、节奏和范围,维护国内金融安全。

三是继续深化供给侧结构性改革,重点关注国内人口增长率、资本/劳动比、全要素生产率等影响利率的核心因素的变化。通过加速创新、延迟退休、鼓励生育等政策,减缓劳动人口增长率下降的速度。改善企业之间的资本错配状况、加快创新技术的应用以提高全要素生产率,从根本上扭转或缓释自然利率低迷的趋势。

四是加速国内金融改革。一要推动商业银行改革,重点方向是加速商业银行向服务业转型,在盈利模式上减少对息差的过度依赖,同时稳步推动商业银行向混业经营模式转型。二要推动养老金机构改革,考虑在个人账户中引入可变利率、可变负债、可变年金等。三要大力发展保险业。四要鼓励各类非银行金融机构发展,同时,尽快将非银行金融中介的活动纳入金融综合统计和宏观调控视野,以更为准确地识别中国的金融周期及其对利率的扰动,提高利率调控效率。

五是深化"三率"(人民币汇率、利率、国债收益率)市场化改革。汇率决定的是资源和市场在国内外配置的比较优势,关乎新发展格局的形成和发展;利率的水平及结构,决定了资金在国内地区、部门、产业中被使用的优先顺序，关乎国内金融资源配置效率；国债收益率曲线涉及所有金融产品的定价问题，构成全部金融产品的定价基础。20余年来，我国在"三率"市场化改革方面已取得较大进展，但关键步伐似乎尚待迈出。我们认为，积极探寻货币政策与财政政策协调配合机制，在央行和财政部精诚合作的基础上推动"三率"改革，或许是今后的改革方向。

普惠金融的探索历史及理论思考

> 千年历史之镜照亮未来发展之矢。

中国工商银行原董事长
姜建清

普惠金融不是新概念或新事物，其千年发展历程反映出人类社会对金融发展的实践探索和理论认知。21世纪初，社会又一次呼吁金融包容性增长，呼吁金融在公平与效率、普惠性与商业性之间平衡发展。本文从更宽的视角、更长的历史维度，通过审视普惠金融的探索历史和三次重大转变，重新思考过去、现在和未来普惠金融的发展之路。

金融发展过程亦是金融普惠的过程

普惠金融的第一次实践创新过程，是金融从无到有，从禁锢、发展到突破的过程。在长期的斗争发展和制度变迁中，金融的属性和地位得以正名与确立。从宏观角度看，金融发展的过程亦是金融普惠的过程，金融的低普惠度也是金融欠发展和不平衡的体现。

金融孕育于市场需求，兑换支付与商品交换密不可分，有息借贷早于货币诞生，在古埃及和古巴比伦时代利息回报已存在，古希腊和古罗马已有存贷款业务，早期的银行机构随之诞生。金融从无到有，改变了无融资的窘况，使储蓄转化为资本，以借贷付息激励各方，推动了社会和经济的发展。然而，经济决定金融。人类在几千年的历史中，长期处于相对自给自足的农牧经济时代，社会经济发展相当缓慢；与之对应，金融活动范围和影响也比较有限，金融品种相对单一，金融市场狭小割裂，金融业长期处于发展不充分、不平衡的状态。尤其令人可惜的是，重大实践创新缺乏理论认知。风险与借贷相伴而生，为弥补风险和商业牟利出现了高利贷，导致农民无力偿债而失去土地甚至破产，对仅维持生计水平的原始社会的思维习俗、伦理道德和社会结构带来巨大冲击。人们对社会分化表示反感，开始怀念财产公有、生活俭朴的时代，认为取消有息贷款就能重回过去的黄金时代。漫长的金融禁锢和抑制，追求"惠"的极致，导致了匮乏的均等和贫困的普及。欧洲进入了数百年经济凋零、发展迟滞的黑暗期。

金融在夹缝中进行了千年的挣扎。在代表时代方向的新兴经济力量面前，束缚有息信贷的宗教神学禁锢被冲破了。从批判，到禁锢，到容忍，到规定可例外，到允许"适度"的利率并最终消除对信贷及利息的偏见，整整花了7个多世纪。中世纪后的航海贸易和商业发展推动了金融的发展，利润资本化发挥了财富加速器的作用，促进了资本主义工商业的飞速发展。金融覆盖面从国王、僧侣和贵族扩大至工商阶层，利息成本也明显趋降。历史的教训告诉我们，解决贫富差异问题不能走"贫困平均化"的道路。只有发展才能最终解决贫困。金融发展是经济发展不可或缺的助推器，没有储蓄转化为资本的推力，经济只能缓慢增长。同时，金融发展亦冲破了传统的认知。千余年里，人们认为只有"劳动＋土地"才能创造价值，将其作为扼杀金融的理论武器。直至1776年，亚当·斯密（Adam Smith）在《国富论》（*An Inquiry into the Nature and Causes of the Wealth*）中才将"劳动、资本和土地"作为生产三要素。马歇尔（Alfred Marshall）又将其扩充为"劳动、资本、土地和组织（企业家才能）"，对金融业筹集资本的作用做出正面评价。可叹的是，人们思想上的烙印很难去除，许多人依然认为只有劳动型的制造业和农业才创造价值，将实体经济与服务经济、金融业对立起来。

尽管金融的一个商业逻辑是蕴含普惠性，扩大覆盖面才能增加收益；但金融的另一个商业逻辑是收益与风险制约。早期的金融参与者主要是少数统治阶层，贫穷的农民主要向亲戚或邻居寻求友情性质、慈善性质或关切性质的无息借贷或无偿救助，偶尔救急的融资则需要提供抵押并付出更高利率。17世纪后，欧洲商业银行广泛发展，受益者扩大至跨国公司、贸易商和工业厂商等新兴资产阶级。但中小企业和工人、农民依旧融资难、融资贵。当时银行的高门槛仍将众多穷人拒之门外，即便是简单的存汇业务。18世纪"高大上"的英格兰、苏格兰银行，一般不接受低于10英镑的存款，而贫困的工人年薪只有10英镑左右。在收益与风险面前，金融业的逐利性与普惠性之间的矛盾难以调和，普惠金融的供给长期不足。

为了缓解社会矛盾，政府、教会曾通过慈善金融给予穷人无息或低息的小额信贷，以抑制高利贷。但其资金多半来自馈赠、施舍等慈善收入，来源有限，粥少僧多，还款机制约束性差，覆盖面和持续性都不理想。

普惠金融实践从兴到衰

在工业革命后，人类社会进入了快速发展的阶段，生产效率和生产力水平得到飞跃发展。然而，社会矛盾和问题相伴而生，传统农业经济解体，不少农民破产失地、困苦无援；产业工人薪酬微薄，境况恶劣；社会贫富差距扩大，矛盾激化。18—19世纪互助合作理论产生，储蓄银行、合作银行实施以穷人为主要服务对象的金融普惠模式，产生巨大影响。储蓄银行、合作银行从少数财富拥有者的专属品，转向为穷苦人群提供储蓄服务，鼓励穷人节俭自立、实现财务独立的服务机构。这与以盈利为目的的商业银行大相径庭。这些普惠金融举措受到了执政阶级的欢迎，许多国家政府鼓励储蓄银行将资金用于购买固定收益的政府债券，或存放在大银行以保证安全收益率。政府也以此将储蓄转化为投资（中国也曾通过邮政储蓄系统吸揽储蓄，给予2%的手续费）。不过在资金短缺缓解之后，政府利息补贴的争议越来越大。由国家替代储蓄银行投资的体制，削弱了其信贷和投资能力，增加了银行的惰性。

在存款和支付领域推动了金融普惠后，弱势群体仍不满其借贷需求被漠视，合作金融的诞生剑指更深层次的金融不公平现象，其目标是让穷人得到低成本的贷款。德国是世界信用合作金融的发源地，1848年成立了赖夫艾森信用合作社，1850年成立了舒尔茨城市信用合作社。营利性与普惠性的矛盾得到了较好的调解和平衡。涓涓金融细流汇成大海，一个多世纪以来，储蓄银行和合作金融风靡欧洲乃至世界，其模式在欧洲，以及南亚、拉美各国广泛推广，成为中小企业、农村经济、偏远地区和社区居民的主要金融服务者。低息贷款打击了高利贷，解决了农民的金融普惠需求，弥补了商业银行在农村的覆盖不足。第二次世界大战后，储蓄银行、合作金融机构与商业银行一起，成为世界银行体系的重要组成部分。

20世纪八九十年代起，全球储蓄银行与合作金融机构开始了大规模的机构合并和经营转型。随着经营区域和业务规模的扩大、经营环境的复杂化和信息不对称的加剧，传统的信贷风控方式难以适应。银行大型化后，半官半商的体制导致制度僵化、机构臃肿，社员对银行关心度下降，内部成本增加、效率优势骤降。金融的逐利性与普惠性之间的平衡被打破，"使命漂移"加快。"使命漂移"可以从服务对象来考察：从偏向于弱势群体转为偏向于富裕人群，从支持弱势群体的小额贷款转向热衷富裕客户的大额贷款。另外，可以从经营目标来考察：从以扶贫济困、合作互助为导向转为财务利润最大化偏好。总之，与普惠金融方向渐行渐远。

20世纪80年代到90年代，中国城市信用合作社发展至5000多家。城市信用合作社的服务对象也是中小企业，但在市场经济改革的浪潮下已背离对社员融资的合作制初衷。20世纪90年代中后期以来，全国城市信用合作社纷纷改制，多数采用"城市名＋银行"的命名方式。2012年年末全国城市信用合作社已全部完成商业银行改制，城市信用合作社正式宣告退场。其宗旨和目标已经转变为"城市银行、中小企业银行和市民银行"。2018年年末全国共有1427家农村商业银行，尚余812家农村信用合作社未完成改制；农村商业银行加上农村信用合作社合计占中国金融机构的49.6%（见图1-1），资产占比为12%，尽管它们的业务方向还是服务"三农"和小微企业，但宗旨、机制、股东和客户都已经偏离了互助合作制的初衷了。

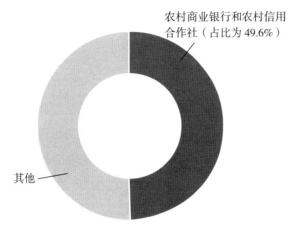

图1-1 农村商业银行和农村信用合作社合计
占中国全部金融机构的比例（2018年）

关于这场全球范围的普惠金融"使命漂移"与改制转型，有人认为，这是与时俱进，否则银行无法生存，认为原先的普惠模式是经济发展的阶段性需求，不能持久，最多只能坚持一代人。总之，曾经蓬勃发展的互助合作的金融普惠的理论和实践同时出现了低潮。

新世纪以来普惠金融重新出发

21世纪以来，普惠金融重新出发，迎来第三次重大转变，特别是金融科技的蓬勃兴起对金融功能进行了再造，普惠金融的实践和理论有待丰富。

从古老的典当业到帮困互助的金融互助合作，从宗教慈善组织到现代商业银行，金融确实在朝着普惠的方向发展，但其发展进度远不及人们的期冀。理论界和实践界通常从金融可获得性，以及金融产品与服务的使用情况、质量等维度来评价普惠金融的发展程度。然而在漫长的发展过程中，金融在逐步异化，摒弃了以人为中心的初衷，慢慢见物（财富）不见人。逐利，成为西方金融业的唯一追求，唯利是图的华尔街金融模式成为各国效仿的榜样。从早期漠视金融的商业性到后期漠视金融的普惠性，看起来是对立的两极，其实质都是缺乏对金融本质的深刻理解。

在世界跨过了20世纪，特别是经历了惨烈的全球金融危机后，人们开始反思这种金融模式的弊病，愤怒于金融资本主义的贪婪，反对少数人群占有多数金融财富导致的社会不公平、不均衡发展，加剧全球经济失衡及风险，而危机对经济发展造成了巨大创伤，社会秩序也遭到破坏。人们重新思考金融发展的初心和使命，探索新的发展模式和路径。

联合国在国际小额信贷年（2005年）正式提出了普惠金融的观念，其定义为：形成能有效、全方位地为社会所有阶层和群体提供服务的金融体系。以弱势群体和低收入人群可以负担得起的成本，及时和充分地提供信贷，确保他们能够获得金融服务。普惠金融一经提出，引起了各国政府和专家学者的高度重视，在全球范围内达成共识，因为它切中了当今世界的痛点。

然而，普惠金融的实施，知易行难，需要先从理念、理论出发，再采取行动。

首先，要认识到普惠金融不仅仅限于"解决弱势群体的金融服务问题"，除关注人与人之间的平等发展权问题外，还包括人与自然、人与社会的和谐共处与包容发展，而这些恰恰是日益凸显和居于核心地位的金融的社会功能属性的体现。金融天生具有经济性，正是由于金融发挥了中介作用，使资产实现了转化，经济发展才有了推力，财富才得到增值，效率、福利才得以提高。然而，金融更具有社会性，对于塑造一个更加公平、公正、高效的世界具有重要意义。普惠金融具有双重属性，它是金融不是慈善和救济，但又具有准公共产品的特征。因此，既要贯彻商业化、市场化经营，遵循契约原则，有借有还，还本付息；又要以可负担的成本，在尽可能广的范围内提供融资服务，帮助贫困人群解决发展权问题。通过金融的激励约束机制，使小微企业和弱势群体自立自强。同时利率应尽可能低，但又能覆盖成本和风险，保持可持续发展的动力。金融机构亦应从培育客户、综合回报、品牌效应等方面来平衡收益。通过完善金融生态体系，实现大中小银行的共生并存，通过金融竞争促使效率提升、成本压降，进而使边际利率趋降。一些新金融机构在法律允许的范围内采用较高利率的融资方式，是对正规金融机构的适当补充，应持宽容的态度。但须严格定义银行利息（费用）内容，防止出现变相的高利贷。要对"反高利贷"立法并严格执法，打击低借高贷的金融套利行为。

其次，要认识到普惠金融已经成为当今金融发展的方向，成为金融推动经济高质量、可持续、和谐发展的新特征和新要求。很多学者研究金融发展在经济发展中所发挥的作用，和如何建立有效的金融机构体系和金融政策组合来最大限度地促进经济增长。相关研究表明，长期来看金融发展的悬殊差异可以解释不同国家间经济增长的差别。金融的可获得性与创新步伐和企业活力有着直接关系，金融可以通过功能完善来促进资源配置、推动经济增长。同时，金融对削减贫困有着正面作用，更高水平的金融发展将会带来更快的贫困削减。然而，一些学者指出，单纯追求利润回报和经济增长的金融增长，在发展到一定程度后则会造成严重的两极分化和贫富差距，而只有包容性的金融增长才对贫困削减、经济可持续发展有着正面、积极的作用[①]。普惠金融被视为实现经济包容性增长的重要途径和方法，可以让大部分没有能力的人群参与金融体系建设。无论是发达国家还是发展中国家，对未来金融的发展方向和模式都需要重新审视，需要立足金融功能完善和结构优化的视角，建立符合金融发展客观规律和社会经济制度环境要求的金融发展理论和体系。

最后，普惠金融的未来发展需要科技赋能，用金融科技的新理念和新手段来破解普惠金融发展难题。普惠金融争议的焦点，依然是普惠性与商业性的可持续平衡的难题。银行业在叹息缺乏有效信贷需求的同时，又望洋兴叹于庞大的小微信贷市场。因为传统的银行融资方式和技术，既无法满足面广量大、需求急迫的小微企业融资需要，亦无法有效控制利率成本与风险。信贷市场半径取决于风险控制半径，风险控制半径又取决于信息数据半径。管控好资产转化中的风险是普惠发展的难题。而技术变革是推动金融普惠发展的决定性力量，当代金融科技已经从传统的工具角色上升为金融变革的驱动力，可以创新金融服务模式、降低交易成本、提高金融效率，特别是破解"信息不对称"难题，最终使小额信贷业务满足商业可持续性。

通过金融场景构建，金融科技使资金流、商品流和信息流变得可视与可

---

① Sen K. India: The Political Economy of Growth, Stagnation and the State，1951–2000[J]. The Journal of Development Studies, 2010, 46（3）：599-601.

控、透明与可靠。风险控制从单客户、单品种、局部化、碎片化的管理方式，向业务关联、上下游联动、跨账户交易的大数据风控方式转变。数据模型能够准确判断客户状况，从而实现信贷决策和风险定价。金融科技能改善长尾客户的服务供给，适应小额高频、期短急迫的全线上、标准化的融资。政府通过税务海关、工商行政、公用事业、教育医疗、社会管理的行政和公共事务场景，形成了大量有价值的数据资源，然而这些数据资源却长期被闲置浪费。若能建立社会公共信用数据库，在一定规范下开放利用，加之各金融机构自有的信用数据，能有效提升全社会的信用数据水平。相信中国普惠金融发展会迎来又一个春天。

新时代普惠金融的发展呈现多元化发展态势。普惠金融的产生和发展本身具有强烈的内生性，具有因市场需求而诱致制度变迁的模式特性，不同模式之间的差异性大于同质性。耶鲁大学的经济学家蒂莫西·吉南（Timothy Guinnane）和他的合著者[1]曾论述合作金融内生性的本质不适宜强制性移植。赖夫艾森信用合作社的成功就有独特的历史人文原因。复制历史上的普惠金融模式已经不具现实可行性。孟加拉国乡村银行的模式也是欠发达国家的普惠金融实践。其小金额、高利率的融资方式，并不适用于中国。前方并没有现成可仿效的道路，现今中国蓬勃发展的小微企业贷款、微型金融、"三农"信贷等普惠金融实践，尤其是在金融科技模式下的普惠金融实践，都可被视为对普惠金融发展的新探索。在市场竞争机制的作用下，未来谁能提供效率高、质量优、成本低的金融服务，并能控制风险，谁就将是普惠金融可持续发展的成功践行者。

普惠金融的发展，关系到金融从何来、为了谁、到何去的宗旨与目标，关系到金融观念、理论和实践的重大突破，关系到社会资源配置和财富分配结果的优化和公平，关系到金融是服务多数人还是少数人的问题。新的道路只会在探索中形成，新的理论只会在实践中诞生。抚今追昔，千年金融沧桑使人们明晰了金融的初心和使命。革故鼎新，才能让金融真正为推进实现人的公平发展、自由和解放而努力。

---

[1] Ghatak M, Guinnane T W. The Economics of Lending with Joint Liability: Theory and Practice[J]. Journal of development economics, 1999, 60（1）:195-228.

发达国家财富不平等的启示

> 从经济增长、人力资本、社会资本、犯罪率等任何角度看，都应降低不平等水平。

浙江大学文科教授、北京师范大学收入分配研究院执行院长　李　实
浙江大学经济学院硕士研究生　陶彦君

20 世纪 80 年代，以英国和美国为代表的发达国家开始新一轮收入分配差距持续扩大的过程。几乎所有的发达国家都出现了经济不平等程度加深的问题。这表现为劳动报酬份额的下降、工资收入差距的扩大、个人收入差距的扩大和家庭财产分配差距的扩大等。在一些国家甚至出现了不同时期、不同程度的两极分化的现象。

一些发达国家收入不平等问题长期持续的恶化，无疑冲击了其经济发展的进程和社会的稳定，甚至导致一些国家频繁出现社会动乱。历史的经验表明，一个社会贫富悬殊带来的最直接后果是社会分裂。这种分裂先是表现在个人收入和财富分配上的差别，其次是不同人群人力资本上的差异，再次是生活方式的不同，最后是价值观的差异和矛盾。这些差异和矛盾会有不同的外化形式，或者以种族差异表现出来，或者以性别差异表现出来，或者以区域差异表现出来。随着财富分配不平等带来的社会矛盾的不断积累和激化，社会将进入一种易发冲突的状态，最终会演变为一种持续冲突的状态。近年来，美国和一些欧洲国家出现的社会冲突和动乱，在很大程度上说明了这一点。

本文将讨论以下几个问题：第一是发达国家财富不平等近期变化的主要特点，集中于收入差距、工资分配差距和财产分配差距等方面；第二是对一

些发达国家财富分配差距扩大的解释,并对相关研究文献进行梳理和总结;第三是对中国的启示,回到中国的收入分配和财产分配问题,讨论在解决这些问题时,如何吸取一些发达国家的经验教训。

发达国家财富不平等的基本事实

收入差距的扩大

在过去40多年中,全世界很多国家出现了收入差距和财产分配差距扩大的趋势。几乎所有发达国家都出现了这种趋势,这已成为一个不争的事实。皮凯蒂等主编的《世界不平等报告2018》(World Inequality Report 2018),呈现了20世纪80年代以来全球不同地区的收入分配不平等的变动趋势。引人注目的是欧美国家的国民收入分配中,高收入人群的收入份额出现了长期上升的趋势。如图1-2所示,在1980年至2016年期间,美国收入最高的10%人群的收入份额从35%上升到47%,欧洲地区的这一数字也在不断上

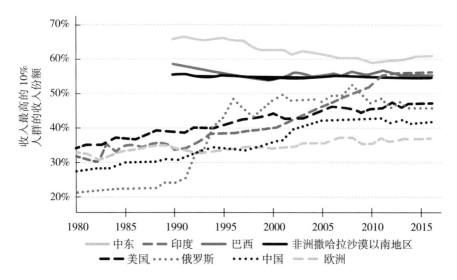

图1-2 全球主要地区的收入不平等(1980—2016年)

数据来源:World Inequality Database。

升。除此之外,俄罗斯的这一比例上升得更快,从 21% 上升为 46%。作为发展中国家的代表,中国和印度也都出现了高收入人群收入份额上升的局面,而且印度的高收入人群收入份额远超过了中国。

在发达国家中,最引人关注的是美国收入不平等程度的加深。我们利用加州大学伯克利分校的伊曼纽尔·赛斯(Emmanuel Saez)教授公布的美国人群收入组数据,描绘了两张收入差距趋势图。图 1-3 为美国收入最高的 1% 和 0.5% 人群的平均收入与全社会人均收入的比率,图 1-4 为美国收入最高的 0.1% 人群的平均收入与全社会人均收入的比率。从中可以看出,在过去百年历史中,美国收入差距经历了一个正 U 形的变化轨迹。收入差距从 20 世纪 30 年代初开始下降,特别第二次世界大战后收入差距进一步下降,并在之后保持了 30 多年的相对稳定,一直到 70 年代末收入差距仍处于较低的水平。可是,从 20 世纪 80 年代里根(Ronald Wilson Reagan)代表的共和党执政以来,美国收入分配不平等程度出现了持续上升的过程。在 1977 年美国最富的 10% 人群的平均收入是全社会平均收入的 3.3 倍左右,到了 2017 年达到 5 倍左右。同时,最富的 1% 人群的平均收入与全社会平均收入的比率从不足 10 倍,上升到超过 20 倍(见图 1-3);处于收入分布金字塔尖的 0.1% 人群的平均收入与全社会平均收入的比率从 26 倍左右,上升到 100 倍以上(见图 1-4)。

图 1-3　美国收入差距的长期变化(1917—2017 年)

图1-4 美国收入差距的长期变化（1917—2017年）

从1979年开始，英国的收入差距开始不断扩大，并在2008年金融危机前达到了顶峰。根据英国国家统计局的数据，英国可支配收入的基尼系数从1979年的0.254上升到了2007年的0.386。到2019年，英国最富有的20%人群的收入比最贫穷的20%人群的收入高6倍以上。法国收入差距也出现了扩大趋势。在1983—2014年间，法国收入不平等的程度有较大幅度的上升，这主要是因为高收入人群（收入分布前1%人群）的收入显著增加（见图1-5）。在这20余年间，法国最高收入人群的收入与居民人均收入的差距几乎翻了一番。1983年法国收入最高的0.1%人群的平均收入是居民平均收入的21倍，到2013年这个数值变为37倍。收入差距扩大的现象同样出现在德国。根据

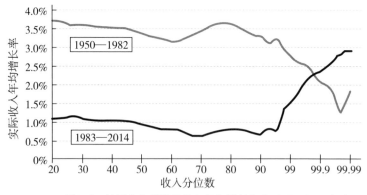

图1-5 法国收入群组的收入年均增长率（1950—2014年）

数据来源：World Inequality Database。

世界收入不平等数据库的数据，1983 年至 2013 年间，德国收入最高的 1% 人群的收入份额指数从 100 增长到 130 以上，而收入最低的 90% 人群的收入份额指数从 100 下降到 85 左右（见图 1-6）。到了 2013 年，收入最高的 10% 人群的平均收入是中间 40% 人群的 4 倍，是底层 50% 人群的 12 倍。

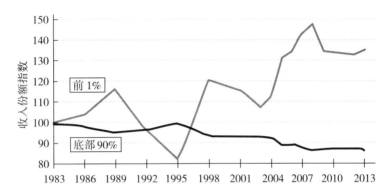

图 1-6　德国不同收入群体的收入份额（1983—2013 年，1983 年的指数为 100）
数据来源：World Inequality Database。

工资分配差距的扩大

经济不平等的另一个维度是工资分配的不平等。工资分配不仅表明了不同劳动者在劳动力市场上获得劳动报酬的差异，而且也是收入分配的重要组成部分。从相关的研究成果来看，从 20 世纪 80 年代以来，美国不同工资组员工的工资增长率的差异越来越大。有数据显示，2018 年，美国工资最低的 90% 员工的工资实际增长率仅为 24%，而工资最高的 1% 员工的工资增长率却高达 158%（见图 1-7）。显而易见，这种高工资人群和低工资人群工资增长率的差距不断拉大，最终结果是他们之间的工资水平差距的不断扩大，进而使收入差距进一步扩大。

在美国工资分配差距的扩大过程中，一个值得注意的现象是性别工资差距问题。目前，女性几乎占美国劳动力的一半，但男性在美国高收入人群中占了绝大多数。根据皮凯蒂等人的分析，2014 年在劳动收入最高的 10% 人群中，女性只占了 27%；在劳动收入最高的 1% 人群中，女性只占了 16%；在劳动收入最高的 0.1% 人群中，女性只占了 11%（见图 1-8）。

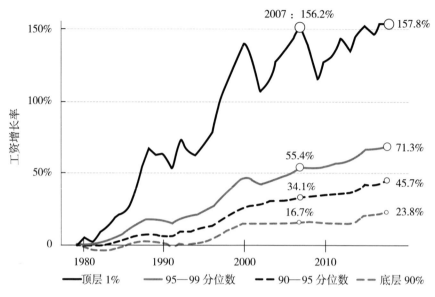

图1-7 美国不同工资组人群工资增长率（1979—2018年）

数据来源：Social Security Administration Wage statistics。

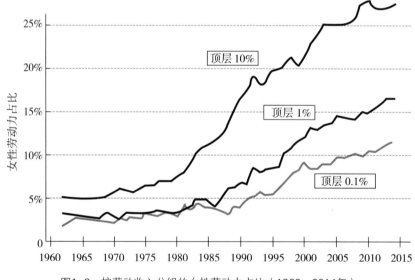

图1-8 按劳动收入分组的女性劳动力占比（1962—2014年）

数据来源：Social Security Administration Wage statistics。

财富分配差距的扩大

在考察收入分配的变化时,我们不能忽视财产分配的变化。特别是在发达国家,收入分配与财产分配具有紧密的联系,二者相互影响、相互强化。更大的收入差距会带来更加不平等的财产分配,反之亦然。美国的数据显示,现在财富分配不平等水平远超过收入分配不平等水平,财富更加集中在少数富人身上。如图1-9所示,2016年美国收入最高的1%和10%人群占有的全社会收入的份额是24%和50%,而财富最多的1%和10%人群占有的全社会财富的份额则高达39%和78%。

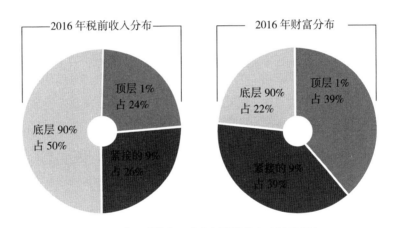

图1-9 美国税前收入分布与财富分布(2016年)
数据来源:美国国会预算办公室。

从20世纪80年代开始,美国家庭财产分布的不平等程度不断上升。根据美国劳工统计局的数据,在1983年财产最少的90%家庭占有的全社会财产的份额是32%左右,财产最多的1%家庭的财产份额是34%;而到了2016年前者的财产份额下降到22%左右,后者的财产份额上升到近40%,二者相差18个百分点。到了2016年,美国最富的5%人群的财富占比已高达2/3(见图1-10)。

过去40余年,在西方国家财富分配不平等问题日趋严重的背景下,法国经济学家皮凯蒂在2013年出版的《21世纪资本论》,引起了西方学术界对西方国家财富分配问题的重新关注。一些研究文献表明,从20世纪80年代开

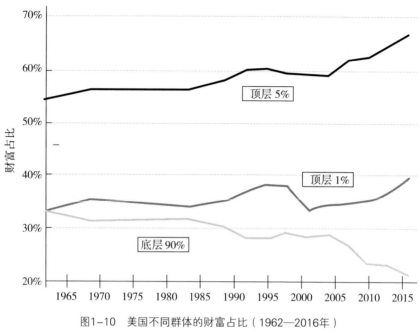

图1-10 美国不同群体的财富占比（1962—2016年）

数据来源：美国劳工统计局。

始的财产分配差距扩大的问题不是美国所独有的，欧洲国家如英国、法国都出现了类似的财产分配不平等加剧的问题。根据英国国家统计局的数据，从2008年到2018年，英国家庭总财富的基尼系数从0.61上升至0.63。在2018年，最富有的10%的人拥有了全英国45%的财富，而最贫穷的10%的人仅拥有全英国0.07%的财富。其中，金融净资产的不平等程度最大，2018年的基尼系数为0.91。这说明一些家庭可能背负有金融债务，而另一些家庭则可能拥有数百万英镑的金融投资。而法国最富的1%人群的财产份额，从20世纪80年代中期的16%左右上升到2000年的28%，虽然在此之后有所降低，但2010后仍处在22%以上。

经济不平等的原因

有关收入差距和财富差距变化的统计数据看上去是一目了然的，但是，对其背后原因加以解释却并非易事。经济不平等的变化受到各种因素的影响，它是在社会和经济变化下的结果，又是各种制度和政策相互作用的产物。正如皮凯蒂等人在分析法国20世纪初以来收入和财富分配变动时指出的，不平等经历了很多演变，这些演变是历史事件和政治决策的混合结果。

面对工资、收入、财富分配不平等的严重化趋势，一些学者仍在试图发现其中的原因并加以解释。虽然这是一项困难的、难以达成共识的工作，但我们可以从大量的研究文献中概括出几点共识。经济全球化，特别是资本全球化，以及日新月异的技术进步和政府公共政策的巨大变革是导致发达国家财富分配两极化的主要原因。其不仅改变了全球的利益分配格局，对国与国之间的利益分配产生了影响，也对发达国家内部的收入分配和财富分配产生了重大影响。

全球化、资本流动与财富分配

发达国家财富分配不平等严重化的第一个原因是资本全球化。过去几十年的全球化进程表明，经济全球化主要还是商品贸易和资本的全球化，特别是资本在全球的自由流动。资本流动的一般趋势往往是从发达国家流向发展中国家，从资本相对过剩的国家流向资本相对短缺的国家，从资本收益率低的国家流向资本收益率高的国家。而且，在劳动力不能自由流动的情况下，资本的国际流动会带来国际劳动力就业的变化，资本流出国会失去就业机会，而资本流入国会增加就业机会。特别在一些发展中国家存在劳动力过剩和劳动力成本低廉的情况下，发展劳动密集型产业对资本来说可以获得更高的回报，也就吸引了更多外来资本进入。这样一来，这些发展中国家的经济有了更高的增长率，劳动密集型产业有了更大的发展，就业率大幅度上升。在贸易全球化的条件下，这些国家将劳动密集型商品出口到发达国家，而且由于其具有价格低廉的竞争优势，出口会不断增加，自然替代了发达国家本国生产的产品，导致了发达国家低技术工人的就业困难和工资水平的下降，从而进一步导致了工资差距扩大，最终导致收入差距和财富分配差距的扩大。从全球的视角来看，发达国家往往既是资本输出国，又是劳动密集型产品进口国，它们的资本会从资本全球化过程中获得丰厚的收益，而它们的低技能工人却在贸易全球化中受到伤害，就业变得越来越困难，工资水平停滞不升，甚至有所下降。因此可以说，在现有的国际经济结构和资源分布情况下，发达国家资本输出对于资本是一件好事，但是对其国内的低技能劳动力并非好事。这也是为什么从2010年开始西方国家出现越来越多的游行示威，掀起了一股又一股的反全球化浪潮。

上述观点的一个证据是全球收入分配格局的变化。图1-11是学术界热议的"全球不平等增长大象曲线"（Elephant Curve of Global Inequality and Growth）。全球化带来了收入增长效应，而这种效应对不同国家有不同表现。在全球人口收入分布中，低收入人群主要分布在发展中国家，尤其是新兴市场经济国家，而它们在全球化过程中是受益者，享受到了更高速度的收入增长；而中等收入人群则主要是发达国家中的低收入人群，这些人受到失业和工作不稳定的影响，其收入增长是相对缓慢的；高收入人群主要是发达国家中的高收入群体，全球中的巨富人群，他们则是全球化中的最大受益者，其收入增长速度高出全球平均水平数倍[①]。

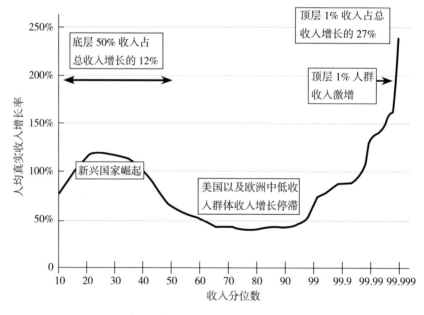

图1-11 全球不同收入人群的收入增长率（1980—2016年）

---

① Alvaredo F, Chancel L, Piketty T, et al. Global Inequality Dynamics: New Findings from WID.world[J]. American Economic Review, 2017, 107（5）: 404-409.

高科技与财富分配

发达国家财富分配不平等加重的第二个原因是科技的进步。从长期看，科技进步对经济发展和社会进步具有积极意义。然而，从短期看，科技进步对就业的影响、对工资增长的影响具有一定的不确定性。从现实来看，一些发达国家的科技进步对劳动力市场的冲击是显而易见的。发达国家有着更强的科技创新能力，又有雄厚的资本实力作为支撑，科技进步更容易影响到经济和社会的变化，也会影响到收入分配格局的变化。从20世纪90年代开始，一些研究把劳动力市场出现了明显的工资差距加大现象归因于技术进步，尤其是计算机的广泛使用。生产过程的自动化消除了部分工作岗位，或者提高了这些岗位所需的技能水平，从而不成比例地增加了生产过程中对资本和高技能劳动力的需求[①]。

同时，高科技带来的一些新兴产业的快速发展，推动了产业结构和就业结构的改变。新兴产业的快速发展离不开技术进步和资本的共同作用。更准确地说，技术进步带来了潜在的市场机会，而资本却是将这种潜在机会变为实际利益的驱动器。在资本的支持下，新兴高科技企业为了吸引高技术人才、积累人力资本，会不断提高其工资水平并增加激励手段。于是就出现了高科技企业的高端技术人员收入报酬不断上升的现象。另外，新兴产业的快速发展自然会影响到传统产业。当产业结构发生急速变化时，就业结构由于受到劳动力自身禀赋的影响不能做出及时调整，也会在不同程度上影响传统产业工人的就业和工资水平。

技术进步对劳动力市场带来的冲击是机器替代人力。以自动化和人工智能为代表的技术进步提高了人类的生产力并创造出了更多的财富，但伴随的代价就是不断加剧的失业和财富分配不平等。一些研究发现最容易被新技术机器替代的职业是流水线上的工人、办公室的文牍职员和从事重复性、常规

---

① Acemoglu D. Why Do New Technologies Complement Skills? Directed Technical Change and Wage Inequality[J]. The Quarterly Journal of Economics, 1998, 113（4）: 1055-1089.

性劳动的员工[①],而这些人员大多是中等收入群体。他们失去工作以后,即使重新找到工作,其就业的稳定性和工资收入水平也会大不如以前,会成为低工资收入人群。随着科技的进步,企业会减少对常规型劳动的投入,而增加对非常规型劳动力的需求。因此,在劳动力市场中,高收入人群(如经理人)和低收入人群(如服务员)的就业比例会上升,中等收入人群(如工厂工人)的就业比例会下降,从而导致"工作极化"的现象[②]。

由此,学者们几乎达成一致观点:正是技术进步,特别是技能偏向型技术进步和任务偏向型技术进步增加了劳动力市场上对高技能人群的相对需求,从而加剧了工资收入不平等,最终导致财富分配差距的扩大。

公共政策与财富分配

一些发达国家财富分配差距扩大的第三个原因是国内公共政策导向发生了转变。这些国家在20世纪60—70年代形成的慷慨的社会福利制度,到了80年代受到诟病。为了提高效率,提升国家的经济竞争力,它们对税收和福利制度进行了整改,以适应全球市场的竞争。减税和削减社会福利支出几乎成为所有高福利国家的不二选择。另外,政府的公共政策变化也是导致财富分配差距扩大的重要原因。这一点在美国诺贝尔经济学奖得主斯蒂格利茨(Joseph Stiglitz)教授的著作《不平等的代价》(*The Price of Inequality*)中得到了很好的阐述。他认为美国贫富差距的扩大,有市场的力量,更主要的是由政府政策导致的。一些公共政策的变化使得收入和财富的分配越来越有利于富人,越来越不利于穷人。这些变化包括对金融部门的放松管制、不断弱化公司治理制度、为富人提供寻租和获取垄断利润的政策和规则,和取消或削弱针对中低收入人群的福利补贴等。不言而喻,这些政策的最大受益者是高收入阶层,而受到伤害的是中低收入阶层。

---

① Autor D H, Levy F, Murnane R J. The Skill Content of Recent Technological Change: An Empirical Exploration[J]. The Quarterly Journal of Economics, 2003, 118(4): 1279-1333.

② Goos M, Manning A, Salomons A. Job Polarization in Europe[J]. The American Economic Review, 2009, 99(2): 58-63.

一些国家的实证分析证据表明，劳动力市场的政策法规（如最低工资、工会组织和社会保障）往往会改善收入分配状况①。然而，为了提高国际市场的竞争力，发达国家进行了劳动力市场制度改革，采取了更加灵活的劳动力市场政策。这方面的改革在一定程度上引起了工资收入差距的扩大。与此相关的一项制度改变是工会组织的衰落。越来越多的研究表明，工会人数（劳动者中工会成员占比）的下降会降低劳动者的相对议价能力，从而加剧工资分配不平等，最终导致财富分配差距的扩大。

发达国家在减少社会福利支出的同时，也在进行税收改革，而这方面的改革主要表现为对高收入人群的减税。这在一定程度上扩大了财富分配差距。例如，从20世纪80年代开始，欧洲各国政府都减少了它们对利润和资本的税收，并逐渐降低税率。艾格和他的合著者通过考察1980年至2007年间全球最大的65个经济体的年度劳动所得税数据，发现自20世纪90年代中期以来，全球化使得高收入者的相对税收负担下降了，尤其是对于OECD（Organization for Economic Co-operation and Development，经济合作与发展组织）国家而言。②除了劳动所得税，企业的税制改革也导致了财富分配差距的扩大。例如，有学者利用美国各州的数据发现，企业税率的降低会加剧3年内的收入不平等。

对中国的启示

最后，对中国来说，一些发达国家财富分配中出现的问题应该引以为戒。在过去40多年中，中国也经历了一段时期的收入差距扩大的过程，虽然最近几年收入差距扩大的趋势有所缓解，但是收入差距仍处在高位。而且，最近20年中国居民财产积累速度惊人，财产分配差距急剧扩大。在这种情况下，中国的相对贫困问题变得越来越突出。我们在过去之所以没有出现大规模的

---

① Calderón C, Chong A. Labor Market Institutions and Income Inequality: An Empirical Exploration[J]. Public Choice, 2009, 138（1）: 65-81.

② Egger P H, Nigai S, Strecker N M. The Taxing Deed of Globalization[J]. American Economic Review, 2019, 109（2）: 353-390.

社会冲突，除了强力的维稳手段，更重要的是高速经济增长，后者使得许多中低收入人群也享受到经济发展的成果。当未来经济趋于中低速增长时，加上外部冲击因素的增多，中低收入群体能否从经济发展中获益就是一个问号。在过大的收入差距和持续存在的收入分配不公得不到有效解决的情况下，是否仍能保持社会稳定也是一个问号。为了消除这些疑问，我们必须加快收入分配制度改革。在初次分配领域，重点要解决市场不完善和扭曲造成的利益分配不平衡问题；而在再分配领域，重点要强化税收的收入分配调节机制，完善社会保障制度，缩小社会保障制度的差异性，加大对低收入人群和相对贫困人口的转移支付力度。

一些发展中国家的经验表明，政府只要有决心解决收入分配问题，是可以做到的，而且能取得较好的效果。不同国家收入差距的变化原因有所不同，除受到全球化的影响外，更多地会受到国内经济和社会体制，及其公共政策的影响。在新兴市场经济体中，有的国家出现了收入差距扩大的现象，如中国和印度；也有的国家在近10多年出现了收入差距缩小的现象，如巴西。在20世纪80年代，巴西的基尼系数曾超过0.6，然而从21世纪初，巴西的收入差距逐步缩小，在2000—2011年期间基尼系数的年均变化率为1.3%。一些研究文献表明，巴西取得这种结果的主要原因是高等教育的发展和再分配政策力度的提高。高等教育发展大幅度增加了劳动力市场上技术人员的供给，从而缩小了高技能人员与低技能人员之间的工资差距。政府对低收入人群增加转移支付又进一步缩小了收入差距。

总之，我们应该从现在起未雨绸缪，改变发展理念，加快收入分配制度改革的步伐，尽快建立更加公平的收入分配制度，顺利走向"共同富裕"的发展道路。

控制不平等的正道：缓解消费分配不平等

> 美国打压中国的背后是美国国内不平等的政治延伸。

香港大学亚洲环球研究所所长、冯氏讲席教授
陈志武

2018年7月6日，美国向340亿美元中国商品加征25%关税的措施正式生效，中国随即出台反制措施。贸易摩擦政策出台与特朗普政府有很大关系，他们多数从20世纪五六十年代走过来，怀念那个美国独步天下的时代，也怀念当时美国以白人为主导的人口结构。他们希望把今天的美国恢复到那个时候的状态。

在他们看来，要做到这一点，就要走美国之前走过的老路——重推贸易保护、提高关税。1918年第一次世界大战结束时，美国平均关税不到20%，之后国会陆续通过一系列法案提高关税，到1929年关税升到28%左右，1929年10月股市崩盘之后，《斯姆特－霍利关税法》（The Smoot-Hawley Tariff Act）诞生，美国再次大幅提高关税。从随后的执行情况看，美国平均税率达到57.3%。这一法案引发了全世界的愤怒，时任美国总统胡佛（Herbert Clark Hoover）收到过近千名美国经济学家的反对联署。许多国家亦对美国采取了报复性关税，全球贸易量因此下降了2/3左右，美国的对外贸易也下降60%。

尽管美国当年遭遇了很大伤害，但在特朗普政府看来，这种伤害是相对的，高关税让美国的产业得到了更多保护，为第二次世界大战后美国的独霸地位奠定了基础。他们认为，今天要应对来自中国的竞争，还是得用这套老办法。美国当然也会受损，但是美国当局认为美国比中国更能经受贸易摩擦的冲击。

贸易摩擦的历史回声

1929年10月，美国股灾引发全球金融危机，催化了贸易保护主义、民粹主义的抬头，再上升为20世纪30年代全球性的经济危机，接着演变成政治危机和社会危机，最后升级为军事危机，也就是第二次世界大战。金融危机—经济危机—政治危机—社会危机—军事危机，这是当时危机演变的"五部曲"。

回过头来看，2008年的金融危机是积累多年的全球结构性问题的总爆发。之后，金融危机的影响在经济和社会层面不断渗透蔓延，演变成2009年的"占领华尔街"运动，以及2016年的英国脱欧等新情况，这与20世纪30年代中期的状况差不多。

现在有利的方面是，有了第二次世界大战的前车之鉴，各个国家均极力避免军事冲突。另外，有了互联网，各个国家的资讯和意见都能在全球范围得到迅速传播，这样可以减少信息不对称，减少误判的可能。当然，信息革命，特别是移动互联网革命，给予民粹主义和机会主义政客更大的空间和舞台去利用民意，做出偏激的举措，例如特朗普利用推特（Twitter）公布政策，而不是通过传统渠道发布政策。

互联网也使得当下的民粹主义比20世纪30年代的民粹主义危险性更大，真正理性、理智的政策更难传达。专家、学者、智囊说服国家领导人的机会和时间反而变少了。这是因为事情在不断快速变化之中，以前政策专家、学者、智囊有很多时间去说服一个需要不断应对新局面的政客，现在时间和客观情况已经不允许了。

贫富差距很难被根本遏制

我们不得不承认的一个事实是，民粹主义、对外示强在一些国家是有一定的民意基础的。其中深层次的原因是，贫富差距在持续扩大，全球化过程中的失意者越来越多，他们需要"代言人"和"出气筒"。

贫富差距扩大使得社会成员之间出现了分化和对立，这是很糟糕的。而更糟糕的是，贫富差距扩大可能是科技进步与全球化的必然结果，在正常情况下不能逆转。

2017年12月，18位考古学家在《自然》(Nature)杂志上联合发表了一篇文章，想回答的根本问题是：人类从11000多年前狩猎采集的原始社会过渡到半农耕社会，到全农耕社会，再到工业社会，财富差距和收入差距到底是越来越大还是越来越小？这18位学者通过对遍布全球的63个考古遗址的考察，得出了这样的结论：从一万多年前开始到晚期农耕社会再到工业社会，每次技术创新都使得人类财富的差距拉大，这是一万多年以来的大趋势。

其中的原因其实很简单。每次技术创新都拉大了人类社会不同人之间的差距，每个人天赋和人力资本不同，而每种新技术只有部分人能掌握并利用，但其他人不会，这就让有的人收入大增。原始社会只需要体力，只要你个子高大，那你去打猎、采集果子就有优势，你的财富就更多；如果你个子不高、没那么强壮，就只能居人之下。但随着技术的革新，收入的水平与体力之间的关系越来越小，而其他的能力则越来越重要。到今天，马云之所以能成为富豪，不是因为个大体壮，而是因为比别人更有情商和智商，更能把握互联网带来的机会。相比之下，那些连电脑和手机都不会用的人，根本不可能抓住互联网技术带来的任何机遇。

因此，每一次技术创新，都会有人被进一步甩在后面，都会将收入差距拉大，从而在社会内部积累不满和怨恨，压力积累到一定程度，往往就需要通过战争或大规模革命等极端的方式加以释放。

贸易摩擦背后，贫富差距扩大在作祟

18世纪60年代工业革命发生了，到第一次世界大战之前的140多年里，工业革命和那一轮全球化带来的收入差距一直在拉大，到第一次世界大战时达到顶峰。其后续影响，通过危机演变的前四个阶段表现出来，最终以战争的方式将100多年来积累的压力释放出来。从第一次世界大战，一直到1970

年左右，社会的财富差距总体在下降。从20世纪80年代开始的信息技术革命和新一轮全球化到现在，社会的贫富差距又进入了持续上升的周期。

以美国为例，从新技术、新一轮全球化中得到好处最多的是华尔街、跨国公司、财团的高管和股东，因为只有这些精英能够在国际舞台上如鱼得水，他们能利用电脑技术与互联网让自己的财富最大化。反之，在美国的俄亥俄州、威斯康星州、密歇根州、得克萨斯州等各州，大部分人没有护照，甚至一辈子都没有去过世界其他地方，连加拿大、墨西哥都没去过，对电脑或互联网也不感兴趣，他们如何能利用全球化、利用新技术发财致富？

话虽如此，我们既不能因此怪罪全球化或新技术，亦不能怪精英们抢占机会，现实情况是这些州的普通老百姓自己不愿意、也没有意识去了解国际事务、商务、法律、文化等，也不希望学习新技术。而精英们在年轻的时候已经对自己的人力资本做了很多投入，得到了各方面的通识教育，包括金融通识和历史通识，他们的天赋、好奇心和父母的引导，让他们能抓住全球化带来的机会。这个时候更应该责怪的是投票给特朗普的选民、支持英国脱欧的选民，但很遗憾，几乎没有领导人和精英敢于直接说出这些话。

而能抓住全球化机会的精英和全球化进程中的失意者，他们之间的鸿沟正变得越来越大，压力积累到一定程度，同样需要释放。这就是人性的本质。

政府应将注意力放在调节消费分配结构上

这些年我花费了不少时间推动量化历史研究，当中也在思考这样一个问题——自从有人类以来，真正能够缩小财富差距、收入差距的手段是什么？量化历史研究告诉我们，不管在哪个国家、在哪个时期，主要有两大类事件能真正缩小财富和收入差距：第一类是大规模暴力事件，特别是大规模战争，因为在战争中富人失去的财富更多，比如唐朝末期的黄巢起义、20世纪的两次世界大战；第二类是大规模的瘟疫，例如欧洲中世纪的黑死病，人口大幅度减少后，会造成劳动力稀缺，雇人就需要付出很高的工资，就产生了财富转移、收入差距缩小的社会效果。

很多左派经济学家建议通过征税、二次分配来缩小收入差距，但也有很多理论研究发现，征税的效果极为有限。只要财富税率低于100%，资产回报、资本增值速度快于劳动收入的增速，财富还是会向最有能力的少数人手里集中，这是不可避免的。

面对这一现实，政策制定者不应像以前一样把注意力只放在调节财富分配结构上，而更应该放在调节消费分配结构上。在经济学中，至少会有三种不同的经济不平等维度：第一种是财富分配结构的不平等；第二种是收入分配的不平等；第三种是消费分配的不平等。前两种不平等程度一直在扩大，而围绕着消费分配差距的研究结果却是比较乐观的：从第二次世界大战结束到现在，美国、日本、中国和欧洲的消费差距，与半农业社会和全农业社会时期的消费差距，基本上差不多，没有很大的变化。

这是因为不管你是富人还是穷人，大家每天都吃三顿饭，穿一套衣服，睡一张床，富人的生活品质可能更高一些，但和穷人之间的消费差距仍然是有限的；医疗条件的进步，也使得人们之间的寿命差距与个人财富差距的关系没那么大了。因此，对政府来说，关键是要满足人们衣食住行的基本消费需求，只要消费方面每个人都有基本保障了，即使财富差距变大，后果也不会那么严重，毕竟财富生不带来、死带不走。

普惠金融的核心问题和发展趋势

> 数字化让普惠金融破解痛点,"鱼与熊掌"终可兼得。

中国人民大学普惠金融研究院院长
贝多广

普惠金融是金融发展进程中非常重要的阶段,对当今社会的所有实践活动都带来了实质性影响。但究竟什么是普惠金融?从字面意义上看,"普惠"意味着"普及"加"优惠",所谓普惠金融,就是金融机构承担社会责任,通过捐助、扶贫等方式,为社会提供普及和优惠的金融服务。但这样的理解并不准确。普惠金融这一概念最早于2005年被用于联合国的国际宣传中,其对应的英文是"Financial Inclusion"或"Inclusive Finance"。"Inclusion"意为"包容",其反义词是"排斥",意味着传统的金融体系将一些人排斥在外,而包容性金融则是要把这些被排斥的人吸纳进来。

普惠金融的本意就是包容性金融,其目的是要让那些不被金融业吸纳的人也能享受到金融服务。但值得注意的是,金融一定是市场化的,其中并不涉及特惠、免费等价格问题,亦不包括补贴和政府优惠等概念。

普惠金融的两个重要原则

普惠金融发展过程中有两个非常重要的原则。一个原则是政府引导、市场主导,这也是在2015年12月31日国务院印发的《推进普惠金融发展规划(2016—2020年)》中明确提出的。政府的财政拨款,或由政府成立的贷款公司和担保公司进行的贷款或担保,都应考虑在未来某一时间退出,由市场接管。政府的工作重点在于引导普惠金融,即建设金融基础设施,因为这是民间的企业和个人无法触及的领域。

普惠金融的另一个原则是客户保护。传统金融不存在客户保护的概念,但普惠金融的服务对象是"中小微弱",这类群体的金融知识相对匮乏,普惠金融需要帮助它们提高金融能力,给予它们一定的金融教育。也就是说,金融机构不会在向"中小微弱"贷款的同时,又使它们过度负债。

普惠金融的核心问题

对"中小微弱"的能力建设是普惠金融的核心议题之一,这也是全球研究非常多、非常广的领域。但在中国特定的背景下,不仅客户的能力需要提升,而且普惠金融的供应商、监管者的能力也需要提升(见图1-12)。

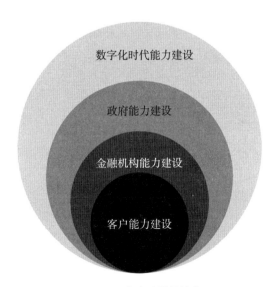

图1-12 能力建设的结构

普惠金融是一个非常接地气的概念,是要落到地面上的,不是由中央来完成的。现在几乎全国每个县的金融工作局或者金融服务办公室都有普惠金融职能,但很多时候,基层执法、监管、操作的工作人员对普惠金融并不了解,所以他们需要提升能力。图1-13罗列了一些能力建设中的重大问题。比如治理结构是供给方能力建设中最核心的问题。从治理结构的角度看,中国的村镇银行在顶层设计治理结构环节出现了问题。设计时要求现有的银行必须是主办行才能建立村镇银行,但传统银行不从事村镇银行业务,并不知道如何去建立一个村镇银行。在地方村镇银行的层次执行总行的商业模式和发展战略,冲突在所难免。

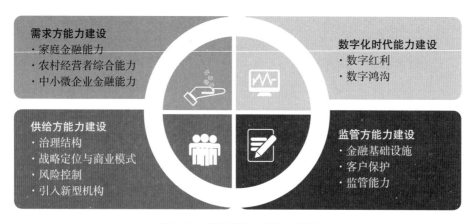

图1-13 能力建设中的重大问题

再如,数字化时代也需要能力建设。大家都知道数字红利,但与之相伴的数字鸿沟很多人却并不了解。今天国内几乎所有的人都用支付宝、微信支付,没有这些支付方式的外国旅游者来中国,面对只能通过微信和支付宝付款的商家无能为力,就碰到了数字鸿沟。如何在享受数字时代的巨大红利的同时,又能解决数字鸿沟,是数字化时代需要重视的问题。

普惠金融的发展趋势

虽然数字化时代存在数字鸿沟等问题,但总体而言,数字化为普惠金融带来希望之光。传统模式的小额信贷成本较高,且效率较低。比如,穆罕默德·尤努斯(Muhammad Yunus)曾在1976年向42名妇女发放贷款,贷款额总共为27美金,贷款到期时,再挨家挨户地收回款项,而这些贷款人并没有征信记录。尤努斯的精神可嘉，但效率太低。鲜为人知的是，尤努斯成立的格莱珉银行贷款的年化利率高达20%，这在中国已经接近高利贷的水平。据尤努斯所述，格莱珉银行的小额信贷资金成本为8%—9%，运营成本甚至超过10%。因此，即使是收取20%的年利率，格莱珉银行的利润也只有微薄的1%，可见这种贷款模式的成本之高。

"鱼与熊掌不可兼得"。一方面要想为"中小微弱"服务，金融机构必须维持高水平的利率，以确保其业务的可持续发展；但另一方面，过高的利率会令普惠金融的社会价值降低。高效率、低成本的双重目标目前很难同时实现，这是传统普惠金融面临的巨大挑战。

数字化为普惠金融重新带来希望。近年来，在数字化的支持下，中国数字化普惠金融蓬勃发展，网络银行、互联网银行仅用两三年的时间就覆盖了2000万至3000万个客户。中国在农村供应链金融和数字支付等方面也有长足的发展，目前农村的数字支付基本上能够实现全覆盖。中国人民银行前行长易纲早前宣布，中国已经实现了在所有行政村设置普惠金融服务站或者金融服务站的目标，这是其他国家目前无法达成的。

但数字普惠金融的发展前景绝非仅限于此，未来人们几乎可以通过手机解决一切问题。因此，普惠金融的发展趋势是数字化普惠金融。三项技术的发展可以使这一理想得以实现。

第一是人工智能。人工智能大大超越了人脑对数据的储存和处理能力，可以解决数据的处理问题。

第二是互联网技术。在全球互联网的支持下，世界上的数据信息传输已基本没有障碍。

第三是智能手机。智能手机不仅可以接收数据，还可以主动发送数据，是一个有互动功能的终端设备。

实现综合分析数据处理、数据传输、数据的接收和返回这三大功能后，可以发现，现在的银行，尤其是零售银行，未来将没有存在的价值，人们无须再去银行拿号排队，因为绝大多数事情都可以在手机上完成了。

随着数字普惠金融的发展，曾被金融体系排斥在外的群体已经越来越多地被覆盖。世界银行的报告显示，全球被金融排斥的人口逐渐减少，减少人口主要集中在中国，因为中国数字化的迅速发展使几乎每个人都拥有了银行账户，都可以利用手机支付转账。相信在未来，我国的普惠金融服务产品会进一步满足人们对信贷、保险等更高端产品服务的需求。总之，数字化的发展使得普惠金融的成本明显下降，"鱼与熊掌"可以兼得，这是普惠金融未来的发展方向。

善用数字普惠金融缓解收入不平等

> 增强更可得、可负担、便捷、有场景教育的数字金融普惠力量。

蚂蚁集团研究院院长

李振华

从 2003 年至 2020 年,我国的基尼系数一直居于 0.46—0.49 之间,这意味着我国居民的收入差距较大。基尼系数虽然未达到 0.5 以上的"收入差距悬殊"水平,但距 0.4 以下的"收入相对合理"区间还有较大距离。显然,我国在收入平等化的道路上,还需要做更多努力。

我国收入不平等程度相对较高,经济学界普遍认为其主要由城乡差距、地区差距较大造成的,当然也有大、中型城市内部存在收入差距的原因。未来若干年,如何提高中低收入长尾人群的收入,是解决我国收入不平等问题的重中之重。

我国政府近年在缓减收入不平等方面已取得不少成效。例如,对"三农"问题的空前重视,启动全国脱贫计划,增加基础医保、义务教育和大学教育的覆盖面和公平性等。一个有趣并重要的问题是,金融业被认为是经济和社会的资源配置的有效工具,那么,在缓减收入不平等方面,金融业可以发挥有效的助力作用吗?

长期以来,有一种观点认为金融是收入不平等的"放大器"。收入主要分为劳动收入和资本收入,金融一直有"嫌贫爱富"的恶名,富人能够利用金融获得资本收入,甚至,由于金融可以帮助富人更好地进行人力资本投资进而选择更好的职业,因此富人在劳动收入方面也更容易高于穷人。这种观点有一定的道理，但也不完全对，因为金融是一种工具，本身是中性的，其对收入不平等起到的是"放大器"作用还是"平滑剂"的作用，取决于金融工具是否可以获得以及利用是否合理。

事实上，全球范围内的低收入群体最大的"苦恼"，是没有利用金融工具的机会来改善收入，而中高收入群体的"幸运"在于他们有机会利用金融工具。因此，金融是否具有对长尾人群的普惠性，在很大程度上决定了金融是收入不平等的"平滑剂"，还是"放大器"。

数字金融，是全球金融界公认的迄今最具有普惠性的金融。经过在中国十几年实践，以及在"一带一路"倡议相关国家和地区的多年实践，数字金融被证明对减缓收入不平等有重要作用。各国应继续善用数字金融普惠力量，使其进一步减缓收入不平等程度。

更可得的数字金融可平滑"收入鸿沟"

数字金融具有强普惠性的第一点表现是在中低收入人群中的可得性强。通俗地说，就是中低收入群体原先难以获得以线下模式为主的商业银行等金融机构的金融服务，但却很容易得到数字金融机构的服务。

发达国家数百年的经济繁荣和信用社会建设，使信贷可得性在成年人中达到80%以上，部分达到90%以上。全球发展中国家的这一比例一般在50%以下。2019年我国成年人有效征信率（有效信贷记录比例）接近50%。这意味着我国仍有50%，即有5亿左右的成年人没有获得商业银行贷款。与此同时，近10余年数字金融在我国得到了较好的发展，商业银行服务的5亿多人中，有超过3亿人已经得到移动支付等数字金融的初步服务，有超过2亿人已获得数字信贷、数字理财等服务。

在让数亿中低收入人群得到服务的同时，数字金融也让数千万小微企业得到服务。我国有上亿小微企业，其中超过半数是员工数在10人以下的企业，甚至是个体户的"小微更微"企业和小微经营者，更有大量的夫妻店、路边摊。这些小微经营者的贷款需求普遍在50万元以下，以几万元至10万元区间居多。以线下模式为主的商业银行提供的小微企业贷款难以普惠到它们，因为这些贷款的金额普遍在 100 万至 1000 万元。这也是商业银行近年仅服务了 30% 左右头部小微企业的根本原因。我国的网商银行、微众银行和新网银行等互联网银行，近年则利用互联网贷款等方式，累计服务了超过 3000 万家小微企业。值得一提的，大量店主以及小微企业雇员，也属于中低收入群体。

北京大学数字金融研究中心主任黄益平等学者指出移动支付等数字金融方式正在打破并移动传统的胡焕庸线（黑河—腾冲线），从 2011 年到 2018 年的 8 年间，中国东西部金融服务可得性的差距缩小了 15%。

进一步看，数字金融给中低收入人群带来与高收入人群、中等收入人群一样的金融机会，可以在一定程度上对居民间的"收入鸿沟"起到平滑作用。

这种平滑作用体现在两个方面：第一，金融机会平等（金融可得）在一定程度上可以提高其劳动收入。其原理是可得的金融服务助力中低收入群体工作机会均等，使其错失教育机会和好的职业选择的概率降低，并且可以通过金融帮助其获得职业竞争力。举例来说，城镇中待业年轻人可以通过数字信贷，获得数万元启动资金开网店或成为线下的小微经营者；农村贫困户可获得数万元启动资金养牛、养羊，或者承包更多土地。

第二，金融机会平等在一定程度上可以使中低收入群体获得资本收入。例如，近年以余额宝为代表的数字理财产品兴起，降低了理财资金门槛，推出"一元钱理财"等模式，带动大众理财意识觉醒和理财服务普惠化发展。在今天的数字金融平台上，人们放在电子钱包里的哪怕几元、几十元零钱，也能赚到利息，而且随时可以用于消费。此外，数字金融平台上理财产品的销售、服务与互联网场景的联结越来越紧密，代销和引流成为理财服务触达客户的两大主要方式，理财已走下"高台"进入"寻常百姓家"。

更可负担的数字金融成为"民生金融"

数字金融具有强普惠性的第二点表现是对中低收入人群更可负担。以移动支付为例，目前我国数字金融平台保持了几乎是全球最低的支付费率，对个人端基本免费，对商家收取的支付费率低于 1%，并对大量小微商家免费。技术的发展还极大地降低了支付门槛，我国数千万个小微商家不需要购置移动支付设备，仅凭一张自行打印的二维码便可以收付款。在全球范围内，移动支付相对于银行卡费率，也整体处于偏低水平。

在数字信贷等方面，目前数字金融平台虽然因为资金成本高等原因导致年化利率相对较高，但其借还期限灵活，以及按日计息模式，使其真实利率低于银行水平。并且，随着与商业银行开展联合贷款等方式的推行，其利率呈下行趋势。

数字金融对中低收入群体的可负担性在数字保险、保障领域表现得更加明显。保险过去似乎是奢侈品，与中低收入群体关联较小。年费动辄上千元和难懂的合同条款，更将中低收入群体推离多数保险产品。如今数字保险已经兴起，以支付宝"好医保"、众安保险等为代表的数字保险已拥有数千万保民，普通人每月花费 10—50 元，每年花费 100—600 余元即可享受到上百种常见大病的治疗保障。数字金融平台还创新推出网络互助的保障形式，普通居民以每月付费数角至数元的价格即可参与百余种大病保障，保障金额为 5 万至 30 余万元，目前已有近 2 亿人次参与网络互助。

可负担、可持续的特点，使数字金融真正成为"民生金融"。这在一定程度上解释了，支付宝、微信支付在中国为什么会拥有超过 10 亿的用户，并且包括了 6 亿中低收入群体中的大部分。在一定程度上，数字金融是普通居民需要的"小确幸"的金融——小而美，给人们确定性和幸福感。

"无处不在"的数字金融成为收入帮手

数字金融具有强普惠性的第三点表现是便捷化。对中低收入人群来说可以实现"金融无处不在"，成为其改变收入的有力帮手。数字金融通过互联网技术和金融科技的加持，成了一种智能金融，它突破时间、空间限制对每个人进行陪伴式服务，它出现在绝大部分需要金融存在的场景中，还会通过陪伴式服务发现你的金融需求进而满足你。

绝大多数移动支付、数字信贷、数字保险和数字理财都实现了 24 小时不打烊，打破了时间限制。在互联网银行——网商银行服务的小微经营者中，接近四成是在下午 5 点到早上 7 点这段银行不营业的时间里申请贷款。晚上 11 点至凌晨 5 点，有 8.66% 的小微企业还在申请贷款。

数字金融还打破了空间限制。仅用一部手机，哪怕你在偏远的山区，也能通过移动支付买到和北京、上海市民一样价格、质量的日用品。同样，你也可以凭借你的数字信用在家中获得助学贷款、日常救急资金等，而不用去实体银行网点提交资料。

"使金融无处不在"，可以非常形象地说明数字金融的场景化特征。在数字金融模式下，居民生活的方方面面都深刻地嵌入了金融。例如，以退运费险、账户安全险、大宗物品物流险、航班延误险等为代表的数字场景险，正发生在人们的衣食住行用游购等各类生活中，大量险种甚至无须用户花钱购买，而是由商家或平台购买后送给用户。

数字金融便捷化的特点，对中低收入群体来说还有一个巨大的作用，即在场景中、在日常陪伴中自然而然地加强了金融知识教育，使他们更有能力利用金融工具提高自己的收入。

事实上，正是因为数字金融具有史无前例的普惠性和技术先进性，世界各国才纷纷制定国家级战略推进其发展。2019 年 8 月，中国人民银行印发《金融科技（Fin Tech）发展规划（2019—2021 年）》，金融科技即数字金融的价值被规划总结为四点，即"金融科技成为推动金融转型的新引擎""金融科技成为金融服务实体经济的新途径""金融科技成为促进普惠金融的新机遇"和"金融科技成为防范化解金融风险的新利器"。

《金融与好的社会》（*Finance and the Good Society*）的作者席勒（Robert Shiller）教授说，金融并非为了赚钱而赚钱，它的存在是为了帮助实现社会的目标。一个好社会的重要特征是平等、信任、人人互相尊重和欣赏。如果世界各国尤其是收入不平等程度相对较高的国家和地区，都能大力发展数字金融，并推动金融业整体进行数字化升级转型，那么便可以推动全社会实现金融平等、机会平等，进而实现收入不平等程度的下降。

金融如何克服市场失灵

> 构建普惠金融是为了社会可持续发展。

中银国际研究公司董事长、中国银行原首席经济学家
曹远征

联合国于 2016 年正式启动《2030 年可持续发展议程》，呼吁全球各国为在 2030 年之前实现 17 项可持续发展目标而努力，包括消除贫困、应对不平等、解决气候变化等。

《2030 年可持续发展议程》的核心是普惠。包括发达经济体在内，全球各国财富分化逐渐拉大，这一不平等现象最终倒逼出现逆全球化等社会现象。亚洲部分国家或地区居民过度加杠杆爆发小额贷款危机，贫穷农民的债务累年累积难以解除，极端者成为"债务奴隶"。市场失灵现象的频发也引发了人们的深刻思考。

因此，如何克服市场失灵的外部性，构建一个可持续发展的社会，对于我们讨论反贫困有着特殊的意义。

普惠金融：深刻理解穷人的风险特征

《北大金融评论》：普惠金融在中国的发展较为波折。小额信贷是主要形态，金融科技是主要推动力，利率自由似乎是主要结论。但是，2019 年发生了一些变化：很多小额信贷企业倒闭；金融科技所鼓吹的"大数据风控"主要场景的前提是拥有电商数据或者线下消费数据；利率自由不具备条件，

36%是绝对不可触及的红线。在这种情况下，您如何评价普惠金融在社会目标和商业可持续之间的平衡？

曹远征：从普惠的角度讲，如何做穷人的银行，实现惠及每个人的金融服务，始终是金融面临的重大挑战，但同时也是社会的强烈需求。

人们过去通常将金融理解为一种融资活动，融资仅代表资金的时间价值。但金融的本质是用来对付市场的不对称性和未来的不确定性，也就是风险。金融活动通过处置风险来为投资者和被投资者架起桥梁。为此金融机构在做三件事：资金的时间价值、资金的风险价值和风险管理能力。金融产品的创新、设计是跟风险处置高度相关的，风险管理能力是金融的核心竞争力。

从这个意义上理解金融活动，我们看到金融产品的利率实际上是interest时间价值加上风险溢价。在同样的时间价值中，不同风险水平客群的利率水平不同，原因在于其信用水平不同。在一个陌生人市场中，最可靠的信用是资产抵押。金融机构，尤其是负债类金融机构多以资产抵押来做放款安排。然而，有资产的人才有能力通过抵押、质押获得融资，传统金融很难覆盖抵押物不足的穷人，金融也因此被批评为"嫌贫爱富"。它构成了金融市场的负外部性，体现为对穷人的排斥，表现为市场的失灵。如何把穷人吸纳到现代经济体系中，让他们参与市场经济活动并从中获益，逐步走出"贫困怪圈"，既渗透着对社会正义的诉求，也融合着对经济效率的考虑。

由此，不能把金融仅理解为融资活动。因为融资不只有时间价值，还有克服外部性，其关键在于风险配置，通过深刻理解穷人的风险特征，并辅以有效的手段加以辨认和刻画，才能形成相应的金融工具。在满足商业原则的情况下，将金融服务惠及社会的每个成员，尤其是穷人。其中利率市场化仅是必要条件。如果一味地考虑利率，便会掉入高利贷的陷阱。历史和经验都可以证明，只有在把握穷人风险特征的基础上，创新性地提供有利于穷人脱离贫困的金融产品，才能实现普惠性。

第二次世界大战结束以来，国际社会对普惠金融的理论和实践在持续改进，从排斥走向包容。金融普惠化的内涵已经从单纯的反贫困走向包括养老金融、绿色金融等涉及社会不平等的众多方面。但穷人的银行仍是其理念和实践的核心。

《北大金融评论》：普惠金融在国际上有什么新实践？比如金融科技带来了什么样的变化？在格莱珉银行之后有什么新的机制创新吗？

曹远征：在狭义上，普惠金融主要通过穷人的银行来解决贫困问题。孟加拉国经济学家、诺贝尔和平奖获得者穆罕默德·尤努斯认为，普惠金融不是施舍，而是商业，是帮助穷人摆脱贫困、带有社会目标的商业。

如果一味施舍，财政将不可承受；但一味商业，金融也不可持续。印度的"小型贷款运动"的失败便是个典型的例子。印度东南部的安得拉邦在2010年后爆发了微型金融危机。该地区人口仅占全国的7%左右，信贷规模却占全国的30%以上。违约潮爆发后，微型金融机构在田间地头胁迫农民还款，国际媒体曾有报道称"高利贷令印度农民家破人亡"。实际上，在危机爆发前就有人指出，"如果微型金融机构能够让借款人轻易借到钱，那么他们迟早会违约。"在危机爆发后，微型金融信贷规模年均下滑20%—40%。除印度外，很多国家也面临着小额信贷的商业不可持续性困境。

普惠金融的核心要义虽然是带有社会目标的商业，但关键是培养穷人摆脱贫困的能力。一个较好的案例是孟加拉国格莱珉银行，该行的放贷形式主要还是小额信贷，但是其手段机制却是创新的。5个成员组成一个小组，学习信贷规则且互相担保，若组内成员违约将会影响其他成员获得贷款。再如，循环小额贷。简而言之，今天借1美元给一个饿肚子的人，要求他明天必须还款；迫使他通过诸如拾荒等办法来筹措资金，待他还款后再借给他2美元，要求两天后还款这样激励他拓展能力形成新的还款来源，由此及远，不断培养个人新的造血能力，逐渐摆脱贫困。穷人获贷能力融入自我发展中，获贷同时也提高偿贷能力，实现商业可持续。这便是尤努斯所说的"普惠金融要帮助穷人摆脱贫困"。

值得提及的是，当代互联网、大数据、云计算等高新技术的发展所形成的金融科技，为这种微型金融技术提供了更广阔的应用前景。它不借助物理网点便可使金融服务触达每一个人。事实上，我们看到在金融业并不发达的非洲肯尼亚，手机银行的发展使贫困人群可以获得金融服务，使金融普惠程度大大提升。

反贫困的核心：低风险挖掘穷人的社会资本

《北大金融评论》：从金融角度看，反贫困的金融逻辑在哪里？

曹远征：金融产品是配置风险的工具。从风险配置的角度来看，风险除信息的不对称性外，主要是未来的不确定性，而未来是时间和空间的结构。换言之，不确定性发生在未来的时空中。囿于人们的能力或其他因素，目前只能按一个逻辑来把握风险，要么按时间轴，要么按空间轴。

商业银行的业务是按时间轴跨时配置风险的。商业银行吸收期限较短的存款，放出期限较长的贷款，期限错配是其主要风险，其中流动性是重中之重。因此，商业银行的核心是流动性风险管理。而资本市场的业务是按空间轴来配置风险的，体现为时点上的实际对冲，是将风险最大限度地分散在市场中的投资者上。能否按时对冲是资本市场风险管理的核心，而对冲就产生了根据不同的风险偏好匹配不同的金融产品。风险主要体现为未来的不确定性，即未来发生损失和获得收益的随机性，可分成收益风险、投机风险和纯粹风险。纯粹风险就是危险，是指预期损失的不确定性。保险是主要处置纯粹风险的手段，它通过大数定律，将预期损失降到最低程度，而不是追求高收益。

从这个角度观察反贫困的金融逻辑，可以看到，穷人最怕的是损失。仅有的一点生产资料，甚至在生活资料损失后，贫困家庭会陷入灭顶之灾，因此，保险是规避这类纯粹风险的最佳手段。在此基础上，为了脱离贫困，通过负债获得资金，从而培养能力就成为必要的选择，随后才会选择为获得高收益而需要承担高风险的资本市场金融产品。这一金融顺序是穷人选择的结果，它构成反贫困金融安排的底层逻辑。如果说金融要回归本源，以穷人的银行为核心理念的普惠金融还需遵从这一逻辑。

《北大金融评论》：在反贫困的社会评价方面，怎么判断中国普惠金融的成绩？

曹远征： 从中国的情况来看，贫困主要发生在农村。在保险，尤其是政策性农业保险日益普及的情况下，目前金融工作的重心逐渐转移到涉及贫困农户能力建设的微型金融安排上，主要形式是小额贷款。

国际经验表明，小额贷款既要普及，又要低价，还要可持续，是不易实现的"三角平衡"。中国的农村金融机构也曾遭遇过严重的逆向选择和道德风险，传统的农村信用社不得不为此付出代价，多次重组并改制。但是在逐步摸索中，已积累了很多经验，并涌现出不少成功案例。例如，在房地产泡沫破裂后，海南省重组农村信用合作社，发展小额贷款支农增收。海南农信社将贷款审批权、贷款利率定价权交给农民。与此同时，建立了一支由农学院毕业生组成的"小鹅团队"。这一团队有先进的农业科学知识，知道种什么，怎样种，并手把手地传授给农户，从而培养农户的生产能力，也培养了还款来源，有效地降低了贷款违约率。经过 10 余年发展，该省 80% 的农村信贷由农村信用社提供，很大程度打破了"三角平衡"约束。

穷人的银行是草根金融。穷人没有多少资产，因而抵押物不足是常态。对穷人的放款依靠其他信用，诸如血缘、社区、亲朋好友等，通过这些非商业传统的信用发现客户，并借此来培养客户的信用，实现商业化的运作，而与此相关的一整套技术安排也就构成了微型金融的基本内容。大型金融机构可以利用这些微型金融技术向普惠化方向努力。但是也必须看到，它们缺乏天然优势和激励机制。大型金融机构的单笔贷款额度常在百万元以上，做小额贷款成本过高，激励的不对称性，很难让微型金融技术遍地开花。虽然金融科技可以助力于此，但其不是万能的，因为金融科技尽管可以让每个人都拥有个人账户，但在培养借款人金融能力、辨别风险偏好和信用方面，还不能做到尽善尽美，逆向选择和道德风险问题依然存在。

以穷人的银行为核心理念的普惠金融在中国虽取得了很好的成绩，但仍需深化。在我看来，一个重要原因是自然人放贷尚未有制度化安排。经济学家茅于轼曾向一名乡村教师提供 500 元，用于给村民提供贷款，开垦了一块在中国发展的小额信贷试验田。试验的结果很成功，由于乡村教师在村里的威望高，对村民也了解，利息低的同时违约率也低。这个案例提供了一个有益的启示。中国幅员辽阔，自然地理状况复杂，贫困发生的原因各异，穷人的银行只能因地制宜。而自然人最了解当地的情况，最清楚当地人情世故所蕴含的非正规信用，从而可以极大地克服信息的不对称性，减少道德风险。因此，自然人放贷的规范化和制度化应是今后普惠金融深化的重要方向。

养老金融的深化：从社保基金补充到社会养老创新

《北大金融评论》：大家都说中国已经进入了老龄化社会，您如何甄别其程度？比如与日本相比是怎么样的？您如何看待一些经济学家提出的"不惜一切提高生育率"的理论？

曹远征：我研究中国经济40多年了，很多预测还是很准的，唯一考虑不周的是中国人口结构的变化速度、规模，这让我们非常震惊。震惊的起点是2010年第六次全国人口普查。

我们根据第六次人口普查数据保守推算，当时中国的总和生育率为1.4%—1.5%。该数值意味着，中国将在2025—2029年达到人口高峰，最多总人口约为14.9亿人，此后人口开始下降，到21世纪末回到10亿人以内。通常认为，如果总和生育率高于2.1%，人口将呈现年轻化态势，越来越多的年轻人进入劳动力市场，印度便是一个典型案例。但是，全球绝大多数国家的总和生育率不足2.1%，数值越低意味着人口老龄化速度越快。按照国际社会将65岁以上人口占比超过10%定义为老龄化的标准，我国已步入老龄化社会。

在亚太地区，中国还没有到日本的发达程度，但老龄化程度已经接近。未富先老是中国经济社会未来发展的深刻挑战，需要认真面对。举一个例子，人们经常讨论中国和印度的"龙象之争"，其实质是总和生育率之争。印度人口结构更加年轻化，有可能重现中国廉价劳动力驱动的增长模式，更多年轻人进入劳动力市场且工资维持在较低水平，全球资本或低端制造业会由此流入印度，它们的沿海地区有可能出现印度版的深圳。

从这个意义上讲，稳定乃至提高生育率是必要的，但是否不惜一切还可商榷。在我看来，人口老龄化是发展的规律，不惜一切并不能扭转这一规律，但是可以做一些工作，使老龄化的速度延缓一些。例如中国总和生育率下降一个重要原因是初婚初育年龄推迟，从而使未来生育机会变少，其中女性就业竞争压力大是一个因素，在这方面可以多改善初婚初育年龄持续推迟的趋势。总之，需要综合手段，但不意味着不惜一切。

《北大金融评论》：老龄化的凶猛到来，对中国的产业影响是怎么样的？很多人担心房地产，您怎么看？

曹远征：中国经济过去主要依靠投资拉动，投资增速一度达到35%。老龄化就是吃饭的人多了、干活的人少了，要动用过去的储蓄。储蓄是投资的来源，储蓄下降投资就会下降。近几年经济增速下行的重要原因之一是投资增速下行。储蓄下降与人口结构变化高度一致，即储蓄率从2011年左右开始下降。在这种情况下，如果一味地维持高投资，其结果只能是向未来借钱。透支未来就是杠杆率升高。其实，这也是全球的经验，老龄化伴随着高杠杆，成为债务危机的背景。

老龄化带来储蓄下降也会影响金融体系。存款来源减少，银行等金融机构存款增速下降。为了黏住客户，银行不得不卖理财产品等进行转型，"类金融"产品增多，最终演变为"影子银行"（Shadow Banking）。

从产业角度看，老龄化意味着在人口结构中年轻人比重下降，它会影响房地产等行业。婚房是刚需，因此社会才有"丈母娘的房子""六个钱包"等舆论热议。中国新进入市场的劳动人口的高点在2012年，此后每年下降近300万人，对应未来新组建家庭少100万个以上。婚房的刚需开始"不刚"，房价上涨趋势变缓，追涨杀跌的投资者开始退场，而房价低迷也使住房改善者可以从容或推迟改善。事实也是如此，2014年是中国房地产的需求历史高峰年。这一年户均住房超过一套，人均住房面积超过25㎡，在全球处于较高的水平，表明刚需基本得到满足。2015年之后房子就难卖了，所以当年出现了包括房地产去库存在内的"三去一降一补"供给侧结构性改革。当然人们也会质疑，因为看到二线以上城市住房还在旺销，房价还在上涨。但是从人口的角度观察，情况十分明了。由于二线以上城市的就业机会多，发展机会好，人口呈现净流入状态，相形之下，二线以下城市，尤其小城镇则呈现人口净流出状态。在净流入的城市，更多人追逐房子，房子当然旺销，房价自然上涨。而人口净流出的小城镇，房子量价齐跌。这是在人口总量不再快速增长情况下人口流动结构变化所产生的现象。

国际经验表明，随着人口老龄化，房地产会有两个变化发生：一是人口向城市中心集中；二是养老型房地产旺销。其实，这个变化反映的是一个问题，老年人更需要、更依赖服务业。市中心生活便利，而养老型房地产卖的也是服务。从这个意义上讲，在人口老龄化背景下，卖服务而不是卖房子就成为新趋势。如果房子再好，但服务不行，房子也卖不动。认清这个趋势，从卖房子转向卖服务是房地产转型发展的关键。

《北大金融评论》：中国如何弥补养老金缺口？中国的养老金融的改革痛点是什么？

曹远征：刚才提到，对中国未来经济社会发展的最大挑战是未富先老。其中养老金缺口是这一挑战的应有之义。我带领的中国银行研究团体是最早开始做中国资产负债能力可持续性研究的团队之一。早在2012年，根据我们对中国人口趋势变化的研究，就提出要尽早考虑养老金缺口问题。但与此同时，我们也认为这个缺口是可以弥补的，就是将国有资产划入社保。新中国成立70年来积累了庞大的国有资产，它是全民所有的，这一积累是可以用于未来养老。事实上，在人口老龄化趋势面前，这一政策已付诸实施，例如2019年就提出要将国有股权的10%逐渐划入社保基金，预计未来还会加大划入比例。现在国有股权虽然划入社保基金，但变现能力差。因此，发展资本市场，把国有股权变成可变现状态，以备不时之需，是养老金融改革的一个重要环节。

需要指出的是，社保仅是养老金的组成部分之一。社保的作用不仅仅是兜底，还需和企业年金、养老保险配合。国际经验表明，只有社会保险、企业年金、养老保险三个支柱相互支撑，养老体系才能相对完善。我国养老金的第二、第三支柱尚未发展健全。加快发展第二、第三支柱也是养老金融改革的重要领域。其中，尤其要强调第三支柱的意义，每个人都应提前做好养老的准备，制定养老的理财计划。参考发达国家经验，人们会将一部分资金存入市场化的养老金融公司，获取相对稳健的回报，以补充第一、第二支柱的养老金。毕竟养老是自己的事，养老金不能单纯依赖社会保障。

与此同时，面对人口老龄化，现行的金融产品和金融机构也需要进行改革。例如，现行的理财产品都注重回报，这是针对人口年轻化的设计，年轻时买入获取一定收益后在年老时赎回。但是随着人口老龄化的加速，金融机构会因老年人增多并大量赎回而面临流动性风险。但是，老年人真正需要的不是资金，而是服务。如果金融机构在提供金融产品的同时提供相应的养老服务，便会缓解养老资金的提现，从而较好地应对外部老龄化的冲击。

从这个角度看，金融支持专业性养老机构的发展并使其金融产品与养老服务相挂钩就显得十分重要。无论是商业银行、保险公司，还是证券公司，开发针对个人的专业性服务的适老产品成为养老金融改革的新领域。这也是普惠金融的应有之义。

绿色金融：用道德性融资促进可持续增长

《北大金融评论》：您有一个观点，认为绿色金融也可以算是普惠金融的一部分。现在绿色金融有很多争论，一个重点就是项目的不透明，很多人打着绿色金融的旗号进行低成本融资，但却并没有带来持续性的收益。您怎么看待中国绿色金融的情况？

曹远征：普惠金融在狭义上是办穷人的银行，实现金融反贫困；但广义上却包含众多内容，包括养老、绿色等。过去，金融处理的是正外部性。但是，污染是负外部性，如何处理这一负外部性是金融的一个问题，需要两方面的努力。一是设立监管标准，例如，在信贷、债券中引入赤道原则（Equator Principles），绿色债券可优先安排发行，利率设计相对更低。二是负外部性可交易，例如，碳排放权交易。

在绿色金融的框架中，企业只有向环保的方向发展，才能获得金融融资支持。绿色金融的内涵即是用金融的方式重新安排资源，维持可持续的增长模式。

从全球范围来看，中国的绿色金融发展走在前列。虽然美国已经退出，中国仍在率先签署《巴黎气候协定》后继续履行完善气候相关立法和监管框架承诺。在二十国集团（G20）杭州峰会，中国首次把绿色金融议题引入议程，成立绿色金融研究小组。中国人民银行数据显示，2018年，中国共发行绿色债券超过2800亿元，绿色债券存量规模接近6000亿元，位居全球前列；全年新增绿色信贷1.13万亿元，占同期企业和其他单位贷款增量的14.2%；绿色企业上市融资和再融资224.2亿元。绿色基金、绿色保险、绿色信托、绿色PPP、绿色租赁等不断涌现。

未来，绿色金融在中国有很大的发展潜力和空间，在引入环保标准的基础上，绿色金融正朝着标准化、专业化的方向发展。

第二篇

"双碳"目标与经济转型

建立碳市场需要回答的若干问题

> 碳价格的激励、碳配额的比重、碳减排的补偿、碳科技的回报,这四大问题,谁能答好?

博鳌亚洲论坛副理事长、第十二届全国政协副主席、中国人民银行前行长

周小川

碳市场和碳价格将为未来碳达峰、碳中和起到重要作用,其中一个重要方面就是引导大量投资进入碳减排和碳汇(或称"碳沉降")领域。要实现未来的净零碳排放目标,需要大量投资。这个市场并不简单。确切来讲,金融业里有这么多金融市场,是有经验、有功底的,特别是过去做过金融市场产品和金融工程的人,往往能够想出办法来实现。所以我提出几个碳市场应该解决的问题,如果不能解决,碳市场的设计就并不到位。

全国性碳市场的开业比我想象的还要快。究竟如何设计碳市场?现在能看到的细节不够多。其中也看到有一些非金融系统的人在设计市场时不知道如何操作,就来学习股票交易所的经验,看看股票市场和外汇市场怎么做。他们提出要有很多参与者,而且要金融参与者进来积极地交易,使得市场交易变得很热,才能来定价。我认为这是一种误解。其实配额类市场大体上属于拍卖型市场。如果搞错了,容易走弯路。

我提出以下几个问题,看看如何解决。

第一个问题是怎样使碳价格产生足够的激励,而且保持相对稳定,能够对长期投资、科技创新起到引导的作用?也有人说,要解决当前与GDP的平

衡能力，就要像每次挤牙膏一样挤一点，算作碳配额，要收费。具体举例来说，现在（指 2020 年）中国每年碳排放量大约是 100 亿吨，2030 年碳达峰假定是达到 105 亿吨，每年新增 0.5 亿吨二氧化碳，把这 0.5 亿吨配额拿出来卖。如果拿出来拍卖或交易的配额在总排放量中的比重过小，这个市场可能就不稳定，甚至有人会说，说不定会出现负价格，激励机制就不足且不稳定。因此，考核标准是要有有效的中长期激励机制，同时价格要相对稳定。

第二个问题是关于碳配额的：多排放的人要购买碳配额，碳配额收到的费用应该做什么？我个人看法是应该全部用于减排的经济活动，而且即便这样也许还不够。未来 40 年需要上百万亿元的投资额，即使是碳配额价格合理，出售碳配额的收入全部用于减排方面，仍然需要更多的公众和私人投资。如果出售碳配额这部分钱用来干别的，或者投到别的行业，或者社保拿去用了，完成控制碳排放的任务就会变得更加困难。所以出售碳配额的费用要全部用于碳减排，否则就会变成一个罚款市场。违规了就罚一点钱，踩线了就罚一点钱，罚完钱以后，收支两条线。所以一定要把这些钱用于激励减排，特别是用于引导应对气变的投资。

这个投资确实是需要激励的。因为从现在的科技和价格趋势来讲，有排放的生产和消费活动，经济成本终究还是便宜的；如果真正做到减排或者是零排放的生产、消费活动，肯定比有碳的活动昂贵很多。因此激励是不够的，一定要增加补偿机制，最重要的补偿机制就是通过碳市场、碳配额、价格转移和利益转移形成的激励机制。也有人提出来，现在很乐观，新能源已经变得很便宜，不需要任何补贴就可以做到了。其实事情并不是那么简单。

第三个问题是：实现碳达峰和碳中和是一个过渡过程，在这个过渡过程中，过渡性减排的经济活动能不能得到补偿？能不能在碳配额交易中得到适当的激励机制？如果碳汇、植物吸收或者是其他工艺确实可以吸收碳，就形成负值的碳配额，就可以拿去卖，或者有一个机制把碳配额分给这些创造碳汇的人，他们卖出的金额，由排碳的人出钱补偿，形成激励机制。这可能需要一些金融产品。但是在整个过渡过程中，特别是前期，其实有一些经济活动没有达到零排放，没有真正吸收掉碳，但是它减少了碳，而且可能减得还挺显著，这样的活动能不能得到补偿？如果碳市场设计得不好，这类活动是得不到补偿的。

从过渡的过程来看，大体上来讲，我们未来40年，可能前20年有一些新工艺只要能减少碳排放，就是好事。但后20年，仅仅减少碳排放可能还不够，还得真正做到零排放或者是负排放才行。所以这种分阶段过程中有不一样的激励对象，前若干年对过渡性减排的激励机制够不够，也是非常值得研究的，碳市场要想办法给出解决答案。

例如，燃煤电厂碳排放是最大的，烧天然气碳排放大概比燃煤碳排放少三分之一，且其他污染也少，烧天然气的电厂能不能获得利益的补偿？要不要鼓励？在后20年，恐怕烧天然气也不行。关键是烧天然气的电厂，还有很多是可以用于调峰的，也就是说电力的使用不均衡。有了调峰的设备，电网就可以吸收更多的太阳能和风电；如果没有调峰的设备，就不能吸收太阳能和风电。因此，如果前20年天然气发电起到这样的作用，是否需要补偿？不能简单地说天然气发电每度电成本高不高，因为它起调峰作用，所以每年发电设备利用小时数很少，根本不是满负荷运行的。所以这种发电最后折算下来成本高，成本高就要补偿，没有补偿的话，投资人就不愿意投入。所以要考虑过渡前期对逐步减排活动的激励是否到位，要设计一些产品使得这种减排（但不是零排）的投资和运行也能够得到合理适度的激励和补偿。

再例如，有很多住房的屋顶可以进行太阳能发电，白天有电，但晚上要开灯、看电视，还有电冰箱、空调要运转。可以设想，白天住房有电用不掉，就输送给电网，然后晚上需要用电的时候，电网再输电给住房，这个事情合算不合算呢？很难说。输送给电网的成本是很高的，那么小的电量，要经过电控设备直流变成交流，交流再经过几轮升压才能进入电网。当然技术也会发展，很多人说要上储能设备。从家庭的例子来看，储能要有蓄电池之类的设备，蓄电池本身并不吸收碳，所以不能用它去出售配额。这一类设备价格也很贵，如果不补偿的话，就没有足够的激励去研发和投资储能技术及设备。也就是说，像这样的过渡性减排活动，碳市场也应给它提供激励机制，给予补偿（如果纯用政府的钱就是补贴），否则企业就没有积极性去推进。

第四个问题是：如何对中长期科技研发和投资进行激励？假设有一个吸收碳的科技项目，最开始是想法，如果逐步做成的话，5年以后或者7年以后能够投入商业使用，这中间可能会有风险。假设5年以后提供某个装置能够每月吸收1吨二氧化碳，它的激励机制在哪里？就是要把5年以后的碳配额的预期销售价格拿过来，作为未来预期的收入，然后计算投资回报，这样才能使投资者有兴趣投资。5年以后的碳价格，也就是碳配额期货价格，到底能不能产生出来？是否稳定？风险多大？风险概率是如何分布的？这个市场一定要提供碳期货、碳远期这样的价格，才能把相当多的投资，包括一部分风险投资吸收过来。依靠未来的定价和这个过程中的风险管理来计算出的投资回报，起到鼓励这种投资的作用。

老实说，真正有风险管理能力的专业人才大多在金融界，所以要设计金融市场，就要知道其所需要的功能并选用合适的人才。金融业内部分工也很细，也有很多金融人士不擅长这一行，不知道怎么做。真正熟悉金融产品设计和交易的人，特别是金融工程专业的人，会觉得这个与读研究生时做的作业差不多，可以设计出来。我们是有这样的人才能够设计出来的。但是仅仅能够设计出来还不行，设计出来之后还要论证清楚，可能还要建立模型、做模拟，通过模拟的效果让大家信服。这里面设计的技能就不简单了。

另外，如果能实现上述这些功能，能够让人满意，往往还需要在市场基础框架之上，再设计多个产品去满足这些功能。如果设计的市场基础框架不好，也不稳定，它衍生出更高级的功能，可能根本就没有办法去搭建。所以，倒推过来，当前建立合格的碳市场的基础框架是非常重要的。

我提出这四个问题的想法是，现在做碳市场的人积极性很高，有些地方没有弄明白，也要推出碳市场，全国来讲不一定需要那么多碳市场，而是需要基础框架好、能搭建各项主要功能的市场。只有想清楚、设计好，才能往下做。

我想简略提示一下如何应答上述四个问题的思路。对于第一问，应拿出足够比例的碳排放进入碳市场，而不是只挤出一点点"牙膏"。对于第二问，可以按照年度总量控制目标测算出主要行业当年碳排放的物理强度平均值，将年度配额分给低于平均值（即创造负值配额）的经济活动者。对于第三问，可以按照总量控制的过渡过程路线图，测算主要行业排放均值的过渡过程路线图，和重要产品的替代/协同系数，来安排配额的跨期、动态分配。对于第四问，可以在好的基础框架上搭建碳期货、碳远期等衍生工具交易，用于引导跨期投资和风险管理。

在当前全球多国财政赤字大幅上升、多个政府都债务过重的情况下，特别要防止碳市场的收入被用于别的方面，导致更大的气变融资缺口。所以，不仅要定价好、交易机制好、衍生功能好，还要考虑好如何使用碳市场调动的资金。

零碳金融助力碳中和

> 创造碳价格,建立"碳投资融资"的激励逻辑。

中国社会科学院学部委员、国家气候变化专家委员会委员
潘家华

全球应对气候变化的努力与合作中,资金始终是一个重要议题,应对气候变化需要资金。国际能源署(International Energy Agency, IEA)匡算,要实现碳中和,到2030年全球能源投资所需资金将每年高达5万亿美元(值得注意的是,IEA的估算只涵盖电网建设、充电桩等清洁能源基础设施建设所需资金);2060年中国实现碳中和所需资金,将超过百万亿元人民币。钱从何来,一直是气候变化谈判中发达国家和发展中国家交锋最为激烈的领域。按照一般理解和思路,"羊毛出在羊身上",既然气候变化归因在"碳",那么,碳金融,也就是通过碳交易、碳税、碳关税遏制碳排放获取气候资金,就成为减排政策的着力点和市场的导向所在。

然而,2015年达成的《巴黎协定》,明确规定将全球温升幅度控制在比工业革命前不超过2℃并力争1.5℃的范围,在21世纪中叶即2050年前后实现温室气体的净零排放。这也就意味着,《巴黎协定》的目标是碳排放归零,碳金融自然也就不会长久,真正有未来的,只能是零碳金融。实际上,从1992年《联合国气候变化框架公约》(以下简称《气候公约》)达成之日起,国际社会尝试并寄予厚望的碳金融,总体上乏善可陈,而零碳融资则成效卓著。迈向碳中和,碳金融可以有所贡献,真正的动力源自零碳金融,也就是零碳的、与碳排放无关的投资,驱动碳排放归零。

碳市场融资的困境

如果说 1972 年联合国环境会议所展现的南北（即发展中国家和发达国家）关于环境与发展之争是"咎由自取"；那么 1992 年达成、1994 年生效的《气候公约》关于应对气候变化的南北之争，则是"溯源追责"，明确采纳"共同但有区别的责任原则"，碳排放国家（在当时主要是发达国家）需要担当。《气候公约》按完成和尚未完成工业化的国家分列为附件 I 和非附件 I 缔约方。附件 I 国家经济发达、技术水平高、适应能力强、负有排放责任，而非附件 I 国家资金短缺、技术薄弱、排放责任少。因而，发达国家不仅自己要减排，还要拿出资金和技术，帮助发展中国家低碳发展、适应气候变化。

1997 年达成的《京都议定书》，就是规定附件 I 国家减少排放、筹集资金帮助非附件 I 国家应对气候变化。除少量的财政资金外，通过市场筹集资金，途径就是碳金融。《京都议定书》中的"京都三机制"，通过在碳排放市场交易中降低减排成本，获取资金收益。鉴于发展中国家减少气候风险需要资金，《京都议定书》规定，除发达国家财政捐资外，通过市场途径从 CDM（Clean Development Mechanism，清洁发展机制）交易中拿出一定比例资金建立适应基金。实际运行情况是，"联合履约"基本没有交易。只有欧盟于 2005 年启动的碳排放"限额 – 贸易体系"，形成了一个高度内部化的市场，概不对外，碳价低迷，效果有限。CDM 项目开展得较为活跃，但总体规模并不大，而且项目集中在可再生能源的开发利用，也就是非碳领域。

由于美国拒绝批准，《京都议定书》在 2005 年才生效，CDM 交易有限，适应基金几乎成为无源之水。因而，2010 年联合国气候会议设立具有制度化色彩的绿色气候基金。然而，发达国家纳税人的钱袋子捂得很紧，注资有限。2015 年达成的《巴黎协定》，没有承纳"京都三机制"条款，碳排放交易可以在国家之间自愿开展，并没有规定为全球或区域碳市场。发达国家例如美国、澳大利亚也有一些民间"自愿性"碳交易，但从属性、规模和效果上看，并没有形成有意义的碳市场。国家发改委于 2011 年选取 7 个省市开展碳市场试点建设，市场属性和绩效也不尽如人意。为落实《巴黎协定》目标，我国表示要建立全国统一碳市场。

欧盟的碳市场实践，没有拓展碳债券、碳期货等碳金融衍生品，国际金融机构介入 CDM 试图将 CER（Certified Emission Reduction，核证减排量）金融化，但随着《京都议定书》的终结而不了了之。美国拜登（Joe Biden）政府承诺于 2035 年通过可再生能源实现零碳电力、2050 年实现碳中和，碳排放交易也没有作为政策选项。碳市场融资手段效果有限，原因在于碳的产品及市场属性。碳中和意味着碳排放在 2050 年前后清零或趋近于零。从市场预期上看，即使当前有碳排放权的额度分配、交易，也只是暂时的，是没有未来的。由于发达国家早于中国实现碳中和，碳交易不会形成全球市场，因而即使中国碳市场能够运行也无法对接世界。从产品属性来看，碳排放并不必然是生产和消费的必需品。社会需要的是能源服务，而不是碳。如果有碳排放为零的能源服务，例如风、光、水（生物质能为碳中性）等可再生能源，那么国民经济体系中将可以去碳而不会影响社会福利水平。而且，碳不同于常规市场交易品，它是无形的，其测定、报告和核认程序繁琐，产权或责任划分存在较高成本和不确定性。实际上，碳交易是人为造就的市场，碳排放额度的确定、分配、测定和核认，不仅交易成本高，而且存在寻租空间，甚至可能成为腐败源头。

零碳金融的市场潜力与规模

所谓零碳金融，其内涵可以界定为生产和消费过程中与碳没有直接关系或不含碳的供应链各个环节产品和服务的投融资，例如零碳能源服务设施、非燃油汽车及其关联产品、储能设施等。此处的零碳，包括气候中性，也就是源于绿色植物通过光合作用从大气中所吸收固定的碳水化合物中的碳（甲烷、氮氧化合物等）及以此为营养源的食物链中各种生物体生命周期的碳循环。零碳金融之所以有着巨大的、可持续运营的市场潜力和机遇，主要原因包括以下几点。

第一，零碳技术、产品和服务，从根本上不同于传统化石能源，市场可以做大、做强，而且产业链条环节多，就业带动性强，常规污染物排放少，市场潜力巨大。例如太阳能光伏设备的生产，产业链包括上游的晶体硅原料（硅矿开采、冶金级工业硅、太阳能级多晶硅材料）和硅棒/硅锭/硅片，中游的光伏电池和光伏组件，以及下游的光伏系统应用产品。当然还有后续的安装、使用、维护等。有人说，晶体硅生产能耗高、有污染，但是，从太阳能光伏的生命周期看，如果生产和污染治理的能源都来自光伏电力，自然就是净零碳。可再生能源的间歇性或不稳定性似乎是其缺陷，但是，所带动的储能设备的研发、生产、使用，和分布式微电网的构建、运营，显然又会带动就业。新材料、物联网等新兴产业，也完全可以用于零碳技术、产品和服务。太阳能光伏、新能源汽车等零碳产品的竞争力更具优势，能够形成市场拉动的零碳金融。

第二，在碳中和目标导向下，企业和投资机构的市场理性行为，只能不断收紧最终彻底关闭化石能源领域的投融资渠道。煤炭、石油、天然气的开采、运输、炼化，资本密集度极高。2020年建设的连云港徐圩新区集炼油、芳烃、化工为一体的1600万吨/年炼化项目，总投资677亿元，是江苏省历史上投资金额最大的民营制造业项目。"十三五"期间建设的大连长兴岛2000万吨/年炼化项目，计划投资740亿元，达产后可实现年产值2300亿元，提供就业岗位6000个。2020年10月开工建设的淮南市2台66万千瓦机组的潘集电厂，预计总投资59亿元。2021年4月国家能源集团11个风电项目，装机容量达65.14万千瓦，招标采购中标价格为17.37亿元。两者对比，每千瓦机组成本，煤电为4469.70元，风电为2666.94元。如此大略算来，由于项目的投资运营期多在30年以上，为了防止高碳锁定，规避投资风险，高碳化石能源领域的投资闸口现在就需要关闭。大量的投向化石能源领域的资金，应该往哪儿去？答案是可以用于满足零碳领域的资金需求。

第三，财政和研发投入资金，也会因碳中和目标而流至零碳领域。从研发领域看，不仅有煤炭、石油领域的国家"双一流"大学，而且国家级的各种煤炭、石油、化工研究院规模也十分庞大，研发经费可观。一些煤炭、电力、石油、化工领域的国有企业，也有自己的研发机构。相比较下，除了一些散布于高校、研究机构的新能源研究，几乎没有国家级的风能研究院、太阳能光伏研究院等。如果化石能源生产和消费闸口逐步关闭，这些研发机构也必然转型，各种资产、人员和经费，也将一步步，最终整体转向可再生能源。如果按照国际上燃油汽车在 2035 年前后退出汽车新车销售市场，那么大量燃油、燃气发动机研发的经费将流入零碳的新能源汽车。国家财政对于化石能源领域的各种补贴也会断供，流向也会归入零碳技术的研发、试验和推广。

碳中和资金需求与供给

应对气候变化的资金需求来自减缓和适应两个方面。根据《巴黎协定》，减缓的终极目标是在 2050 年前后实现碳中和，适应的目标是提升气候韧性，减少气候风险。相对来说，碳中和的资金需求比较单一，适应的资金需求通常与发展相关，有助于经济社会的整体提升，因此难以准确剥离资金需求量。联合国气候谈判的适应基金，是最难筹集的；投入也是最难立即见效的。因而，此处的资金需求和供给，主要从宏观层面讨论。

美国是全球第一大经济体、第二大温室气体排放国。2021 年 1 月，拜登入主白宫后立即宣布重返《巴黎协定》，明确承诺：到 2035 年，通过向可再生能源过渡实现无碳发电；到 2050 年，让美国实现碳中和。为了实现美国的"35/50"碳中和目标，拜登政府计划拿出 2 万亿美元，用于基础设施、清洁能源等重点领域的投资。中国 2060 年前实现碳中和目标所需资金的匡算，多来自清华大学气候变化与可持续发展研究院于 2020 年 10 月发布的《中国长期低碳发展战略与转型路径研究》报告。该报告分析认为，中国提出 2060 年前实现碳中和，实际上就是要努力实现 1.5℃目标导向下的减排路径，需要的投资规模在 127.2 万亿—174.4 万亿元之间，平均每年需要资金 3.18 万亿—4.36 万亿元。在新能源发电、先进储能、绿色零碳建筑等领域新增投资 139 万亿元，其中能源领域约为 100 万亿元，交通领域约为 20 万亿元，其他领域约为 9 万亿元。渣打银行的匡算略高一些，大抵127万亿—192万亿元的投资，相当于平均每年投资人民币3.2万亿—4.8万亿元。一些绿色金融方面的研究计为，投资规模将超过200万亿元，高碳产业还将面临收入下降、成本上升、盈利下降，以及产生不良资产的巨大风险。

能源领域尤其是化石能源领域的投资，不仅数额巨大，而且投资周期长，多在30年至50年或更长时间，也就是说，高碳化石能源领域的投资有着明确的长时间的碳锁定效应。因而2030年碳达峰必须纳入2060年前碳中和时间框架内考虑。这也就意味着，煤炭和石油开采、煤化工和石油炼化项目，即使产能不过剩并且还有一定的增长空间，这些领域的投资，也应该在2025年前后缩减甚至停止。我们看看能源领域的投资规模和结构，在化石能源领域的投资闸口关闭后，有多大的资金规模可以归流零碳能源。我国投向能源工业的固定资产，主要包括煤炭采选业、石油和天然气开采业、石油加工及炼焦业、电力、蒸汽、热水生产和供应业以及煤气生产和供应业五大领域。2000年，全国能源工业固定资产投资总额只有2840亿元，但占全国固定资产总投资的比例高达10.83%。进入"十三五"时期，投资额度增加了11倍，每年平均投资3.2万亿元，但占比却下降了一半，只有5%左右。而电力、蒸汽、热水生产和供应业投资占能源工业固定资产投资的比重，大概为66.7%，也就是说，每年大约为2万亿元。如果煤炭、石油、天然气新增固定资产不断下降至可以忽略不计的水平，能源工业固定资产投资，每年已经超过3万亿元，能源领域平均年度资金需求规模大体相当。2020年，我国并网发电新增装机容量1.91亿千瓦，其中风电光伏装机容量接近1.2亿千瓦。如果加入大量没有并网的光伏装机，数据将更为可观。如此看来，零碳电力的投融资，似乎并不差钱。

第七次全国人口普查数据表明，我国城市化率已经达到63.9%。如果包括已同步城市公共服务的长三角、珠三角等城乡一体化区域的乡村，我国实际城市化率应该超过2/3。2020年我国育龄妇女总生育率低至1.3。即使中央已经推出三孩政策，我国人口老龄化提速、人口规模总体下降的趋势也难以逆转。根据国家统计局数据，我国2020年房地产开发投入资金为14.14万亿元，其中住宅为 10.45 万亿元。这也就意味着，如果将住宅投资的十分之一投向新能源消费革命，每年就超过 1 万亿元。从宏观数据看，如果把储能、生物质能、新能源汽车行业的投资纳入，未来我国可用于零碳产业投资的资金规模，少则 3 万亿元，多则 5 万亿元以上，超过国内多家权威机构测算的碳中和资金需求规模。

结论与讨论

从上面的分析可见，碳中和，只是将投入高碳化石能源领域、未来必然有碳锁定风险的资金，在闸口逐渐收缩并关闭的情况下，归流到零碳领域，钱不应该是问题。从碳市场投融资转向零碳投融资，对经济社会的正向促进，效果更好，就像 2020 年贵州省毕节市拟建的贵州中节 200 万吨 / 年煤制清洁燃料项目，但是如此巨量的投资，在碳中和目标指向下，显然存在高碳锁定的风险。相比之下，2020 年，国内上市光伏企业新投资项目总规模达到 4000 亿元，单体项目超过 100 亿元的只有 15 个。如果说在化石能源领域投融资的操盘手必须是千亿级规模的企业的话，零碳能源领域投融资的门槛，显然要低得多。正如国家能源局原局长张国宝所说的，现在在中国光伏行业崭露头角的，几乎都是当时名不见经传的草根企业。

我国是《巴黎协定》的缔约方和参与者，对全球应对气候变化贡献了重要力量。在能源结构方面，发达国家高碳的煤炭占比不足 1/5 而我国却高达 3/5，在这种情况下，我国承诺只比发达国家滞后数年实现碳中和，是挑战，但更多的是机遇，是高质量发展的动力和源泉。在碳市场投融资的热潮中，我们要不断加大零碳产业的投融资，实现拉峰压峰早达峰，加速走向碳中和。

供给侧结构性改革是实现"双碳"目标的关键

> 深圳市的"减碳"之道。

香港中文大学(深圳)理事、
深圳市原副市长
唐 杰

深圳市历经三个五年规划的时期,推动了产业结构、能源结构、技术结构升级,转变了经济增长方式,初步实现了空气质量达标、碳排放达峰和产业结构高端化的"两达一高"目标。2010—2020 年,深圳市碳排放量净增加 965 万吨,增长 16%。比较 2010—2015 年和 2016—2020 年两个时期,可以看到深圳市碳排放强度在加速下降。2010—2015 年,深圳市碳排放量增长 1130 万吨,碳强度下降 28.9%;2016—2020 年,深圳市碳排放量下降 166 万吨,碳强度下降 31%。相对于前一时期,深圳市经济增长从带动碳排放量上升转为下降。当碳强度下降速度持续超过经济增长速度时,经济增长将与碳排放脱钩,从而进入碳达峰的平台期。

深圳市经济增长、产业结构升级与碳达峰分析

产业结构升级和能源结构调整是实现碳达峰的关键

化石能源是驱动现代经济增长的起点,人口是化石能源消费的载体。结构不变时,碳排放与经济和人口规模成比例增长。2010—2020 年深圳市经济

增长 1.34 倍，人口增长 69%（年均新增人口约为 71.9 万人），分别带动碳排放增长 3.25 倍和 3.43 倍。

产业结构升级和能源结构调整，驱动单位产出能耗和单位能耗碳排放双下降。2010—2020 年深圳市能源效率提高，产业结构升级推动碳排放量减少 4.5 倍；采用含碳量更低的清洁能源和可再生能源，引起碳排放量下降 120%，二者合计大致抵销了经济增长与人口增加引起的碳排放量的增长。2018 年深圳市常住人口规模超过 1300 万人后 2020 年深圳市常住人口为 1756 万人，净增超过 400 万人，2020 年经济规模超过 2 万亿元，对碳排放的拉动作用明显增大；产业结构升级和能源结构调整发挥了更大的作用，抵销了人口和经济增长的影响。

以产业结构升级化解碳达峰与经济较快增长的矛盾

2010—2020 年，深圳市第二、三产业结构调整明显。其中，现代服务业具有低排放、高产出的特征，10 年间，占地区增加值比重从 36.5% 上升到 49.2%，提高了 12.7 个百分点；碳排放占比仅从 9.8% 上升至 12.1%，提高了 2.3 个百分点，结构占比提高是碳排放占比提高的 5.5 倍。第二产业中工业增加值增长超过 1.2 倍，占地区增加值比重从 43.6% 下降到 35%；碳排放占比下降更快，从 43.7% 降至 33.6%。

做优做强制造业，实现工业碳排放达峰

目前，深圳市制造业总产值并非全国最高，但制造业增加值却是全国城市第一，地区生产总值的比例亦明显高于其他超大型城市。深圳市做大做强制造业成果明显，2005—2020 年单位制造业总产值包含增加值提高了约 10 个百分点，单位制造业增加值的能源消耗大幅下降。2010—2020 年，制造业增加值占全市生产总值比重从 37.4% 下降到 32.1%；能耗占比从 43% 下降至 31%，下降了 12 个百分点，单位能耗产出提升了 1.2 倍。具体来说，制造业内部结构调整可分为四类。一是深圳市主导产业，通信设备、计算机及其他电子设备制造业产出占比持续上升，能源占比大致稳定，强化了深圳市产业低能耗、低排放的绿色低碳优势。2010年增加值占制造业比重为62.2%，2020年提高为68.9%，增加值占比始终是能耗占比的2.2倍以上。二是新能源汽车、医药和高端装备等新兴制造业，其占比从6.5%上升为10.5%；增加值占比与能耗占比比率从0.5提高为1，单位能耗产出提升明显。三是20个中低端制造业行业，其增加值占比从12.1%下降至6.1%，能耗占比从26.7%下降至16.7%。四是4个高耗能材料加工行业，其增加值占比从15.6%下降至11.5%，能耗占比却上升了0.8个百分点，行业转型升级较为缓慢。

能源结构调整推动碳达峰

2010—2020年深圳市制造业能耗占全市能耗比重下降了12个百分点，同时，碳排放占比从44.9%下降为30.2%，碳排放占比下降速度明显快于能耗占比下降速度，即单位能源的含碳量明显下降。深圳市在加快产业结构升级的同时，积极调整能源结构。一是减少一次能源消耗。具体措施包括在全市范围内淘汰制造业企业小型自备电厂、降低大型燃煤机组的发电小时、全面推广新能源汽车等。2010—2020年生产部门一次能源消耗（除交通运输业）下降40.2%，二次能源消耗替代性增长41.46%，实现碳排放总量下降2.3%。二是加大与南方电网的合作，引入可再生能源占比稳步提高的外调电。2020年一次能源终端消耗占比下降为49.8%，外调电占比上升为50.2%，外调电替代一次能源终端消耗12.8%，调整能源结构使南方电网电力排放因子下降，实现碳排放减少1174万吨。

技术结构升级推进能源结构调整和绿色低碳技术创新

一是制造业广泛应用高能效技术，如电能替代、过程能耗管控、电机系统节能等，创新驱动产业结构升级，促进行业碳达峰后快速下降。二是基础设施行业采取节电技术和清洁能源改造，10年间，电力、热力的生产和供应能耗下降25.7%，减少碳排放37%。三是2007年后，深圳市新建民用建筑全面实施绿色设计，2015年新建工业厂房全面推行绿色建筑标准和建筑节能改造，显著降低了建筑物用电增长。

我国实现碳达峰与走向碳中和的几点建议

2021年7月中共中央政治局会议提出，要统筹有序做好碳达峰、碳中和工作，尽快出台2030年前碳达峰行动方案，坚持全国一盘棋，纠正运动式"减碳"。从深圳市的实践出发，我们认为应当明确2030年实现碳达峰是经济高质量发展的内在要求和本质内涵，实现碳达峰需要扎扎实实地推动产业结构、技术结构与能源结构升级。要以高质量发展为依归，建立可衡量的产业结构升级与碳达峰相关指标体系，坚决遏制形式主义的运动式减碳，有效化解碳达峰与经济增长之间客观存在的矛盾。

从国际经验看，碳达峰不是某一时点碳排放的数值达峰，而是阶段性的碳排放总量趋于稳定，可称之为碳达峰的平台期。从深圳市的实践看，结构升级不可能一帆风顺，仍有可能出现一定碳排放量的波动。要坚持高质量发展，坚持推动产业结构升级不放松，保持年度碳排放指标具有一定弹性，经过或长或短的平台期转向碳排放总量下降。

从碳达峰走向碳中和，横亘着广泛深刻的能源革命。能源结构从以化石能源为主转向以可再生能源为主的能源多样化利用阶段，又孕育着空前的能源技术革命。深圳市的实践对解决碳达峰诸多难题是有益的，但仍需要积极探索实现碳中和的起点与路径，尽早形成可为全国借鉴的工作思路。

第一，要重视我国能源消费和碳排放推动因素的转变。随着居民收入水平的提高，在我国人口总量趋向稳定时，交通部门和建筑物的能源消耗总量可能大幅上升，成为碳排放的主要因素。其中，我国人均电力消费仍有较大的上升空间，电力消费增长的刚需与以煤为主的能源结构间的矛盾将更加突出。

第二，要深化产业结构升级和技术创新的碳减排。深圳市初步形成了高产出、低排放的现代工业体系，获得了结构性减排的增益效果。从全国来看，一方面，需要持续支持高产出低碳排放行业高端化，提高行业增长值比重；另一方面，要坚决遏制高污染和高碳排放产业的发展，更广泛地采取节能技术，提高能源效率。

第三，要深挖智慧城市技术，创新推进碳中和。依托绿色建筑规模化和交通工具电气化发展，创造更多的"数字化"和"绿色化"的应用场景。一方面，要积极应用与推广交通领域的新技术新能源，加强智能网联交通系统建设，完善交通绿色出行体系，从源头减少碳排放量；另一方面，要积极探索和发展数字化智能建筑解决方案（如"光—储—直柔"建筑、"光储充"一体化设施），推动不同区域的建筑群或园区构建互动虚拟电厂，发挥政策引导和市场化应用的合力，实现创新驱动建筑物智能化，减少建筑物的碳排放。

第四，要超前探索我国东部地区实现碳中和的路径和机制。从整体看，我国光伏资源主要集中在中西部地区，与我国化石能源"西北多东南少"的分布较为趋同。要完成从以传统化石能源为主向以可再生能源为主的能源革命，需要从战略上解决稳定性较弱的可再生能源东送问题，也要前瞻性地提升东南地区城市，特别是沿海大城市可再生能源占比，以三七开方式，即自身供给30%的可再生能源，外购70%的可再生能源，实现东南地区的碳中和。

第五，要加大生态文明建设力度，将"绿水青山就是金山银山"落到实处。我国现有落后地区，不仅生态环境优美，也拥有较为丰富的太阳能资源和较好的风力条件。未来应考虑将传统的扶贫方式，转变为可再生能源基地建设与绿电购买的共同开发合作模式。引领探索"风光"电力市场化运行，将传统的结对帮扶转化为可再生能源区域协作交易。在不改变区域生态的前提下，将绿水青山转化为金山银山，同时，林业碳汇也是碳中和的应有之义，将经济林种植引入区域碳减排补偿，践行"绿水青山就是金山银山"的理念，助力实现区域均衡发展和碳中和目标。

构建碳市场的策略秩序

> 发挥碳市场的定价作用,助力碳达峰、碳中和目标。

天津大学马寅初经济学院创院院长、卓越教授,
国家能源、环境和产业经济研究院院长
张中祥

中国向世界作出的庄严承诺,碳达峰、碳中和"双碳"目标的实现绝非易事,需要巨大的资金投入支持。已有的预测结果不尽相同,但所有预测均显示,投资规模将超过 100 万亿元。如此巨量的投资规模,政府资金只能覆盖一小部分,巨大的缺口还要靠社会资金来弥补,必须通过市场化的方式来引导。市场化就需要算账,而算账就必须有依据。碳市场恰恰就可起到给出市场碳价信号、激励和吸引资源向低碳绿色项目倾斜的作用。

试水碳排放权交易

碳排放交易指买方通过向卖方支付一定金额从而获得一定数量的碳排放权。通常情况下,政府确定碳排放总额,并根据一定规则将碳排放配额分配给企业。如果企业最终的碳排放量低于其获得的配额,则可以通过碳交易市场出售多余的配额获利。反之,如果企业发现减排成本高于购买配额的成本,则可以到碳交易市场上购买缺少的配额。买卖双方通过碳排放权交易形成碳价,而通过碳排放交易,所有企业作为整体以更低的成本达到了政府规定的减排目标。

2011 年国家发展和改革委员会批准了 7 个碳排放权交易试点。这些试点既有像北京市、上海市、深圳市这样高度发达的地区，又有像湖北省、重庆市这样非常典型的中西部地区，也有制造业发达的广东省。国家希望通过这些试点获得经验后立即推向全国。碳交易试点共覆盖电力、钢铁、水泥等 20 多个行业近 3000 家重点排放单位。据生态环境部披露，自试点启动以来，截至 2021 年 3 月，碳交易试点累计覆盖 4.4 亿吨碳排放量，累计成交额约为 104.7 亿元，交易平均价格为每吨 23.8 元。

碳交易试点在碳数据收集、报告、核查、开设和激活账户，领取发放配额，配额评估，参与交易，配额上缴和完成履约等方面取得的经验教训，都为完善碳排放交易试点的运行和试点向全国碳排放交易体系推进提供了有价值的参考，达到了预期目的。不过，各试点成交规模较小，流动性严重不足，2020 年碳排放交易试点的碳交易所全年平均仅有 165 天有成交记录，交易最活跃的广州市碳排放权交易所也仅有 238 个交易日。作为参考，欧盟碳市场主要以期货交易为主，即使配额拍卖量只占期货成交量的一小部分，但配额拍卖量平均每天仍高达 300 万吨左右。相比已突破每吨 50 欧元，预计会继续走高的欧洲碳价，中国碳试点的碳价偏低。自试点启动以来至 2021 年 3 月，7 个碳试点的平均交易价格为每吨 23.8 元。即使碳价最高的北京，碳排放配额年度成交均价也只有每吨 50 元至 70 元。碳价偏低严重影响对节能减排和绿色投资的激励作用。

完善与加快推进全国碳市场建设的着力点

我国在"十二五"期间先行开展碳试点，在"十三五"期间安排上海市负责碳排放交易系统建设、湖北省武汉市负责登记结算系统建设，筹备全国碳市场建设。2021 年全国碳市场的建设和发展进入了新阶段。2021 年 1 月 1 日，全国碳市场首个履约周期正式启动，涉及年度排放达到 2.6 万吨二氧化碳当量的 2225 家发电行业的重点排放单位，覆盖碳排放近 40 亿吨。这些重点排放单位已经在武汉市的全国碳排放权注册登记系统上完成开户资料审核工作，计划于2021年上半年在上海市的全国碳市场交易系统实现线上首单交易。但在确保全国碳市场从启动交易到平稳规范运行的同时，至少还需要从以下四个方面着力，完善与加快推进全国碳市场建设。

一是2021年3月生态环境部发布的《碳排放权交易管理暂行条例（草案修改稿）》，即使最后以正式条例发布，也只是生态环境部的部门规章，约束力较低。把区域碳市场推向全国碳市场，预计冲突会更剧烈、更频繁，仅是生态环境部的部门条例是不够的，至少要在国家层面修订条例。事实上，全国碳市场如果要实现真正的流通，必须体现分配到不同部门和地区的碳排放配额的等价性。因此，需要全国性的碳排放权交易立法，从而为碳排放权交易的设计和操作，排放数据的测量、报告和核实以及对非履约控排单位的惩罚措施提供统一的指导方针和办法。同时这一立法将排放配额定义为一种金融资产和环境可靠的减排量。如果碳排放交易立法在短期内无法实现，至少需要把拟定的碳排放权交易管理条例上升为更具约束力的国务院条例。

二是进一步完善有利于发挥碳排放交易作为市场手段实现"双碳"目标的规则。碳排放交易在OECD国家的实践表明，有力度的惩罚机制是碳排放权交易市场有序运行的保障。2019年4月生态环境部发布的《碳排放权交易管理暂行条例（征求意见稿）》，对于违规清缴的重点排放单位，除了主管部门在分配下一年度碳排放配额时等量核减未足额清缴部分，还按照该年度市场均价计算的未足额清缴的碳排放配额价值处2倍以上5倍以下罚款。但在《碳排放权交易管理暂行条例（草案修改稿）》中，对于违规清缴的重点排放单位，处罚额度调整为处10万元以上50万元以下的罚款。调整后的违规清缴处罚力度明显减弱，比目前碳排放试点地区的相关处罚力度还弱，不利于全国碳排放权交易市场的有序运行。

三是要加快并有序扩大碳市场行业覆盖。在确保全国启动碳交易并平稳规范运行后，要加快扩大碳市场的参与行业和主体范围，"十四五"期间要尽快覆盖电力、石化、化工、建材、钢铁、有色金属、造纸和国内民用航空八个高能耗行业。覆盖的行业越多，企业异质性也越大，企业减排成本之间的差距可能越大，相互间的碳交易会越多，这将有利于在总的减排目标下降低总的履约成本，最大化发挥碳价格的激励约束作用。

四是要逐步增加交易品种，加快产品与服务创新。探索开展碳汇交易、碳配额质押贷款、碳资产质押融资、碳基金、碳信托、国际碳保理融资、碳交易财务顾问等产品或服务，逐步推出碳金融衍生品，如碳远期、碳期货等金融产品交易，探索引入个人和机构投资者和金融机构入市进行交易，助力提升市场流动性。不过，需要强调的是，这些碳市场的金融产品与服务应以服务降低碳减排成本为出发点。从本质上讲，碳排放交易是以更低的成本激励减排的市场手段，是帮助控排单位以更低的成本实现减排，降低履约成本，提升整体履约率。

区域与全国碳排放交易体系双轨运行

笔者曾发文指出，全国碳市场不可能一蹴而就，区域与全国碳排放交易体系将双轨运行过渡。现在全国碳市场建设，的确是区域碳市场和全国排放交易体系双轨运行。只要是符合国家排放体系的重点排放单位，地方碳市场不再向纳入全国碳市场的重点排放单位发放配额，这些重点排放单位将不再参与区域碳市场。已被区域碳市场纳入但全国碳市场没有覆盖的行业、全国碳市场覆盖行业里达不到排放量要求的排放单位，仍留在区域碳市场，继续由区域碳市场负责碳配额的分配和清缴。

区域碳市场建设与中国这几年经济增速下行吻合，同时因为没有全国排放总量约束，各个试点配额分配相对宽松，各个试点的履约率非常高，履约率基本达到百分之百。相对宽松的配额分配造成碳交易试点市场上产生多余的配额，碳交易价格不高，这将是由排放试点向全国性碳排放交易体系推进面临的最棘手的问题。在区域与全国碳市场共同存在的情况下，全国碳市场和各区域碳市场碳价就可能不同。因为区域碳试点配额分配相对宽松，可能存在区域碳市场碳价低于全国碳市场的情况。如果国家允许全国碳市场的重点排放单位从区域碳市场购买碳配额，但区域碳市场之间仍像现在这样不允许交易，就会形成某些区域碳市场与全国碳市场碳价相同，降低参与全国碳市场的重点排放单位的总的履约成本，提高区域碳市场排放单位的总的履约成本，但其余区域碳市场不受影响，碳价仍高于全国碳市场。如果国家不允许全国碳市场的重点排放单位从区域碳市场购买碳配额，但引入个人和机构投资者和金融机构入市进行交易，只要全国碳市场与区域碳市场存在碳价差异，那么全国与区域碳市场可通过个人和机构投资者等主体进行交易。

即使有全国碳市场，中国的碳市场仍然是区域分割的市场，区域碳市场之间不联通，全国碳市场也不是与所有区域碳市场都联通的，因此中国碳市场仍然不是统一的市场。既然允许全国碳市场重点排放单位从区域碳市场购买碳配额有利于降低其总的履约成本，那为什么没有执行呢？一个可能的原因是对试点分配到不同地区、部门和企业的配额的可靠性的顾虑，这取决于是否所有排放数据均能得到正确的测量、报告和核实。各地碳市场价格差异很大，到底是因为减排成本差异所致，还是排放数据的测量、报告和核实执行的严厉程度不同所致？这是合情合理的质疑。从这个角度上讲，可以允许全国碳市场与排放数据做得好的区域碳市场进行交易，逐渐扩大到满足排放数据要求的其他区域碳市场。

随着全国碳市场纳入更多的行业和排放主体，与更多区域碳市场进行交易，现有需要考虑的问题就是区域碳市场的存续。继续运行的，可以聚焦于特定参与主体，比如中小排放企业（单位）和个人。也可利用区域碳市场开展特定碳金融产品和服务，比如自愿减排交易、碳基金、碳期货、碳期权等的探索与实践，为在更大范围的全国碳市场平稳实施积累经验。有些区域碳市场完成了历史使命，也可能就不再运行。对这些区域碳市场，原来多余的配额如何处置呢？结转这些配额有三种选择。第一种选择是考虑折扣机制，即允许试点的配额可以进入全国性的市场，但要进行一定的折现。这种折扣率将依赖于市场上的配额超额供给程度和原有市场中的价格水平。这就是说，相比配额剩余规模小的试点地区，配额剩余规模较大的试点地区折扣幅度更大。第二种选择是在有限的时间段允许使用试点配额，但每年只能允许一部分试点配额结转。第三种选择是将配额规模与每个试点地区的配额余额结转量联系起来。这种做法允许试点碳市场的剩余配额进入全国的排放交易体系，但其代价就是降低该地区未来的配额分配水平。

按照上述的发展，将形成以全国碳市场为主、有鲜明特点的区域碳市场为辅的中国碳市场。

欧盟碳边境调节机制对中国的影响和启发

2021年3月，欧洲议会投票通过了"碳边境调节机制"（Carbon Border Adjustment Mechanism，CBAM）议案。欧盟CBAM希望在提高欧盟履行应对气候变化承诺的同时保护欧盟企业不受国际竞争力和碳泄漏的威胁，并提升欧盟以外国家的气候雄心。该议案称，自2023年起，与欧盟有贸易往来的国家若不遵守碳排放相关规定，欧盟将对这些国家的进口商品征收碳关税。

既然CBAM机制是作为解决欧盟排放交易体系（European Union Emission Trading Scheme，EU ETS）中碳泄漏风险的替代措施，那欧盟就不能在对欧盟外的企业征收碳关税的同时还对欧盟内同业竞争企业提供免费碳配额，对欧盟企业提供双重保护。单就CBAM对不同生产地的"同类产品"提供差别待遇这一点，就与WTO条款不兼容，存在滥用贸易保护的嫌疑。

中国单位GDP能耗远高于欧盟平均水平，中国的能源又以高碳的煤炭为主导，中国出口欧盟产品隐含的碳排放要远高于欧盟同类产品。因此，CBAM会不成比例地增加中国企业，尤其是高碳行业企业的出口成本，影响中国产品的竞争力。考虑到欧盟CBAM将采用包括了生产过程中各类中间投入产品的碳排放的全生命周期的排放测算，为了出口到欧洲，中国企业也可能转向从欧盟内部供应商进口所需的高耗能高碳原材料以减少全生命周期的碳排放。另外，欧盟CBAM对中国的影响程度有限，这是因为中国钢铁、水泥、玻璃等高耗能原材料的产业链相对完善，世界工厂的地位难以替代。而且，这些初级原材料主要是在中国生产和消费，产品不出口，不进入欧盟市场，即使欧盟CBAM的碳关税再高，恐怕也鞭长莫及。

从减少欧盟CBAM影响角度来看，中国应加快国内碳排放交易市场的发展，进一步扩大碳定价的覆盖范围，把更多的行业和企业纳入碳排放交易体系。中国可以把欧盟 CBAM 覆盖的行业作为优先考虑的部门，一方面只要中国按照国际承诺的义务采取了实现履约的碳定价政策，那么欧盟就对已运行的中国碳市场有重复征税之嫌；另一方面，即使要交，也可减少需缴纳的碳关税，同时据理力争获得豁免。

碳价在一定程度上反映本地区的减排成本和配额供需关系。无论从碳减排成本还是从社会成本角度，发展中国家碳价比发达国家低都是合理的。欧盟 CBAM 实质上是通过对进口商品隐含的碳排放进行定价的方式，将 EU ETS 扩展到世界其他地区，有强迫不同发展水平和能力的国家执行统一的碳价之嫌。不过，考虑到欧盟 CBAM 是目前全球唯一公布且可能广泛影响碳价的政策，中国应与国际社会就 CBAM 的碳核算体系、与 WTO 规则的兼容性、适用的范围和时机等议题加强对话与协调，制定出能够被广泛接受的应对碳泄漏的政策或指南，避免单方面采取碳排放边境调节措施可能带来的冲突。

碳中和目标下中国经济增长模式

> "奇迹式增长"是要扭曲要素市场价格，碳中和经济增长是要还原要素市场的正常价格。

北京大学博雅特聘教授，国家发展研究院副院长、
环境与能源经济研究中心主任

徐晋涛

1993年，世界银行出版《东亚奇迹》（The East Asian Miracle），将日本、韩国、新加坡、马来西亚以及中国的香港、中国台湾等国家和地区在第二次世界大战后30年的经济高速增长誉为"东亚奇迹"。但诺贝尔经济学奖得主保罗·克鲁格曼（Paul Krugman）却对此提出质疑，他认为东亚模式、中国模式是"高投入、低效率"的模式，GDP增长率虽高，但全要素增长率只有2%—3%，与发达国家长期的全要素生产率持平，谈不上发展奇迹。

徐晋涛在接受《北大金融评论》专访时指出，不同于克鲁格曼的观点，中国经济"奇迹式增长"主要靠的是全要素生产率和环境投入。当前的环境形势一定会对中国的经济发展模式产生影响，在碳达峰、碳中和目标下，要想实现经济增长向低排放、低能耗、低碳、高生产率转型，就必须推进要素市场改革和能源结构深刻调整，并形成配套的解决方案。

要素市场改革是中国经济低碳增长的驱动力

《北大金融评论》：您指出中国经济过去高速增长的背后是生产要素价格

的高度扭曲，这对碳中和目标下我们的经济转型会有什么样的影响？

徐晋涛：北京大学国家发展研究院曾对 1998—2008 年中国主要出口行业增长的驱动因素进行了分析，分析结果有助于了解中国的经济增长模式。

我们以 C-D 生产函数的增长核算模型为基础，分解资本、劳动力、技术进步（全要素生产率）和环境投入（碳足迹为近似变量）等生产要素对出口增长的贡献。研究结果发现，全要素生产率、环境投入和资本对中国出口增长贡献率显著；全要素生产率对出口增长的贡献率最大，超过一半，其次是环境投入的贡献，中国在加入 WTO 之前，环境投入对出口增长的贡献率就已达到 28%，加入 WTO 之后增加到 37%；剩余的出口增长可归结于资本投入。显然，中国过去的增长实际上是一个高碳的、牺牲环境的增长。这一结论不同于诺贝尔经济学奖得主保罗·克鲁格曼的观点，他认为亚洲模式、中国模式的增长都是靠资本、劳动力的高强度投入。但实际情况是，在自由贸易情况下，全要素生产率会提高，而中国又同时牺牲了大量环境，这就带来了好消息和坏消息。

北大国发院副院长黄益平教授对中国增长模式进行了概括，认为中国增长模式的转变，就是由"奇迹式增长"向"常规增长"的转变。之所以有"奇迹式增长"，实际是，从改革开放以来，我们最终产品价格的确逐渐实现了由市场决定，但要素投入保持了长期的管制，有控制的要素投入价格和自由竞争的最终产品价格之间的差距很大，这就给企业带来了丰厚的利润。例如在金融要素上，中国的大型国企长期享受着非常低的资本价格，其利润增长相对更为明显。其他要素，如土地要素，政府干预也比较多，整个要素市场价格向偏低方向扭曲。这其中，环境要素扭曲最为严重。因为没有有效的环保政策就意味着环境要素的价格接近于零，不会有人为清洁的空气和水付费。"奇迹式增长"是靠扭曲要素价格实现的，造就了高消耗、高污染的生产方式，这种奇迹式的经济增长是不可持续的。"常规增长"就是要纠正要素市场的扭曲，让市场决定要素价格，让新的价格体系影响企业的技术选择。

《北大金融评论》：在由"奇迹式增长"向"常规增长"转型的过程中，中国环境要素市场的这种扭曲要怎样纠正？

徐晋涛：环境要素通常没有天然的市场，需要政府的经济政策使其产生价格。主要的经济政策手段包括税收和碳排放权交易。但碳排放权交易能否成功，取决于市场主体的参与意愿，而参与意愿怎么形成，在中国确实是一个需要解决的问题。按现在政策设计者的思路和节奏，预计未来两三年内，电力行业的全国统一市场可以建成和运行；四五年内，所有的主要排放部门均将加入碳排放交易市场；到2030年，碳排放交易市场建设完成并能良好运行。在没有其他外力的影响下，这样的节奏基本是可行的。

碳税是中国碳减排的较优选择

《北大金融评论》：碳税与碳交易均是碳减排的重要工具，为什么您会认为对中国而言，碳税优于碳交易？

徐晋涛：现在有几个因素可能会给碳交易市场的建设带来意外冲击，即欧盟和美国的边境调整政策。欧盟的边境调整政策将从2023年开始实施，其实质就是要征收碳关税。其作用机制在于，一旦一个经济区实打实地推进二氧化碳减排，其碳价就必然会迅速上升，碳价迅速上升就意味着制造业的成本也会大幅度上升，这些制造业企业就一定会推动决策者实施边境调整政策，以保护自己产品的市场竞争力。简言之，边境调整政策下，出口到欧盟的电视机，其生产过程中的碳排放要交同样多的碳关税，但如果本国的碳价跟欧盟的碳价一样，出口到欧盟就可以免交碳关税。基于此，向欧盟出口产品的国家就没有任何理由不收碳税，因为不收碳税就要向欧盟交碳关税，所以边境调整政策在倒逼出口国在国内建立碳价格体系。对中国而言，要快速响应欧盟的边境调整政策，只能靠征收碳税，因为碳税相较于碳交易更易于测算和执行。

对中国影响更大的是美国呼之欲出的边境调整政策。美国前总统奥巴马在气候行动上比较激进，早在2009年，奥巴马政府已经有了《清洁能源安全法草案》，提出了边境调整的思路。2020年美国总统大选中，拜登竞选纲领里很重要的一个内容就是重返《巴黎协议》。拜登政府宣布到2030年美国二氧化碳排放量比2005年的基准水平降低50%。要实现这一目标，只能通过经济政策，如碳交易或碳税，因为美国政府无法通过行政手段关闭企业。那么美国也会实施边境调整机制。

因此，如果在未来几年，欧盟、美国先后征收碳关税，中国国内征收碳税的必要性就增大了。中国近期经济复苏和增长的主要动力仍然是出口，而美国和欧盟仍然是中国的主要贸易伙伴，其边境调整政策必然会对我们的贸易部门形成巨大冲击。类似于中国加入WTO，WTO是取消关税或者非关税壁垒，而边境调整政策是增加关税，因此过去受益于WTO而腾飞的产业，这次受到的冲击预计也将最大。

当然，对中国而言，征收碳税的优点也很明显。事实上，中国环保最弱的环节在地方政府。过去政府出于税收、就业等因素的考虑，环境执法的积极性不高，某种程度上还会掩护企业排放。而以地方税形式征收碳税，相当于给予地方政府一项激励，类似于检查偷税漏税，政府有积极性严格监督企业，减少市场失灵。同时地方政府增加了税源，其"掠夺之手（Grabbing Hand）就会相对弱化，进而减少政府对经济其他形式的干扰，提升本地市场上劳动力和资本要素的配置效率。

《北大金融评论》：有观点认为碳税无法控制碳排放总量，企业多交税就可以多排放，您怎么看？

徐晋涛：这不是一个价值判断问题，而是一个效率问题。也就是说，只要企业为所有的排放都交了税，这些排放行为就应该是合法合理的。事实上，企业是理性经济人，会衡量缴税的费用和减排的成本，并根据税率调整自己的技术选择。是否会多排，这取决于政策设计，如果税率非常高，排放带给企业的边际收益远远低于交税的成本，企业就会自动减排。对于地方政府也是，如果地方政府要多收税，本地企业投资就会下降，地方政府收税跟企业增加投资是矛盾的，所以最后还会达到一个均衡的水平。

《北大金融评论》：有观点认为，中国在征收碳税时最好从生产端征收，但生产的原动力是消费，碳减排"需求侧管理"也意义重大，您认可以从需求端征税吗？

徐晋涛： 我个人认为减排的核心还是生产端。因为任何产品的生产几乎都有清洁生产的技术，从这一点来看，在碳排放的过程中，消费是没有过错的，而是生产的技术选择出了问题。事实上，当我们向生产者征收碳税时，并不是生产者承担了所有的费用，消费者也会承担自己的一部分，具体的比例取决于具体的行业性质。碳减排必然会对消费产生遏制，而关键在于供给侧的技术的变化。引入市场机制，探索基于市场机制的碳中和方案。

《北大金融评论》： 您曾多次强调，我国气候战略过去比较重视工业减排、能源结构，而像生态系统工程，特别是森林碳汇，则没有受到足够的重视，这是为什么？

徐晋涛： 先看两个例子。第一，2009年中国在联合国气候变化大会上向国际承诺，到2020年单位GDP二氧化碳排放要比2005年下降40%—45%，同时使人工造林面积在2005年的基础上增加4000万公顷。但这4000万公顷人工林的碳汇并未核算进40%—45%的贡献率里，如果算进去，中国二氧化碳排放强度的下降幅度可能会是45%—50%。第二，对目前占全国森林面积大部分的天然林实行全面禁伐，给全社会的印象是国家花费巨资在保护森林生态系统。从气候行动的角度看，这样做未必是合理的政策选择。退化的天然林有可能是净的碳源，而不是碳汇。单纯禁伐的政策很可能是在拖国家气候行动的后腿。出台天然林禁伐政策在生态保护效益方面，特别是在对国家气候战略的影响方面显然缺乏科学论证。

《北大金融评论》： 在碳中和目标下，我们应如何科学看待森林碳汇的作用？

徐晋涛： 2019年，中国森林面积大概占国土面积的22%，这其中60%多是天然林，而天然林中约2/3是国有林，1/3是集体林。国家从2016年开始实施天然林全面禁伐，主要是因为过去国有林砍伐太多，而2000年实施的天然林保护工程效果也欠佳。但从气候行动上讲，天然林全面禁伐仍有待商榷，因为只有健康的生态系统才是碳汇，不健康就是碳源。2008年《自然》杂志发表的一项研究报告表明，仅甲虫的影响就能将不健康的森林变成大型的净碳源。因此，在碳中和目标下，应该要求将这些退化的天然林改造成蓬勃生长的人工林，使树林在生长过程中吸收二氧化碳，长到中年时砍下，然后再种植小树转而吸收二氧化碳，砍下的木材可用于建筑行业，替代钢筋水泥的高碳产品，进一步减少碳排放。森林是可再生资源，可再生资源只有进行合理的经营利用，其价值才会真正显现。

因此，我国应该在国有林区进一步引进市场力量，允许一部分天然林可持续经营，通过积极的人工干预来提升森林生产力，这样才会对国家碳中和目标做出贡献。我国东北地区的自然条件与加拿大、北欧接近，而瑞典30%的一次能源都来自森林，是可以生产出高燃烧值的生物质能源，其排放的二氧化碳并不多，我们应积极学习。

所谓碳中和，核心就是要降低成本，而森林碳汇就是我们成本较低的方案，用它来吸收二氧化碳排放，这样化石能源就可以不用减到零排放，可能减少80%就可以，剩下的就由生态系统来吸收，所以我们还有20%的化石能源能够继续使用，而中国作为一个大国已经完成了自己向世界许下的承诺。

能源结构调整的关键在于破除能源体制障碍

《北大金融评论》：业内分析认为，要实现2060年碳中和，一次能源结构要从化石燃料占85%变为可再生能源占85%。从经济学角度来看，这场能源变革会对中国经济带来哪些影响？

徐晋涛：经济学界普遍认为，受人口红利消失、老龄化社会影响，中国经济转型趋势主要是从劳动密集型向资本密集型和技术密集型转型。从环保角度讲，增长模式的转变，就是从高排放、高能耗、高碳、低生产率向低排放、低能耗、低碳、高生产率转型。

但实际上，过去中国的资本密集型行业绝大部分是高污染行业，例如与金属有关的行业多是资本品生产者，伴随着非常高的污染。中国经济向资本密集方向转型是正确的，但要选择一条特殊的道路，即绿色低碳的道路。绿色低碳的核心是要转变既有能源结构，中国在可再生能源方面有非常大的优势，已经可以向世界各国出口可再生能源的技术和设备，只要坚定地推行碳达峰、碳中和政策,能源变革促成经济转型是有希望的。

《北大金融评论》:在能源转型过程中,如何保证能源系统的安全?

徐晋涛:所谓能源安全,主要是指中国的石油天然气等化石能源需要进口,需要进口就容易不安全。为了能源安全,我们要寻求国际合作,要在很多国家和地区开展能源项目投资等。但这些是传统能源安全思路下的举措。目前,欧洲主要国家都已宣布到2050年实现碳中和,其中可再生能源将占能源结构的80%以上。从长期来看,石油将越来越不值钱,因为需求将不断减少直至为零。

就中国而言,我们以后可能不存在能源安全问题,如果重视可再生能源发展,走绿色低碳的道路,能源安全就是一个历史政策。这是因为,一方面,中国国土辽阔,不仅风光资源丰富,生物能资源也非常丰富,完全可以自给自足;另一方面,中国可再生能源技术发展非常快,以光伏行业为例,2007年到2017年的10年间,中国光伏发电的度电成本下降了90%。目前比较薄弱的环节是储能,但投资资金也已经大举布局了。

《北大金融评论》:您觉得我国目前发展可再生能源还存在哪些挑战?

徐晋涛:能源体制改革刻不容缓。过去一个重要的改革方向就是要削弱国家电网的垄断地位。过去20年,国家也进行了多次尝试。2002年4月,国务院出台《电力体制改革方案》,即"五号文",其中最重要的措施就是厂网分开,重组国有电力资产,将国家电网切分为区域性电网,设立华北、东北、西北等电网公司,但售电业务仍未在产业组织结构层面上实现任何形式的分离,这就导致了试点失败。其中把南方电网当作改革的试验田,按照市场化的经营思路去发展,还是取得了一定的成绩,如实现了"西电东送"等。但要想使可再生能源真正成为中国能源体系的主要能源,体制上还需有几个突破。

第一,解决电力资源区域封锁问题。我国风光资源丰富,但也存在资源分布不均的问题,西部可再生能源资源丰富,但经济规模较小,供给显著大于需求。要利用好可再生能源,就必须推进"西电东送",但东送途经众多省市,而地方政府在区域电力供销方面扮演着重要角色,这就要求必须处理好地域间利益协调问题。近年来,火电行业产能过剩问题非常严重,发电设备利用小时数逐年下降,许多省市几乎是百分之四五十的产能过剩,导致火电大省几乎没有可能购买其他地区的风电,如果有需要,也是让本地的火电厂恢复生产,这样还可以解决本地就业等民生方面的问题。因此,能源结构调整,势必要建立起真正的全国统一的电力市场,打破地区封锁和地方保护主义。

第二,推广分布式能源。中国风电、光伏等新能源资源的分布中,大型风光资源分布不均匀,小型风光资源遍地都有。但在中国东部地区发展屋顶光伏等分布式能源,面临的最大问题是产权问题。农村家庭一般都有屋顶产权,推进光伏发电没有产权障碍;城市发展分布式能源则会面临产权问题。如果国家支持力度大些,以分布式能源弥补煤改气、改电过程中存在的能源缺口,也许对能源结构改革助益良多。

《北大金融评论》:可再生能源发展的路径相对明晰,但传统化石能源行业要如何转型呢?

徐晋涛:传统化石能源行业正在把自己过去赚的钱用在可再生能源的发展上,寻求"软着陆"。例如,中石化未来5—15年规划中,计划把自己由能源公司变成化工原料公司。现在电动汽车已进入普通家庭,氢能汽车发展也非常快,目前氢能汽车主要还是商用车、大型货运车,但预计5年后就能跟电动汽车展开竞争。中石化已在加速布局加氢站,"十四五"期间拟建1000座加氢站或油氢合建站。

国家"双碳"目标对市场有强大的引导作用。我们看到企业和投资领域已经在作出积极的响应,新的低碳技术发展很快,加上正确的政策引领,我国能源结构的转型形势是好的,成效将在未来10年显现出来。

乡村振兴中的"农业减碳"

> 低碳技术改造农业，智慧互联网助推农业，土地规划集约农业，监测评估量化农业。

北京大学现代农学院教授、中国农业政策研究中心主任

王金霞

为了全面建成小康社会和建设社会主义现代化强国，实现"两个一百年"奋斗目标和中华民族伟大复兴的中国梦，我国于2017年在党的十九大提出了乡村振兴的重大战略。乡村振兴战略的实施就是在"农业农村优先发展"的总方针指引下实现"产业兴旺、生态宜居、乡风文明、治理有效、生活富裕"这一总体要求。按照这一战略的目标任务，到2035年，乡村振兴取得决定性进展，农业乡村现代化基本实现；到2050年，乡村全面振兴，农业强、乡村美、农民富全面实现。为了进一步推进乡村振兴战略的实施，2021年我国出台了《中华人民共和国乡村振兴促进法》，从而为乡村振兴战略的实施提供了重要的法制保障。

尽管乡村振兴战略涉及农业农村转型的诸多领域，但其中一个最关键的领域就是如何将农业农村经济的传统发展模式转向绿色发展模式，从关注农业农村经济本身转向关注农业农村经济与资源生态环境系统和谐共生转变，也就是实现农业农村经济的绿色转型。我国2021年中央一号文件明确将推进农业农村经济的绿色发展作为实现农业现代化的一个重中之重的举措。农业农村绿色转型也反映了人类社会认识领域的三个划时代飞跃：从自然生态系统服务人类到人与自然生态系统的相互服务及和谐共生的理念转变，从单纯

追求效率到同时兼顾效率、公平和可持续性的理念转变，从关注短期效益拓展到同时关注中长期效益的理念转变。

就在乡村振兴战略逐渐步入规范化的运作轨道和我国在开启全面建设社会主义现代化国家新征程之际，习近平总书记于2020年在第七十五届联合国大会上宣布，"中国将提高国家自主贡献力度，采取更加有力的政策和措施，二氧化碳排放力争于2030年前达到峰值，努力争取2060年前实现碳中和"。为此，"双碳"目标成为我国未来绿色低碳转型发展的重要目标。实现"双碳"目标将倒逼我国整个社会经济系统必须以绿色发展为价值引领和增长动力，必须加快形成绿色发展方式和绿色生活方式，坚定不移走绿色、低碳、循环和可持续的创新发展之路。"双碳"目标的实现对加快我国生态文明建设、促进高质量发展至关重要。作为全球最大的发展中国家和碳排放国，我国需要在推进发展的同时实现快速减排，时间紧任务重。

探索农业固碳增汇和空间减排的能力

随着"双碳"目标的提出，绿色低碳发展和乡村振兴的融合正在进入前所未有的机遇期。通过乡村振兴战略的有效引领和激发，探索农业固碳增汇和空间减排的能力，助力农业发展的绿色低碳转型，将为我国最终实现碳中和做出积极贡献。

碳中和是指在特定时期和特定区域内，直接或间接产生的温室气体排放量可以通过自然或人为的方式吸收而实现相互抵消，达到"排放＝吸收"的数量平衡以及实现净零排放。碳中和的方法主要分为两类：碳减排与碳清除，两者的性质有所不同。碳减排是减少现有的温室气体排放量，也就是减少温室气体的碳源。碳清除就是把排放的温室气体通过自然或人为的方式加以安全地清除、隔离并封存。碳汇是实现碳清除的最重要途径，主要通过陆地或海洋生态系统吸收并储存温室气体。陆地生态系统碳汇功能主要是通过农田、林地、草地和湿地等土地生态系统来实现，农田、林地和草地等生态系统的固碳能力和水平与农业农村经济系统的生产和经营方式及管理制度等密切关联。

农业作为国民经济的基础产业和乡村振兴中产业兴旺的关键部门，在实现碳中和目标中承担着特殊的使命。农业的特殊性不仅体现在它是温室气体的重要排放源之一，而且体现它在碳汇方面的重要作用。

虽然温室气体的排放量主要来自非农部门，但农业部门对温室气体尤其是非二氧化碳温室气体排放的贡献不容忽视。2014年我国农业温室气体排放量占全国温室气体排放总量的7%，主要来自农用地排放、动物肠道排放、水稻种植排放、动物粪便管理排放和农业废弃物田间焚烧排放等。如果包括农业生产用能（包括农机、渔船渔机等）和农村生活用能，则农业农村温室气体排放量占全国温室气体排放总量的15%左右。随着人口增长对食物需求（尤其是奶类和肉类）的增加和农村生活条件的改善，不采取额外措施的话，农业活动和农村生活消费的温室气体排放量有可能进一步增加。另外，我国碳中和承诺也涵盖了非二氧化碳气体，而甲烷和氧化亚氮作为温室气体中最主要的非二氧化碳气体，其捕获热量的能力分别是二氧化碳的25倍和298倍，这两种气体在我国农业活动中的排放量分别占全国总排放量的40%和60%。

为了达到碳中和，我国提出到2030年，单位国内生产总值二氧化碳排放将比2005年下降65%以上，非化石能源占一次能源消费比重将从目前的15%提高到25%左右。因为温室气体增加的排放量主要来自化石燃料的消耗，为此，抓住能源这个关键领域，国家在产业布局调整、能源结构优化和节能降效等方面都做出了很多不懈的努力和发展规划。尽管如此，受制于资源禀赋、技术条件、经济合理性等众多因素的影响，估计到2060年左右，我国能源生产、消费和工业非能利用领域还有约15亿吨碳排放需要通过自然碳汇、碳捕集等措施予以解决。因而，如何通过农业农村经济的绿色转型，充分发挥农田、林地和草地等生态系统的固碳能力，对于解决碳中和"最后一公里"问题，助力实现全社会碳中和目标意义重大。陆地生态系统的固碳潜力早在1997年签署的《京都议定书》中就得到了重视，该议定书呼吁各国通过农田管理、人工造林等措施实现的碳汇来抵消本国承诺的温室气体减排指标。

加速绿色低碳农业发展和传统农业转型

在新的历史时期，在保障粮食安全、农产品有效供给和农业高质量发展的前提下，在乡村振兴战略的指引下，我国需要从如下几个方面来加速绿色低碳农业的发展和传统农业的转型，助力碳中和目标的实现。

首先，创新农业绿色低碳技术，发展节约型循环农业，减少农业部门的碳排放强度。传统农业的基本特征是以自然资源大量消耗、高化学品投入（化肥、农药和抗生素饲料添加剂等）和高废弃物排放量（作物秸秆、农药和农膜包装物、畜禽粪便等）为代价来促进农业生产率增长。这一传统模式不仅导致了资源生态环境的不断退化，而且增加了温室气体的排放强度。若想实现传统农业向绿色低碳农业的成功转型，必须创新农业绿色低碳技术并加强相关的基础理论和应用研究，在保障农业生产率较快发展的前提下实现自然资源的高效利用，化学品的低投入、低排放和农业废弃物的资源化循环利用。

其次，积极推进智慧农业的发展，实现农业全产业链碳排放的精准监控和高效管理。随着大数据、互联网、物联网、人工智能、云计算、智慧气象等现代信息技术的发展，智慧农业将在农业减排中发挥十分重要的作用。智慧农业将传统农业实践与现代技术相结合，利用不同的智能技术来提高农业生产率并减少温室气体排放。例如，高效灌溉、有针对性地精确使用杀虫剂和肥料等；利用物联网智能农业技术实时检测杂草或侵染物、监测天气和土壤等状况来减少投入品使用量。另外，智慧农业还可以实现对农产品质量的溯源和监督，从而实现农业全产业链碳排放的精准监控和高效管理。在智慧农业的支撑下，使得实现农产品质量和食品安全监管，发展绿色农产品、有机农产品和地理标志农产品成为可能。

再次，合理规划土地利用方式和加强质量管理，提高农业生态系统的固碳能力。农业生态系统的固碳能力是决定我国碳中和目标能否实现的关键所在。为此，在兼顾社会经济发展目标的基础上我国需要进一步加强对不同土地利用类型固碳能力的科学测算，从而对农业土地利用方式做出长期的合理规划。另外也需要提升农田、林地和草地资源的质量，提高土壤有机质含量并提升单位面积的固碳潜力。对于农田质量的保护与提升，我国正在推行的高标准农田建设、保护性耕作、秸秆还田、休耕轮作和有机肥施用等项目都有望起到积极成效，这些项目还需进一步提升实施效率并扩大受益范围。我国也正在开展大规模的国土绿化行动，已经实施的退耕还林还草项目在碳汇方面的成效已经得到了普遍认可，这一项目仍然在继续稳步推进。近些年国家通过引入草原生态保护补助奖励政策来全面推进草原禁牧、轮牧、休牧，期望能稳步恢复草原生态环境。但草原生态环境的恢复还面临较大挑战，这方面还需出台更有效的创新性政策保障。

最后，建立监测评估制度，鼓励形成农业低碳绿色金融，为农业低碳绿色产业发展提供相应的政策保障。为了保障农业农村绿色低碳转型的有效性和可持续性，我国急需建立相应的碳排放和碳汇的监测评估制度，实时跟踪和反馈进展情况。农业农村绿色低碳转型也需要绿色金融的支持，但目前我国绿色金融还处于部分省份的小规模试点阶段，远不能满足大规模低碳产业发展的要求。农业低碳绿色产业的发展还需要开展体制机制和政策保障体系的建设，例如包括绿色农产品认证和管理体系、产业体系、标准体系、碳税和碳市场交易等。作为市场化的减排工具，碳交易已在世界各国得到广泛应用。欧盟近期提出要将土地利用融入碳交易体系，我国需要考虑如何加强碳交易与土地利用、林业、工业排放等领域的协同，推动不同领域之间的碳交易。

中国实现碳中和需要碳市场的九个转向

> 100 亿吨的减排信念。

北京绿色交易所总经理　梅德文

北京绿色金融协会秘书长助理　李建涛

北京绿色交易所研究发展部　金子盛

中国面临发展和减碳的平衡

从国际比较的角度看,欧盟大约在20世纪90年代实现碳达峰,宣布将在2050年实现碳中和,从碳达峰至碳中和预计需要60—70年的时间;美国和日本大约在2007年实现碳达峰,同样宣布将在2050年实现碳中和,预计需要40多年的时间。作为发展中国家,中国计划在2030年实现碳达峰后只经过30年左右的时间就实现碳中和,任务非常艰巨。美国、日本的能源活动温室气体排放峰值和温室气体排放峰值均出现在人均GDP超过3.5万美元之后,其中美国2007年人均GDP为4.35万美元,日本2007年人均GDP为3.72万美元,英国、德国、法国在温室气体排放峰值年份相对应的人均GDP分别为2.55万美元、2.79万美元和2.81万美元,而中国的人均GDP在2020年刚超过1万美元。按GDP年均增长5%—6%来推算,到2030年实现碳达峰目标时,中国的人均GDP可能刚刚达到2万美元,距离发达国家碳达峰时的人均GDP水平还有较大的差距,中国在实现减碳重任的同时还面临发展重任。有一种理论认为,宏观经济有一个"保增长、调结构、防通胀"的不可能三角,考验宏观经济调控的多目标协调与权衡。这三个目标在碳中和背景下意味着

"中高速增长、绿色供应和物价稳定"的大宗商品不可能三角。要实现碳中和,就需要保持中高速增长和绿色供应,意味着碳中和会给宏观经济带来物价上涨的潜在风险,这也是人民银行原行长周小川在内的一批经济专家所警示的。

中国是世界上最大的能源消耗国,2020年的能耗折合标准煤近50亿吨。中国的能源结构是"富煤、贫油、少气",中国气候事务特使解振华主任曾指出,我国煤炭消费占比超过50%,我国单位能源二氧化碳排放强度是世界平均水平的1.3倍,单位GDP的能耗是世界平均水平的1.4倍、发达国家的2.1倍;同时,一些低碳、零碳、负碳技术的关键设备和工艺等仍需要进口,技术综合集成、产业化与技术转移推广能力不足。关于能源或者电力产业发展,也有一个不可能三角,即"低成本、清洁环保与安全稳定",能源结构从某种程度也决定了中国的经济结构,在现有技术条件下,中国能源的低碳转型同样面临巨大挑战。

在诸多因素的作用下,中国成为世界上最大的碳排放国。2020年中国碳排放量接近100亿吨,占全世界碳排放总量的近30%。此外,中国金融机构以间接融资即银行业为主,而且主要的金融资产都与化石能源资产密切相关,资产搁浅风险极大,中国的金融效率也有待提升,这是减碳面临的不利宏观经济条件。

总之,正是因为气候变化问题具有长期性、结构性、全局性特点,中国要按期实现碳达峰、碳中和目标,不仅时间紧迫,而且任务繁重。

"风光新能源 + 电动车 + 碳市场"体系是破解"发展—减碳"两难的创举

美国著名学者杰里米·里夫金（Jeremy Rifkin）认为,目前是以风光等新能源、信息技术、生物技术并发为代表的第三次工业革命。回顾历史,每一次全球工业革命都会开启一轮技术长周期带动的经济增长,大约持续60—100年。前两次工业革命,都形成了能源、产业和金融协同发展的经济体系:第一次工业革命中,英国形成了"煤 + 火车 + 银行"体系,成长为"日不落帝国"；第二次工业革命中，美国形成了"石油＋汽车＋资本市场"体系，成长为超级大国；第三次工业革命可能将形成"风光新能源＋电动车＋碳市场"体系，各国都在争夺这一体系的主导权。

在能源供给环节，中国目前已经拥有世界最大的风光新能源生产体系，2020年风电、光伏新能源装机总量分别是2.81亿千瓦、2.53亿千瓦，合计5.34亿千瓦，风光装机总量在2030年将达到12亿千瓦。中国光伏产业具备全产业链的竞争优势，上游硅片、中游电池板与下游发电站，都有巨大的优势。隆基股份2020年市值已经超过神华公司。在能源传输侧，中国"长距离、大容量、低损耗"的特高压电网技术成熟，在世界居于领先地位。在能源消费侧，我国的新能源汽车与储能产业发展迅速，新能源汽车产销量连续6年稳居世界第一。据第十三届全国政协经济委员会副主任刘世锦团队在2020年的分析，美国、日本以及欧盟等在碳达峰时每千人汽车保有量分别是845辆、575辆、423辆，中国仅有173辆，新能源汽车还有很大的发展空间。中国比亚迪公司在2020年发展成为世界第四大市值的汽车公司，蔚来排第六名，上汽排第十名，2020年世界前十大汽车市值公司里，中国已经占据3席。在电池方面，中国锂离子电池产量居世界第一，宁德时代稳居世界首位。根据莱特定律，随着电动车销量的增加，电池价格会进一步下降，从而带动储能成本下降和新能源汽车的继续增加。

在绿色金融和碳市场领域，目前我国拥有世界上最大规模的绿色信贷市场。截至2020年年底，中国本外币绿色贷款余额约为12万亿元，存量规模居世界第一；绿色债券存量约为8000亿元，居世界第二。中国还是世界上最大的碳市场，即将开启的全国电力碳交易市场年配额近40亿吨，规模将超过欧盟，居世界首位。

在本次工业革命中，按照刘世锦副主任的观点，中国已经具备了成本优势、市场优势、技术优势与政策优势，而发达国家达到峰值后再替换，有沉没成本与重置成本，我们早转型，成本低。中国人民银行前行长易纲提出：中国碳达峰每年需要2.2万亿元的投资，10年共计22万亿元；从碳达峰至碳中和每年需要3.9万亿元投资，30年需要117万亿元投资。碳达峰碳中和两项合计需要 139 万亿元投资。这项投资可以促进解决中国有效需求不足的问题，促进解决中国发展与减碳的两难矛盾。

碳市场的现有定价机制是实现碳中和体系的有效经济手段

碳市场制度是解决碳排放外部性的有效经济手段，可以实现总量控制目标下减排成本最小化，同时有利于经济高质量增长。碳市场制度可能是破解中国发展与减碳两难矛盾，促进中国能源、产业和金融结构调整的有效工具。借助市场的力量推动碳达峰、碳中和，碳市场是一个选项，能够低成本、高效率地提升经济效能、能源效率和资金效率。一方面，应通过碳市场的激励机制，鼓励新能源产业或非化石能源产业的发展，解决减排的正外部性问题；另一方面，应通过碳市场的约束机制，抑制化石能源产业，解决碳排放的负外部性问题。

实现碳达峰和碳中和的目标，必然需要大量投资，无论电力、交通等行业的碳减排，还是发展新科技，都需要新的投资。周小川提出，吸引这么多的投资，要引导好、激励好，不酿成大亏空，显然是大事、难事。大量的投资不可能凭空而来，也不会凭号召就实现，每项投资都需要导向，需要算账，而算账必须有依据，需要一个有效的碳价格信号。碳市场的目的是通过资源配置、风险管理、价格发现引导稀缺资源获得更好的配置，如果碳交易无法形成公平、合理、有效的价格，碳市场的功能就会大大减弱。

一条更加陡峭的库兹涅茨曲线

环境污染和经济发展之间的相关性，即环境经济学中的"库兹涅茨曲线"，是达到碳达峰实现碳排放曲线拐点的统计学规律。这一统计规律是建立在化石能源技术背景下的排放路径，中国的实际排放由于能源技术的变革，会超越碳排放库兹涅茨曲线所描述的这一路径。

中国碳排放路径是由中国特有的供给结构、需求结构、要素结构决定的，只有能源技术的变革突破现有的能源供给结构制约，才可以打破宏观经济"保增长、调结构和防通胀"的不可能三角。目前我国的光伏和陆上风电技术已经可以实现与化石能源电力的成本相同,这是破解发展和减排两难的法宝。由于新能源技术的快速进步,中国会加速实现碳达峰和碳中和,也就是中国的碳排放库兹涅茨曲线会更陡峭,对比国际发达国家的碳排放库兹涅茨曲线,中国在人均GDP约2万美元的水平实现碳达峰是可能的。

碳市场的一价定律支撑形成有效碳价

国际金融中有个经典的"蒙代尔—克鲁格曼不可能三角",也就是在汇率稳定、独立货币政策和资本自由流动三个变量中,一个国家只能选择两个目标。这个理论在碳市场同样有效,长期来看,由于气候变化的全球外部性,碳排放权天然具有国际自由流动属性,如果要保持国内的碳中和产业优势和低碳政策独立,则碳价一定会向国际碳市场趋平。目前欧盟以及美国、韩国的碳价都远远高于中国碳价,按照目前价格对比,欧洲度电碳价大约是中国度电碳价的10倍以上。有专家认为,中国碳市场以当前平均23.5元/吨的价格水平很难起到资源配置、风险管理、价格发现的作用,无法形成碳达峰、碳中和过程中的有效市场机制。从长远看,中国碳价必然要打破目前的低估状态。

随着资本市场开放和全方位引进外资,外资也会进入中国碳市场,国内外巨大的碳价差异会产生巨大的套利空间,一旦存在套利,价格差就会消除,这是一价定律在碳市场的使然。

碳价等于排放的综合社会成本,需要全社会参与碳定价发现真实价格

我国要形成更加有效的、流动的、稳定的而且具备广度、深度与弹性的碳市场,需要三个条件,简单总结为三个关键词——立法、量化、定价。首先,立法代表了全社会的意志,通过严格的立法确定减排总量和配额分配方法,建立严格的配套政策体系,是发现真实碳价的第一步。其次,严谨量化和披露是实现社会成本的保障,也是开展透明和包容监管的前提。对各个行业的排放数据进行核查,运用现代物流网和区块链技术实现更低成本的核算量化,建立更加科学透明的数据支撑体系。最后,定价方面,要吸纳更加多元化（具有不同风险偏好、不同预期、不同信息来源）、规模化的参与主体，只有主体多元化，才能形成公允的均衡价格。同时要推出更加市场化与金融化的产品，还要有更加透明化和包容性的监管以促进严肃定价。

如何从100亿吨碳排放实现碳中和？中国碳市场需要九个转向

如何让碳交易市场发挥定价功能，反映边际减排成本及外部性成本或者说是综合社会成本？这是一个非常复杂而又极其重要的问题。比较中外碳市场，分析中国碳试点7年的历史和经验，严格立法确定减排总量、配额分配方式、核查机制、交易产品属性、交易规则等是影响中国碳试点发展的核心要素。

我们认为，需要一个有效性、流动性、稳定性，具备广度、深度和弹性，能够反映边际减排成本和外部性成本或者说综合社会成本的碳市场。为此，需要有严格的立法、严谨的量化、严肃的定价，而这些功能的实现，中国碳市场需要九个转向。

一是减排总量控制。从目前比较软约束的减排转向力度更强的硬约束减排或者说总量减排。

二是碳核算核查方法。从碳排放因子法、质量平衡法转向适时增加以CEMS（Continuous Emission Monitoring System，烟气排放连续监测系统）为代表的直接测量法，以达到可比性强、准确性高、实用度高的目的。预计中国碳市场在2025年将建成碳监测评估体系，届时，监测范围和监测要素基本覆盖全国，碳源汇评估技术方法基本成熟。

三是市场主体。从控排企业为主体转向控排企业、非控排企业、金融机构、中介机构、个人并重的多元化的市场主体，具体是指需要有数量足够多的且具有不同风险偏好、不同预期、不同信息来源的市场主体。只有主体多元化，才能形成公允合理并能够反映边际减排成本与外部性成本的碳价格。

四是产品。从现货为主转向现货、期货、衍生品并重，因为碳市场需要满足信用转换、期限转换、流动性转换等市场基本功能。这就意味着碳市场能够提供足够丰富的多层次产品，不仅包括碳排放权的现货交易，而且包括更多的其他衍生品交易，提供期权、掉期、远期、期货以及与金融产品密切相关的一系列服务，如抵质押、资产证券化、担保、再融资等，帮助履约企业和投资者实现跨期贴现、套期保值、合理套利与风险管理。

五是配额分配方式。从基本上"免费"分配转向"免费＋有偿"分配。

六是重点控排行业。为进一步落实"双碳"目标，我国将把八大重点能耗行业纳入碳交易范围。未来，碳交易市场的覆盖范围可能从八大行业转向达到一定排放标准的排放领域。

七是金融机构。从代理开户结算等中间服务转向交易做市商等主动管理行为。

八是中介服务机构。从提供咨询、监测等服务转向更加专业化的碳中和服务等主动行为。

九是市场格局。从区域到全国，从国内为主到对接国际市场，最终走向国际。

2021年4月15日，易纲在中国人民银行与国际货币基金组织联合召开的"绿色金融和气候政策"高级别研讨会上，提出要充分发挥碳市场的价格发现作用，并计划于2021年6月底，正式启动全国性碳排放权交易市场。构建碳市场应引入碳金融衍生品交易机制，推动碳价格充分反映风险，最大化发挥碳价格的激励约束作用。这些都是积极的举措，监管部门的高度重视给予我们完善碳市场的信心。

作为世界上最大的能源消耗国和碳排放国，我国的碳中和进程面临前所未有的巨大挑战。但是，我国已经是世界上最大的可再生能源国，拥有世界上最大的新能源汽车产销量，这是千载难逢的重大机遇。我国同时也拥有世界上最大规模的绿色信贷市场和最大规模的碳市场，如果进一步做大做强绿色金融与碳市场，就可以用最低的成本、最高的效率实现碳达峰与碳中和。

第三篇

双循环与新发展战略

大变局、双循环与中国经济发展新阶段

> 双循环提供了改革中国金融体系的新方法。

北京大学汇丰商学院经济学教授、中国经济体制改革研究会副会长、
国民经济研究所所长
樊 纲

新冠肺炎疫情叠加大变局的双重挑战

2020年5月14日，中共中央政治局常委会会议首次提出"要深化供给侧结构性改革，充分发挥我国超大规模市场优势和内需潜力，构建国内国际双循环相互促进的新发展格局"。双循环是从"两头在外"的发展模式，转向"以内为主、内外互促"的新发展格局。加快构建新发展格局顺应未来世界经济和中国经济发展趋势，符合中国经济的发展方向，是中国经济发展迈入新阶段的必然选择。从宏观的角度讨论双循环，一般会提出两个问题：为什么提出双循环？双循环意味着什么？

第一，双循环的提出与新冠肺炎疫情密不可分。疫情是影响当前全球经济格局的重大外部冲击。一方面，世界经济遭遇重挫，全球需求市场萎缩；另一方面，疫情加剧各国之间的结构性洗牌，大国博弈不断，后疫情时代全球格局变革恐怕难以避免，并呈现一些前所未有的新变化。

第二，当下我们正在经历一个百年不遇的大变局。在美国人眼中，中国变了。过去，中国与美国的经济实力悬殊，中国在发展中取得的成就常常被"视而不见"。但如今，美国发现，中国不但成长了，而且与之形成了竞争关

系，并对其很多领域产生了威胁，比如 5G、大数据、AI、生物医药等方面。

发展是落后国家的追赶。在体制、管理模式等各方面落后的情况下，落后国家的追赶过程是很艰难的。但是，一旦当落后国家发展起来，发达国家就会不择手段地用国家力量来遏制落后国家的发展。美国前司法部部长巴尔（William Barr）称，百年来，美国都没有遇到过一个竞争对手在重要领域超越它，但中国却做到了，因而要抓住最后的机会遏制中国的发展。可以看出，在百年不遇的大变局中，中国成长了，但是，中美之间的竞争也愈演愈烈。

新冠肺炎疫情与大变局两方面的问题叠加在一起，就出现了一系列新情况：一是全球产业链发生调整；二是美国对中国产业链的断供。

第一个问题是全球产业链发生调整。新冠肺炎疫情暴发初期，中国各地全面封城，企业停产停工，导致全球供应链面临断供。一些国家突然发现，过去很多产业链过于集中在中国，一旦中国出现一些特殊情况，产业链就极易断裂，因此提出在中国之外建立新产业链，扩大生产能力。中国同样如此，新冠肺炎疫情暴发后不久，欧美等各地区国家纷纷陷入疫情，中国的一些供应链也面临断供，因此我们也需要分散产业链，不能将其过多地集中在某些国家。

未来，全球产业体系可能会出现某种区域化，比如形成三大区域性产业链：亚洲、欧洲—北非和美洲。这三大区域性产业链会分别成为一个完整的产业区域，其中，既有相对完整的产业链和生产线，又有市场、技术、高技术人才和廉价劳动力。我将其称为区域化作为全球化的另一种方式。这时候，我们的企业不是仅仅局限在某一个区域中，而是可以在全球布局，依然是"你中有我，我中有你"，但是已经在区域的完整性上进行了补充。

新冠肺炎疫情与大变局叠加之后出现的第二个问题是美国对中国产业链的封锁和断供。其实早在新冠肺炎疫情发生之前，美国对中国的断供就已经发生了。中美之间逐步增长的巨额贸易逆差成为美国政府挑起贸易摩擦的主要理由之一。2018 年，美国开始实行单边保护主义和"去中国化"。美国总统科学技术咨询委员会发布的《确保美国半导体的领导地位》等战略文件，均把矛头指向中国的科技领域，认为一个科技发展的中国对美国具有了威胁，这进一步助推了美国对华科技管制的趋势。美国打压中兴、华为等科技企业，阻碍两国科学家之间的交流，并对中国出口商品施加高额关税，这使得我国产业链存在断供风险，国际循环不畅。

为应对国内外形势的结构性转变，我们要更多依靠国内循环，利用我国的超大市场，充分挖掘潜力，拉动供给，创造需求，使我国经济进入更好的良性循环状态。

加大改革力度，疏通产业链"堵点"

在此背景下，习近平总书记提出了打造双循环的战略构想，并提出"加快构建以国内大循环为主体、国内国际双循环相互促进的新发展格局"。

当前关于双循环，存在两种说法。一种说法是，双循环只强调国内循环，不注重国际循环。实际上，中国政府也在反复强调，我们不但没有忽略国际循环，还要继续努力扩大开放，参与国际市场。双循环中国际循环的意义，不在于卖出多少东西，而在于学到多少知识和技术。这样，一旦面临断供风险，我们还能继续支撑和发展下去。但问题是目前在一些特定的领域里，国际交流和合作受到了限制，因而要加强国内循环。

另一种说法是，双循环中所强调的国内循环，无非是过去提到的扩大内需。很多学者、专家在解读双循环的时候，会从需求的角度去分析我们应如何扩大内需，才能将国内市场做大以替代国际市场。但是，这一次我们提出国内循环并非着重于需求侧的问题，而是强调供给侧的问题。具体来说，供给侧的问题可以分两个方面。

一是我们的产业链能否不被阻隔地继续循环下去，因为双循环的提出本来就基于产业链断供的大背景，现在我们必须依靠国内力量，加强自主研发实力，以弥补创新方面的短板。只有我们的生产能力和产业链质量不断提高，产业链才能循环下去，因此，国内大循环的一个重点是通过改革和政策调整来疏通产业链上的各种"堵点"。

例如，现在有很多人感觉在国内做生意很难，人们之所以愿意做外贸生意,除了可以享受退税等优惠政策,还因为将商品放在国际市场上交易相对容易,不存在中间的交易成本,也无须自己打通渠道和做设计研发,而在国内存在各种地方保护。所以,我们要大力发展国内循环,做大国内市场,面临的挑战是如何通过加大改革的力度,疏通产业链上的"堵点",使之循环下去。

当前,互联网的一个重要作用是疏通了很多"堵点",大大降低了交易成本。与此同时,要想国内市场中的供给和需求形成良性循环、互相促进的局面,不仅要扩大内需,还要思考如何从供给侧拉动需求,促进发展,这也涉及产品创新的问题。

二是从市场供求关系中可以发现,价格越低,需求量越大,在供给侧方面就存在一个问题:作为生产者,应如何通过降低价格以扩大需求。这是企业成本的问题。要想降低价格,就要提高生产效率和性价比,从而降低生产成本。此外,企业成本中包含了一些不能由企业所控制的宏观成本,如由税率、利率等因素所决定的成本,和土地成本、劳动成本中的社保缴费、与政府的交易成本等。但也有一些是可以由企业本身所控制的,如研发成本、物流成本、资金成本等。因此,企业家需要思考的是,哪些因素会影响企业的生产成本,以及可以通过改变哪些因素使企业的成本下降、需求扩大,进而扩大市场,改善供求关系。除了企业要通过自身转型升级有效降低成本,政府也要加大政策支持力度,帮助企业降低税收、资金、劳动力、土地、公共服务等在内的各项成本,为企业纾困,让企业将更多的精力和资金用于研究和生产,从而更好地刺激需求。

以金融体系改革促进资金运用效率

在资金成本方面,虽然我们已经通过数字技术降低了一部分小微企业的融资成本,但目前还有一些基础利率成本降不下来。我国的投资资金主要通过银行等金融机构发放,在经济下行期,企业面临的经营环境更加复杂,金融机构在发放贷款时更加注重风险防范。因此,金融机构不愿意给规模较小、抗风险能力较弱的中小型民营企业贷款,而是倾向于给国企贷款。但是,部分国企只是盲目扩张、做大规模,而不是提质增效、做优做强;而众多致力于研发高质量产品的创新型中小企业,普遍具有资产规模小、经营风险大、资金需求量大的特征,很难获得贷款,从而制约了产品的研发、生产和市场推广。

欧美很多国家已经开始实行负利率政策,我非常赞成中国不实行这一政策,使用资金便应该存在成本,这是金融的基本逻辑,在负利率的浪潮下我国仍能坚持金融的根本原则,是非常正确的选择。但是,利率有高有低,我认为可以适当地降低利率,从而降低资金成本,这样便可以更多地惠及实体经济。

另外,还需要重点思考的是如何改革金融体系,使金融体系运作更有效率,从而无须依靠高利率来生存。2020年,中国的非金融部门支付给金融部门的利息总额为15万亿元,占GDP的15%左右。虽然这15万亿元并不全部是银行的利润,但也可以看出,我国银行的利润是很高的。在产业链"堵点"问题被提出时,我们思考的问题是为什么资金无法到达实体经济,也就是说,即使采取了宽松的货币政策,但产业链还是"堵"住了,循环不到实体经济,于是就出现了金融"脱实向虚"的局面。如果可以稍微降低金融行业的利润,实体经济成本就能够降低,产业链也就可以更加轻松地循环起来。这便是金融体系的体制性改革,可以使得资金的运用更加有效率。

20世纪30年代美国经济大萧条时,正值美国和欧洲发生贸易冲突。美国拥有一亿多人的统一大市场和完整的工业体系,通过罗斯福新政的一系列政策调整,美国最终有效地利用了本国的大市场,走出了困境,取得了巨大的发展。

当今的中国也是如此。虽然个别国家正在遏制我们的发展,但我们拥有全球最大的市场,有着最大的增长潜力和最完整的工业体系,就如同当年的美国一样,可以通过本国大市场的循环支撑经济今后10—20年的发展。我们要从方方面面,特别是从金融领域出发,促进国内大循环、疏通产业链"堵点"、降低成本,使中国经济能够有下一个10年、20年的辉煌。

双循环下的理性追赶

> 我国应积极争取形成有序的、基于规则的竞争态势。

北京大学国家发展研究院院长

姚 洋

在习惯了全球化黄金时代的国际分工和资源配置后,全球化进入调整期,我们应以怎样的姿态去应对？2020年5月以来,中央多次提出"加快构建以国内大循环为主体、国内国际双循环相互促进的新发展格局。"

北京大学国家发展研究院院长姚洋教授在接受《北大金融评论》专访时指出,要实现双循环格局下的新发展,就要在国内进一步厘清政府与市场的关系,发挥好市场配置资源的决定性作用；在国际上用好中国智慧,积极争取一种在和平条件下有序的、基于规则的竞争态势。

姚洋表示,可以预见的是,中国未来经济增长将更多依赖于国内的科技创新,但技术创新应坚持市场导向。他直言,不能把所有"卡脖子"问题都当作我们需要突破的技术瓶颈的标准,逐一攻破将是对我们财力和物力的巨大挑战。从各方面考虑,我们应该突破的"卡脖子"领域主要是美国已经或可能制裁的领域。

未来经济增长的三个优势和劣势

《北大金融评论》：一些机构测算,到2035年我国将要实现经济总量翻一番,达到中等发达国家水平,未来15年我国平均GDP增速应保持在5%左右。

您认为这一目标是否可以实现？

姚洋：长期经济增长主要受供给因素影响，研究我国未来经济增速问题，要分析技术进步率和人均资本增长速度。过去20多年，我国技术进步率或者说全要素生产率增长率平均约为3.3%，未来可能下降到2.5%—3%。算上折旧，我国人均资本增长速度约为6%，资本对GDP增速的贡献约为2.5个百分点。从这两个指标来看，未来15年平均5%的增长速度是可期的。

《北大金融评论》：您指出，在中华民族伟大复兴的第一个百年中，最后冲刺的这30年将是千年以来最高光的30年。构建双循环新发展格局，是中央着眼于我国经济中长期发展做出的重大战略部署，高光30年也将是双循环发展的重要30年。你觉得这30年中国经济将会呈现出怎样的发展态势？

姚洋：党的十九大报告中指出："从二〇三五年到本世纪中叶，在基本实现现代化的基础上，再奋斗十五年，把我国建成富强民主文明和谐美丽的社会主义现代化强国。"如果制定一个基本指标，就是按可比价格计算，2049年中国的人均收入应超过美国的一半。实现这一指标，中国未来30年GDP平均增长速度需达到3.7%左右。与过去几十年比，3.7%似乎是一个比较低的水平，但要达到也并不容易。一个重要的原因在于，我国资本积累速度下降的同时资本折旧在增加，更多的储蓄会花在"修桥补路"上。可以预见的是，中国未来经济增长将更多依赖于国内的科技创新。

我们的优势表现为以下几点。一是市场巨大。作为一个巨型国家，国内大市场带来的内部循环可以不断摊薄创新所需要的成本投入。二是城市化空间巨大。当前中国的城市化率为60%，按照收入水平来算，未来15年应达到75%—80%，这一城市化进程将进一步增强我国人口和产业的集聚效应。三是"绿色发展"潜力巨大。在"绿色发展"方针指引下，中国将崛起一批高新环保企业，推动行业的技术创新、节约成本，进而形成规模经济。

我们也面临着巨大的挑战。一是国际环境的变化。一个不能忽视的事实就是中国的战略机遇期已经过去了，中美之间更多的是竞争而非合作关系。过去中国的创新主要依靠国外引进，尤其是从美国引进，在这种中美竞争格局下，引进的空间必然缩窄，这就要求我们主动发挥好中国智慧，去形成一种和平条件下有序的、基于规则的竞争态势，避免特朗普政府时期的恶性竞争。

二是中国社会的老龄化。到 2050 年，中国的老年人口将占到全国人口的 30%，高于现在的日本（28%）。老龄化的挑战并不在供给侧，因为劳动力供给或将被人工智能、自动化所替代；也不在需求侧，老龄化对日本影响较大的原因很大程度上是需求下降，而中国城市化水平还相对较低，城市化水平提高可以弥补老龄化带来的消费下降。老龄化最大的挑战是在社会保险领域。一方面是随着"银发潮"的到来，我国在 1962—1976 年出生的人陆续退休，既有的社保体系将难以为继；另一方面是城乡统筹发展要求将全体人民纳入社保体系，社保支出压力加大，社保体系将双向承压。

三是国企和金融领域有待进一步深化改革。我国科技创新的主体是民营企业，而金融领域主要资金由国有金融机构掌握，经济领域主要资金又被国有企业掌握，这种双向资源错配大大降低了创新的效率和活力。

《北大金融评论》：您曾指出"大象难藏身于树后"，中国需转变角色，在国际环境中有所作为。在双循环新发展格局中，您觉得中国应该怎样更好地作为？

姚洋：在国际舞台上，我们要从规则的追随者变成规则的制定者。要想成为国际规则的制定者，就要积极参与国际规则的制定，这是一个讨价还价的过程。上一轮全球化很成功，但过度追求一致性原则，要求所有的国家必须采取同样的标准，产生了很多问题。现在我们主张对全球化进行调整，不是逆全球化，而是要进一步考虑各个国家的特殊性，允许每个国家都能保有自己的一些特殊要求。

从这个角度来说，中国不要怯于到国际舞台上去说出自己的主张，也要避免当别人提出某项诉求时立刻站出来否定，应该留一些空间放到谈判桌上。最终形成的国际规则，应是传统国际规则制定者和新兴经济体之间相互妥协的结果。

政府要比较聪明地起作用

《北大金融评论》：您主编的《中国 2049：走向世界经济强国》一书指出：

不要带着教条主义甚至意识形态的有色眼镜看待政策干预。您认为在双循环背景下，政府和市场的关系应该是怎样的？

姚洋：说到政府和市场之间的关系，有一个很好的榜样的就是深圳市。深圳市政府是典型的服务型政府，不是"小政府"也不是所谓的"守夜人"式的政府。深圳市的经验表明，在政府服务市场过程中，政府既不应干涉企业运作，也不应干涉企业的生产经营活动；在支持产业发展时，政府支持的应是整个行业，标准一致、公平竞争，不偏向特定的优胜者。

在市场经济中，政府不是不应该做事情，而是要比较聪明地起作用。例如，目前很多地方政府都设立了产业引导基金，这其中是存在一些问题的。因为我国金融资源大部分被国有金融机构占有，引导基金的成立又将会使得越来越多的金融资源被地方政府所占有。虽然地方的金融机构会按市场规则来开展业务，但政府的目标并不是纯商业的目标，政府可能会用各种各样的手段去干预市场，甚至带来交叉补贴等问题。所以，就金融监管而言，不能因个别中小金融机构出现风险事件而"因噎废食"，将其业务全部收由政府接管或管控。这些民营金融机构确实存在一些风险，但应着力提高对其监管水平，提升其治理能力。

那么，政府在市场经济中可以做什么？我认为可以成立一些专项基金，支持企业的研发活动，但要有事后监督和相应的激励约束机制；支持大学和科研院所从事应用领域基础研究；支持大型、有实力企业创办实验室或研究院。总而言之，经济要市场化，这是市场配置资源起决定性作用的要求，也是我们顺应世界发展趋势的必然之举。

《北大金融评论》：在全球化中，技术标准往往由头部企业制定，而不是国家。很多人担心，我们以政府主导的体制，是否会导致形成政府话语权更多而市场更少的局面？

姚洋：如果走到那一步，就意味着整个中国的创新停下来了。国家范围的技术创新，应该是坚持市场导向的，充分考虑应用场景、投入成本和商业回报，并最终能在市场上得到检验。过去几十年，我国在太空技术、军事技术等方面完成了很多重大创新，但大多不是以市场为导向，因此推广难度较大。

此外，现阶段的创新要避免"一口吃个胖子"的思想，不能把所有"卡脖子"问题都当作我们需要突破的技术瓶颈，而应缩小要突破的技术瓶颈或者自主创新的范围。我们面临着成千上万个"卡脖子"的技术瓶颈，逐一攻破将是对我们财力和物力的巨大挑战。特别是，如果我国在所有领域都进行自主创新，其他国家将失去该领域的中国市场，这势必会增加其他国家对中国的敌意。因此，从各方面考虑，我们需突破的"卡脖子"领域主要应是美国已经或可能制裁的领域，在关键节点上能够摆脱美国的控制。

《北大金融评论》：金融是实体经济的血液，双循环新发展格局的形成离不开金融供给结构的优化和效率的提升。您如何看待当前的金融深化改革？

姚洋：当前中国的金融体系还是以银行为主导，以间接融资为主。2012—2017年间，在影子银行的拉动下，直接融资得到了一定程度的发展，但在金融"去杠杆"进程中，许多影子银行业务又被收掉了。一种思路认为可以发展直接金融，引导民众投资理财产品，进而将资金投入直接金融的相关机构里。这是一条相对漫长的发展之路。

从国外经验来看，美国投资直接金融机构的资金主要来自保险和退休金。中国的保险业发展较快，但退休金体系尚未建立起来，职工个人账户基本为空账。在这种情况下，我们缺乏像美国那样的大型机构投资者来支撑直接融资。所以还是需要找到某种途径，将银行体系的资金释放出来，流到直接金融领域去。在不违背金融"去杠杆"的总体要求下，也可以加强顶层设计，为直接金融机构提供资金。

国家级战略、双循环与区域选择：
两大三角洲视点

> "疫后"的双循环战略，如何对接"疫前"的城市群区域战略？

兰州大学经济学院学术院长、浙江大学经济学院教授、

泛长三角经济学论坛理事长

赵 伟

2014年以来，我国进入了一个国家级战略引领区域发展与国际化的新阶段。以新冠肺炎疫情为界，国家级战略分"疫前"和"疫后"两个时期。"疫前"密集推出的战略可概括为"三区两流域"和"一带一路"倡议；"疫后"推出的则是双循环。

受2020年新冠肺炎疫情的冲击，我国经济运行的外部环境发生改变。引出了一个正在展开的时间序列：短期是企业层面的供应链重构，中期是行业层面的产业链重构，长期是经济全球化分群。

作为沿海经济实力最强和开放度最高的两大三角洲地区——长三角和珠三角，在实施国家战略中具有引领地位。两大三角洲地区面对的首要选择，无疑是审时度势，将国家级双循环战略与国家级区域战略有机地对接起来，结合区域特点，找到事半功倍的政策着力点。

国家级战略与双循环：剑指何方？

2014年以来，我国进入了一个国家级战略引领区域经济发展与国际化的

新阶段。以新冠肺炎疫情冲击为分界，可分为"疫前"与"疫后"两个时期。

"疫前"推出的国家级战略可简略归纳为"三区两流域"和"一带一路"倡议。所谓"三区"，即京津冀协同发展战略、粤港澳大湾区战略和长三角一体化战略。所谓"两流域"，即长江流域之长江经济带与黄河流域生态保护和高质量发展战略。而"一带一路"（丝绸之路经济带和海上丝绸之路）倡议，原本也叫战略。

"三区"战略各自侧重点不同，这种不同被三个战略规划的关键词明确地表露出来。其中京津冀协同发展战略的关键词是"疏解非首都功能"和"调整空间结构"；粤港澳大湾区战略的关键词是"构建世界第四大湾区"和"'一带一路'支撑区"；长三角一体化战略的关键词是"一体化"、深化改革开放"示范区"和"自贸区"。"三区"战略的交集是沿海城市群。确切地说就是构建三大沿海城市群。客观地看，按照地理特征、已集聚的人口和经济活动强度、未来发展的潜力等指标来衡量，这三大区域都具有上升为与纽约湾区或东京湾区比肩的潜力。

"两流域"战略中的长江经济带，落点在沿江两大城市群。这两大城市群分别为上游的成渝城市群和中游的武（汉）—（长）沙—（南）昌城市群。这两大城市群目前已经形成的人口与经济活动集聚规模直追沿海三大城市群。至于黄河流域生态保护和高质量发展战略，着力点显然在于生态保护和区域现有发展水平的提升。

这样去看，"三区两流域"的共同指向是长江经济带国家战略，它是大城市群战略。从经济地理上来看，这些大城市群，全部位于胡焕庸线以东地区，占我国目前陆地面积的 43.8%。

单就要素和市场约束条件来看，要构建如此之多的大城市群，仅靠国内资源和市场是难以支撑的，必须利用国内外的资源、市场，而"一带一路"倡议顺应了这种发展的需求。

"一带一路"倡议的内涵，大体上可以用三个关键词概括：其一是借用历史符号；其二是高举和平发展旗帜；其三是经济合作伙伴关系。其中第三个关键词代表了这个倡议的落脚点，就是要构建贯通亚欧非国家间的稳定的经济合作关系。这些内涵发力点的指向与五大城市群战略之间的联系也是不难推断的,就是带动沿线地区经济的空间重构,营造全方位对外开放的大环境,为我国五大城市群的崛起辟出新的市场和要素互换空间。

新冠肺炎疫情冲击了"疫前"我国经济运行的外部环境。面对这种冲击及新的环境,中央高层审时度势,不失时机地推出了一个新的战略,这便是构建双循环新发展格局战略。在这同时,十九届五中全会明确提出了"十四五"期间我国社会经济发展的指导思想,明确提出"以推动高质量发展为主题"。

值得注意的是,双循环新发展格局也应被视为一种国家战略。这不仅是因为双循环格局的构建将持续多年,本身属于战略范畴,更是因为,高层已有较为明确的定位。2020年9月1日中央全面深化改革委员会第十五次会议公报宣布,双循环新发展格局的构建为中央重要的战略决策,事关全局的系统性深层变革。

这样不难看出,不仅五大国家级区域战略与"一带一路"倡议之间存在内在的关联,而且在"疫前"与"疫后"战略之间也存在明确的关联。关于后一种关联,确切地说,就是国家级区域战略与双循环新发展格局战略的叠加。进一步说,"疫后"双循环战略属于国家总体战略,对"疫前"推出的一系列国家级区域发展战略均具有引领意义。由此,五大城市群的构建,每一个都得贯彻国家双循环战略,同时贴近"十四五"规划和2035年远景目标纲要的主题,保证高质量发展。

国家级战略、双循环与区域选择

从区域层面来看,"疫后"面临着两个战略的对接问题,这便是区域层面的国家级战略和国家层面的双循环战略。要将"疫前"国家级战略和"疫后"双循环战略很好地对接起来,必须留意双循环战略提出的背景、主旨,进而摸准区域战略新的着力点。

双循环战略提出的背景是经济受到新冠肺炎疫情冲击,这一点应该是没有异议的。同样没有异议的是新冠肺炎疫情引发了一系列改变及挑战。

客观地看，新冠肺炎疫情冲击所改变的主要是中国经济运行的外部环境。疫情冲击导致的改变大体上可概括为两个颠覆。一个颠覆是改变了新冠肺炎疫情前形成的世界经济治理体系。这个体系可被称为"3G"分层的治理架构。G即集团（Group），确切地说就是分三个层次的集团化架构（见图3-1）。第一个层次是G20。这个集团是因2008年金融危机催生的高峰论坛，发挥了大国间经济政策和金融规则协调的作用。第二个层次是2个分立的集团，分别为全球7个最大工业化国家组成的G7和最具影响力的新兴经济体组成的"金砖"（BRICS）或G5。每次G20高峰论坛之前，这两个集团的首脑都会聚在一起，协调成员国立场。第三个层次是中美两国对话机制。在金融危机爆发初期，这个机制曾被学者称作G2或"中美国"（Chimerica）。

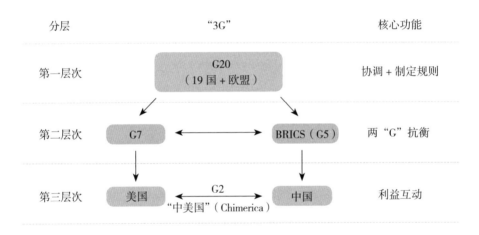

图3-1　疫前全球经济治理体系："3G"分层的架构

资料来源：赵伟."后危机"世界经济与中国选择：三个视野的综合与前瞻[J].南京社会科学（1），2014.

新冠肺炎疫情颠覆了这个治理体系。其中G20大国之间的协调越来越难，G7下美国与欧盟的争吵多于合作，金砖下中国与印度的合作也越来越难。而第三个层次即所谓的G2对话机制，也已名存实亡。这样，"3G"分层的世界经济治理架构归于终结。

另一个颠覆是中美关系，由良性互动的竞争合作关系，走向对抗的关系。

两个颠覆引出的系列效应，大体上可归纳为一个正在展开的时间序列。

这个时间序列分短期、中期和长期三个时段。短期内的影响主要在企业层面，是企业供应链重构。中期内的影响正在或将要上升到行业层面，是许多行业的产业链重构，进而威胁到中国在全球价值链（Global Value Chain，GVC）中的地位。中国已经作为GVC核心经济体在发挥作用。长期的影响将由经济全球化分群衍生。20世纪90年代掀起的本轮经济全球化，基于2G、3G、4G互联网信息技术革命；下一轮将进入5G甚至6G时代，网络安全问题盖过一切，互联网分群是大势所趋。而互联网分群引出的，无疑是经济全球化的分群。中国未来面临的一个重要选择就是，能否嵌入美、欧、日联手引领的新一轮经济全球化体系？道理很简单，作为后发追赶型经济体，不说综合国力，单就技术创新能力方面，中国尚难以引领下一轮经济全球化。

从空间经济学理论视野来看，上述冲击对我国经济运行外部环境的影响，主要作用于克服距离的成本。空间经济学研究揭示，国际经济运行和创新活动主要受三重距离成本的约束：第一重是货物移动的成本，包括运输成本、贸易壁垒和交易费用在内的广义贸易成本；第二重是通信成本，也称思想移动的成本；第三重是人员流动的成本，也称面对面的成本（Face to Face Cost）。客观地看，此次新冠肺炎疫情不同程度地扭转了"疫前"这三重成本的下降趋势，推动了它们的骤然上升。

在此背景下提出的双循环国家战略，在很大程度上对应了新冠肺炎疫情冲击引出的上述时间序列。

双循环战略的内涵可归结为两个关键词。一个是"国内大循环为主体、国内国际双循环相互促进。"2020年5月14日中央政治局常委会会议上提出，"充分发挥我国超大规模市场优势和内需潜力，构建国内国际双循环相互促进的新发展格局"；另一个是安全意识，就是强调国家经济安全，首先是产业链安全。2020年7月30日中央政治局会议，在原有四个更（更高质量、更有效率、更加公平、更可持续）之上加了更为安全。

从区域层面来看，"疫前""疫后"战略的对接，大体上可以这样去理解和推进：在实施"疫前"国家级区域发展战略的进程中，以双循环互促引领，提升区域经济发展层次和创新能力而达到高质量发展目标。

国家级战略与双循环：两大三角洲地区的着力点

无论就经济总量和社会经济发展层次来看，还是就对外开放度来考量，在前述国家级区域发展战略拟议的五大城市群中，长三角和粤港澳大湾区都占有极其突出的地位。论经济总量，这两大城市群各自涵盖的区域经济规模和发展层次，比其他三大城市群涵盖的地区要高出一筹。统计数据显示，2019年，长三角经济总量占全国的比重为23.9%，名列五大城市群之首；粤港澳大湾区城市群名列第二，仅珠三角（不含香港和澳门）GDP就占到全国的10.9%，若算上香港和澳门两个特别行政区，则占比在13%以上。

而就对外开放度来看，两大三角洲地区不仅遥遥领先于其他三大城市群所含地区，而且占了全国的大头。统计数据显示，2019年两大三角洲加总的外贸总额占全国的比重高达59%，加总的出口额占全国的比重，更是高达64%（见图3-2）。

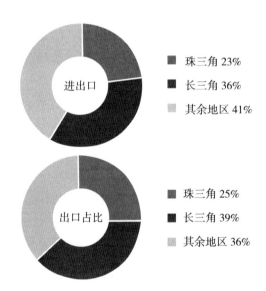

图3-2 两大三角洲外贸占全国比重（2019年）

数据来源：国家统计局。

有鉴于此，很大程度上可以认为，在实施国家级区域战略的进程中，两大三角洲地区占有领头雁地位，而在构建双循环新发展格局方面，两大三角洲地区的战略举措，关乎全国构建双循环格局的进程和重心。

审视我国改革开放以来经济发展与对外开放走过的路径，两点是不难看到的。

其一，我国经济的双循环并不是从现在才开始的，而是随着改革开放的启动而开始的。从那以来大约每10年迈上一个台阶：第一个10年也就是20世纪80年代的起步，第二个10年即20世纪90年代的形成大势，第三个10年是加入WTO之后10年获得突破，第四个10年也就是后金融危机以来进入调整。

其二，在过往40多年的双循环演进过程中，两大三角洲地区的区域经济开放，走了两条不同的路径。第一个10年，珠三角因得益于20世纪80年代初期就已获得的对外开放特别权限、优惠政策和毗邻港澳之区位优势等诸多有利条件，对外开放（国际化）捷足先登，先于长三角而构建了一种外向型经济格局。同一时期，因受早期"三来一补"贸易方式和外资企业产品进入国内市场的严格限制，内向开放不足，区际化滞后。由此形成了以外循环为主的区域经济运行格局。相比较来看，长三角两省一市（江浙沪）将区域开放重心置于区际化一边，江浙两地尤其是浙江民间营销大军涌向内陆，很快编织了一个覆盖全国的市场网络，借助这个网络冲破了内陆的省域市场壁垒，进而形成了以国内市场为主、国际市场为辅的另一种形势的双循环格局。第二个10年，主要是1992年之后到加入WTO前夕，以浦东开发开放为契机，长三角经济的国际化骤然加速，长三角区域经济大体上形成了内循环为主、内外互促的格局。第三个10年，以加入WTO为契机，到2008年国际金融危机爆发，是双循环突起而外循环为主的阶段。随着加入WTO，不仅两大三角洲地区，而且所有沿海地区的对外开放程度都得到进一步加深。"二重开放"（区际化与国际化）重心外移。由此，到2008年国际金融危机爆发前夕，我国经济运行的市场格局，总体上带有外循环超过内循环的特征。

上述演进轨迹，可从两大三角洲地区的主要省域（江浙粤）对外贸易依存度变化的时间序列清楚地看到。统计数据显示，1995 年以前广东外贸捷足先登，外贸依存度一度高达 184.5%，江浙两省均在 20% 左右。后者外贸依存度的提升和加速提升，发生在 1992 年和 2001 年之后。但在 2008 年金融危机之后，三省外贸依存度同时逆转，进入下降通道。到 2019 年，广东的外贸依存度比其最高时（184.5%）下降了将近三分之二，江浙两省分别下降了 58% 和 31% 左右（见图 3-3）。

外贸依存度下降而经济总量扩张，无疑意味着两大三角洲地区经济对国内市场依存度的提高，双循环的重心趋于内移。即便如此，仍不能将其视为双循环新发展格局的突破。

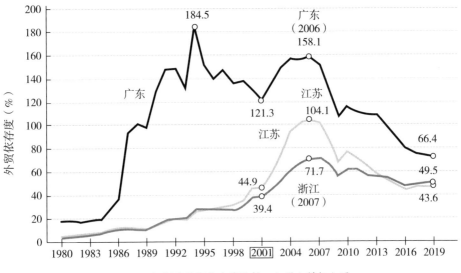

图3-3　江浙粤外贸依存度比较：入世之前与之后

数据来源：国家统计局。

双循环格局战略的一个重要内涵是内外循环互促。非常清楚的是，要达到这一点，关键的一环是消除内外市场壁垒。而后者，无疑是中央率先在长三角自贸区试点，继而把这种试点扩大到珠三角地区的初衷所在。

从历史与现实对接的视野来看，两大三角洲地区构建双循环的着力点，不在于国内外市场哪个更重要，而在于打通两个市场之间的壁垒，实现资源公平且高效率的流动与互换。

这个着力点，实际上为两大三角洲地区将国家级区域战略与双循环战略对接，辟出了巨大的发挥空间。其中就长三角地区看，战略对接的关键，是双循环互促与区域一体化。双循环的着力点是打通内外市场，而长三角一体化发展战略的内涵可以用"一体化"和"自贸区"概括。"一体化"原本是国际经济学的概念，指国与国之间通过政府协议打破市场边界壁垒，实现经济整合。用在我国内部地区之间，指通过所涵盖区域地方政府的协同努力，消除省、市边界壁垒。由此不难看出双循环新发展格局和国家级长三角一体化发展战略的交集，就在于打通内外市场壁垒。

相比长三角，珠三角推进的国家级区域战略的内涵和所要面对的问题更复杂。前已论及，大湾区战略的关键词是"构建世界第四大湾区"和"'一带一路'支撑区"。所谓第四大湾区，就是以纽约、旧金山或东京为参照，构建一个世界级的城市群。无论比照已崛起的三大城市群，还是和长三角三省一市相比，粤港澳大湾区都是最独特的一个存在。因此，对粤港澳地区来讲，要将国家双循环战略与国家级区域战略很好地对接起来，重要着力点在区域战略涵盖的单独关税区商品市场与要素市场的整合。客观地看，消除区域战略涵盖的广东省九个城市与港澳两个特别行政区之间的贸易与要素流动壁垒，本身就属于打通内外市场的重要着力点，因此也属于贯彻双循环战略所强调的内外互促要义。

值得留意的是，2020 年岁末签署的 RCEP（Regional Comprehensive Economic Partnership，《区域全面经济伙伴关系协定》），在一定程度上标志着我国朝着"三零"（零关税、零壁垒、零补贴）贸易体制和政策迈出了关键一步。对两大三角洲地区而言，若能不失时机地利用这个协定创造的条件，把国家层面兑现 RCEP 承诺与本区域自贸区试点政策结合起来，强力推动内部地区间和外部与国际市场壁垒的降低与消除，就有望率先构建双循环新发展格局。

从战略升级的角度理解"需求侧管理"

> 扩大内需,已经从宏观调控语境走向中长期发展战略。

中国社会科学院世界经济与政治研究所研究员

徐奇渊

巨大的国内市场以及在此基础上对全球要素资源的强大吸引力,是我国在全球竞争中的重要优势。如何巩固增强、充分发挥这方面的优势,进而和供给侧结构性改革有机结合?2021年3月两会审议通过的《中华人民共和国国民经济和社会发展第十四个五年规划和2035年远景目标纲要》(以下简称《纲要》)提出了"扩大内需战略",并且指出"把实施扩大内需战略同深化供给侧结构性改革有机结合起来,以创新驱动、高质量供给引领和创造新需求"。两会期间发布的政府工作报告也指出,2021年的重点工作之一就是"坚持扩大内需战略"。

与宏观调控语境下的"扩大内需"不同,"扩大内需战略"的着眼点更高、贯穿的时间线更长。可以说,"扩大内需"已经从中短期的宏观调控概念扩展到了中长期的发展战略,这一战略对于实现双循环新发展格局也具有重要意义。

"扩大内需"从宏观调控升级为发展战略

1997年东南亚金融危机期间和2007年美国次贷危机期间,我国都曾经提出过"扩大内需"的宏观调控政策。不过这些"扩大内需"的政策都属于总需求管理范畴，并且以财政政策、货币政策为抓手。但是长期以来，我国的消费需求实际上在更大程度上受到了约束、被抑制了。这些抑制因素有：供需不匹配、分配不平衡、流通有阻滞，甚至消费本身还面临一些限制。

当前提出的"扩大内需"则跳出了宏观调控的视角，这和外部环境的变化、国内结构性问题密切相关。近几年来，经济全球化遭遇逆流，本轮新冠肺炎疫情也可能加剧逆全球化趋势，各国内顾化倾向明显上升，我国发展面临的外部环境可能出现重大变化。在此背景下，2020年4月习近平总书记在中央财经委员会第七次会议上的讲话提出了推动"构建以国内大循环为主体、国内国际双循环相互促进的新发展格局"。

《纲要》提到了"实施扩大内需战略""培育完整内需体系""加强需求侧管理"，以及"贯通生产、分配、流通、消费各环节，形成需求牵引供给、供给创造需求的更高水平动态平衡，促进国民经济良性循环"。其中，生产环节的创新驱动、高质量供给与供给侧结构性改革密切相关。而消费需求是扩大内需战略的最终着力点，分配问题又是扩大内需战略的重中之重。需求侧改革正是跳出了总需求调控的框架，要解决一系列制约消费需求的深层次结构性因素。

改善分配是扩大内需战略的关键

在过去的国民经济循环中，分配问题比较突出，甚至在供求两者之间的转化过程中起到了阻滞作用。《2020年国民经济和社会发展统计公报》显示，全年GDP增速为2.3%，我国成为全球唯一获得正增长的主要经济体。但是从总需求结构来观察，最终消费支出拉动GDP下降了0.5个百分点，最终消费需求的负增长是多年来所罕见的。最终消费需求负增长，与短期的、临时性的冲击有关，具体而言，有新冠肺炎疫情冲击带来的收入增速放缓、消费者对未来的不确定性预期上升等因素。

但是也要注意到，在新冠肺炎疫情之前，最终消费支出在GDP中的拉动作用已经呈现出一定的下行态势。其中，2015年最终消费支出对国内生产总值增长的贡献率为 66.4%，之后这一力量在波动中逐渐减弱，到 2019 年新冠肺炎疫情之前已经降至 57.8%。在同一时期也可以看到，全国居民收入的基尼系数在 2015 年降至局部低点之后，在近年来又有温和上升。

我们可以通过观察城镇居民收入的中位数、平均值两个增速，来了解收入差距的变化。其中，中位数是指数值大小处于中间位置的数字，在收入差距大的时候，会出现平均值大于中位数的情况——这正是很多人所感叹的"又被平均了"。作为中间数值，中位数更能反映一种中间状态。因此，如果中位数增速高于平均值增速，则说明收入差距在缩小，反之则说明收入差距将扩大。

观察中位数和平均数两个口径的城镇居民人均收入增速，我们看到，在 2016 年之前，中位数增速大于平均值增速，收入差距在持续缩小。而在 2016 年到 2019 年期间，中位数和平均值增速开始趋同，甚至出现了逆转。在 2020 年新冠肺炎疫情期间，中位数增速呈现出小于平均值增速的情况。这说明，疫情期间收入差距问题更加突出了，不过即使在疫情之前的几年中，收入差距的挑战也已经有所上升。因此，2020 年的最终消费下降，除了新冠肺炎疫情冲击带来的收入增速放缓和不确定性预期上升，也有收入差距问题在趋势上反映出来的问题。

如何缩小收入差距、改善分配格局？

过往的国民经济循环中，分配环节的问题比较突出，收入分配和财富差距的扩大，甚至在供求转化的过程中起到了阻滞作用。要实现扩大内需战略，就需要缩小收入差距、改善分配格局，对三次分配的体制、机制问题进行梳理。《纲要》给出了"十四五"期间在这方面的工作思路：在初次分配环节，同时关注效率与公平，而在再分配、三次分配环节则更加重视社会公平。

《纲要》指出，在初次分配方面，坚持按劳分配为主体、多种分配方式并存，提高劳动报酬在初次分配中的比重。健全工资决定合理增长和支付保障机制。持续提高低收入群体收入，扩大中等收入群体。完善按要素分配政策制度，健全各类生产要素由市场决定报酬的机制，探索通过土地、资本等要素使用权、收益权增加中低收入群体要素收入。多渠道增加城乡居民财产性收入。实施扩大中等收入群体行动计划，以高校和职业院校毕业生、技能型劳动者、农民工等为重点，不断提高中等收入群体比重。

再分配和第三次分配方面，《纲要》也提出，完善再分配机制，加大税收、社会保障、转移支付等调节力度和精准性，发挥慈善等第三次分配作用，改善收入和财富分配格局。一直以来，住房问题既关系到民生和社会保障，又关系到财富分化和经济的长远发展。《纲要》强调，在"十四五"期间仍要坚持房住不炒，在完善住房市场体系、住房保障体系两个方面分别发挥政府和市场的作用。尤其是提出了"建立完善个人收入和财产信息系统""推进房地产税立法""发挥住房税收的调节作用"。"十四五"期间，我国还推进完善房屋租赁市场、增加保障性住房供给、发展共有产权住房、改革完善住房公积金等措施，以缓解住房问题。

扩大内需战略为宏观调控权衡提供了新的空间

扩大内需战略以及相关的需求侧改革措施，与总需求视角的宏观调控并不矛盾，两者关系可以是一致的。2021年国务院《政府工作报告》也涉及"扩大内需战略"的具体措施，不但提到了需求侧改革措施，而且提到了总需求调控的内容。例如，在扩大有效投资方面，"今年拟安排地方政府专项债券3.65万亿元，优化债券资金使用，优先支持在建工程，合理扩大使用范围。中央预算内投资安排6100亿元。继续支持促进区域协调发展的重大工程"。事实上，扩大内需战略既包括了需求侧改革，也包括了传统的总需求调控。这两者都是从需求角度出发，前者侧重于中长期的视角，后者侧重于短期视角。

同时，扩大内需战略为宏观调控政策的权衡提供了新的空间。关于CPI（Consumer Price Index，消费者物价指数）是否要纳入资产价格因素的讨论，以及关于货币政策是否要考虑房价的讨论，都反映了我国经济金融形势面临复杂的挑战。一方面，宏观经济面临有效需求不足，制造业投资和居民消费增长乏力，新冠肺炎疫情冲击之下这一问题更加凸显；另一方面，资产价格相对上升较快，尤其是房价对消费、投资行为都产生了一定影响。

在这种复杂、困难的权衡中，供给侧结构性改革十分必要，但仍无法解决全部问题。而以总需求为调控对象的宏观经济政策也在有效需求不足、资产价格较高之间面临两难选择。在这样的两难选择之下，扩大内需战略和需求侧改革可以发挥重要作用，为宏观调控提供更大的政策空间。当然，实施扩大内需战略并非易事。尽管如此，扩大内需战略的提出以及这方面的努力，仍将有可能为宏观调控的艰难平衡提供新的政策空间。

双循环格局下的数字经济与数字监管

> 谋求对等的数字化生产关系。

工银国际首席经济学家、董事总经理

程 实

2021年3月12日,《中华人民共和国国民经济和社会发展第十四个五年规划和2035年远景目标纲要》发布,其中将"加快数字化发展,建设数字中国"单列一章,凸显出数字经济对实现双循环战略的重要作用。伴随流量红利的展开期尾部特征逐步显现,双循环格局下的数字经济将更注重生产者与消费者的均衡普惠,发挥万物互联的潜能,创建企业间的互信环境,从而赋能实体经济"量价齐升"。而从监管角度,如何妥善处理好新型的数字化生产关系,将是发挥数字经济生产力乘数效应的关键。数字监管从平台反垄断、隐私保护和数据税等方面入手,表面为约束,实际是鞭策,意在谋求数字经济时代的机会均等、规则均等与权利均等,以此释放出数字生产的巨大潜力。

双循环格局下的数字经济

《中共中央关于制定国民经济和社会发展第十四个五年规划和二〇三五年远景目标的建议》提出,要"加快构建以国内大循环为主体、国内国际双循环相互促进的新发展格局"。现阶段,我国实体经济产业链较为完备,并在全球已逐步确立"供给-需求"双中心的重要枢纽地位。但从细分领域看,粗放型增长的产业仍占据主导地位。双循环发展战略的确立指明了我国经济发展的新路径,即产业链需要实现从"高完备度"到"强竞争力"的转换,数字化改造实体经济相关产业成为必由之路。因此,从释放数字内需、产业数字升级等角度综合预判,双循环格局下的数字经济与此前将有三处明显不同。

第一,对称性普惠,从消费者到生产者。中国数字经济的上个10年是消费互联网的黄金时代,变革主要发生在产品市场(即居民部门向企业部门购买商品的过程基本实现数字化)。平台经济是消费互联网的代表形式,其初衷是将互联网服务近乎无差别地传递至每一个人,实现某种程度的机会均等化。但如果从经济学模型分析,我们就会发现平台经济实质上是一种非对称的普惠。原因在于:其一,虽然生产者与消费者的整体福利在平台经济高效匹配的作用下获得长足提升,但是原有生产者却因为生产门槛的降低而受到利益侵害。其二,人工智能与大数据等新技术持续提升劳动生产率,加大不同经济部门之间的贫富差距。其三,具备流量先发优势的大型平台挤压了中小企业的发展空间,发展后期或出现为了追逐利润而损害实体经济发展的情形。

当前,平台经济基本渗透,对经济的整体收益日渐式微,发展路径或将囿于存量博弈,亟需数字经济新模式促进实体经济释放新潜能,从而保证国内大循环的通畅性与高质量发展的要求。因此,数字经济的下半场将从产品市场转移至要素市场(即企业部门在生产商品的过程中运用数据),原有生产者有望通过打开实体商品的数字空间重获市场机会,而企业发展路径也将更多元化。智慧汽车、智慧家居、可穿戴设备等数字化商品,融合了数据与传统商品的多重特征,也将传统商品赋予了新的数字内涵。比如,服装不只是装扮或保暖的工具,而是承载了健康监测等新职能。

第二,新六度空间,从连接人到连接资源。六度空间理论指出,人与任何一个陌生人之间所间隔的人不会超过6个。在消费互联网时代,互联网企业是这一理论的突出践行者,激发出社交网络的巨大价值。互联网打造的社区生态之下,人类从未如此紧密地联系在一起,碰撞出思维的火花,以共享共建的理念最大化激发人的价值。值得注意的是,双循环格局下的数字经济将不再局限于人的六度空间，而倾向于释放全部资源整合的潜力。由此可见，产业互联网时代的一大革命性变化是，传统企业上下游的纵向联系将拓展为网状拓扑结构。其中，联盟链就是新六度空间的一项成功试验，原本并无明显交集的企业共处于一个技术支持的互信环境下，实现数据使用的整个过程透明可监督，进行更深层次的多维业务探索。例如，二手车交易一直以来存在"柠檬市场"的问题，即购买者期望与实际车价难以匹配，导致二手车市场交易空间受限。而矩阵元 PlatONE 与奔驰星睿二手车、戴姆勒 Mobility Block Chain Factory、摩联科技联合发布的 MoveX 车辆资产数字化管理解决方案，激励客户对汽车整个生命周期中各种低高频业务的数据主动进行上链、存证，以此确保车况的准确性和可靠性，借以提升汽车的残值。由此可见，不同领域的企业通过多向联合，将拓宽产品市场的界限，从而挖掘市场增量空间。

第三，合作型共识，从流量到诚信。原有六度空间以连接人为主，因而流量被视为核心，平台经济的发展模式相对固定，即垄断流量形成排他性的社区生态，挤出其他企业的竞争机会。而当六度网络从人的层面拓展到商品、企业乃至更多资源，流量的不可替代性将会大幅降低，如何连接更多资源、创造合作共赢价值的共识成为关键。因此，不同于此前平台经济跑马圈地的"烧钱"模式，产业互联网拉开了从竞争博弈走向合作信任的序幕，以互信互惠探寻增量业务价值。事实上，在我们所处的消费互联网后半段，信任的价值已经开始凸显。建立在"老铁"之上的信任关系，是直播带货模式兴起的源头。然而，没有机制约束的信任是脆弱的，无论假货事件出现与否，直播带货客单价的上限都将受到约束。在产业互联网中，企业之间的交易量级将远超消费领域，因此建立一个真正可信的共识环境至关重要。目前来看，区块链技术能够保证每笔交易无法篡改，全程可追溯，将成为双循环格局下释放数字潜能的关键性基础设施。如果说消费互联网时代致力于通过快速传递消除信息不对称，那么产业互联网时代则是通过追根溯源确保信息真实性。倘若每个参与者能在自动化技术支持的共识机制下建立起信任关系，社会整体效率将大幅提高，数字经济赋能实体经济的"量价齐升"时代也将到来。

对数字经济时代监管的猜想与倡议

生产力决定生产关系,而生产关系反作用于生产力。双循环战略对生产力提出了更高要求,因而我们必须妥善处理好数字化生产关系,从而激发数字经济生产力乘数效应的有效发挥。不难发现,双循环战略所指向的上述变化有一个共通之处,即都在强调一种对等的数字化生产关系,包括机会均等、规则均等和权利均等,并以此为基础释放数字生产的巨大潜力。因此,除了实体经济部门自身积极推动数字化转型,更需要政策对整个产业秩序重塑发挥引导作用,以下为我们对数字经济时代监管的猜想与倡议。

第一,谋求机会对等,强化平台反垄断。2020年是数字经济的一个关键转折点,新冠肺炎疫情推动了其加速进化与重心下沉,但与此同时互联网企业的"原罪"开始显现,在互联网算法加持下圈层的割裂空前加强,掌握大量数据的互联网企业似乎拥有了降维打击其他任何领域的"权力"。我国正在步入后流量红利时代,部分平台企业在跑马圈地阶段后,出现了利用自己的数据与流量优势追求利润最大化的情形,这可能致使实体经济让位于数字经济的发展,并挤压中小企业创新开拓的空间。数据的网络垄断性使平台经济将要成为一种存量博弈的巨鳄经济,既不符合双循环的战略要求,也不利于企业自身的长期发展。为了打造更高质量的双循环,必然需要正确引导互联网企业利用市场既有地位约束不当行为。2021年2月7日,《国务院反垄断委员会关于平台经济领域的反垄断指南(以下简称《指南》)》发布,引发市场的激烈讨论。我们认为,《指南》的出台并非为了打击平台经济的头部企业,而是因时制宜做出的改变,即谋求数字经济企业的起点公平与机会均等。营造一个公平、开放的企业竞争环境,方能激发实体经济与数字经济互惠共存。

第二,谋求权利对等,完善隐私保护条例。产业数字化不同于信息化,不仅局限于通过产业流程电子化以提升效率,更重要的是运用数据中隐含的丰富信息,以产业上下游数字联动赋能产业升级。由此,互联网企业记录大量的用户行为轨迹,借助大数据分析创造附加价值,但部分互联网企业处理数据的过程有欠妥当，除了违规使用或出售用户数据，还剥夺用户隐私保护权，迫使用户在使用相关软件时必须先接受其制定的"霸王条款"。我们认为，用户理应具备掌握对其数据完整使用的权利，使用但不滥用数据不能只依赖于企业自身道德约束，反而更需要法律的界定与保护。2017年中国开始实行《中华人民共和国网络安全法》，已经对个人信息泄露进行了明确的定义与处罚，法律主要针对网络诈骗等行为，但个人隐私保护不局限于可能造成的财产损失，也包含信息本身使用路径的合理合法性。2018年实施的欧盟《通用数据保护条例》更明确地规定了，欧洲的互联网用户对他们自身数据的使用有更多的控制权。比如条例规定，作为数据主体的个人有权要求清除个人数据，或者更正不准确的个人数据。

第三，谋求规则对等，积极参与数字税国际规则制定。数据成为新型的生产要素，即创造价值的来源，其中数据运用者与提供者均为价值创造做出贡献，但数据提供者却往往难以直接分享收益。诚然，区块链、加密货币等底层技术对数据权属的确认提供了一种技术自治的解决方案，比如在以太坊生态中，通过智能合约的运用，保证数据提供者能够在未来创造收益时直接获得以太坊分成，实现价值回流。但加密货币币值波动剧烈，普适性、合法性和市场教育程度都相对较低，上述方案无法成为主流。相较之下，数字税是在现有社会体系下更容易被接受的方法。习近平总书记在《国家中长期经济社会发展战略若干重大问题》中提出"积极参与数字货币、数字税等国际规则制定，塑造新的竞争优势"，充分体现出我国对数字税研究的高度重视。事实上，由政府部门向免费征用户数据的平台征收数字税，同样符合价值创造来源与去向相匹配根本原则，且操作性更强。此外，数字税的合理制定也能够弥补数字经济时代税基侵蚀的缺陷，有助于纠正跨国互联网企业利用数字化资产内部转移避税的问题。虽然数字经济释放的红利已经成为当前各国兵家必争之地，但未来的数字经济必将走向开放、融合与发展，而非禁锢、侵略与倒退。在国际竞争合作中，即使不同国家数字经济的发展存在先后和强弱，也要优先尊重他国公民的数据主权与税收主权。因此，我国积极参与数字税国际规则的制定，也是谋求数字经济时代国际竞争的平等，为我国数字服务红利的向外辐射营造良好的国际环境。

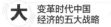

实体经济内循环赋能资本市场外循环

> 从"主要为世界生产"到"主要为自己生产",背后是高质量转型发展。

广发证券全球首席经济学家

沈明高

构建双循环新格局,是我国经济从高速增长向高质量发展转型的必然选择。其一,无论是外循环还是内循环,单一循环都不足以推动我国经济的可持续增长,外循环增量不足需要靠内循环递补,而且内循环强,外循环才稳。其二,向投资要效率,向消费要增量,形成以消费增量为核心的自驱型增长模式。其三,实体经济内循环,可以赋能资本市场外循环,开启我国资本市场发展2.0版。

到目前为止,除小国和部分区域经济外,没有一个国家或经济体的现代化建设是建立在单循环基础之上的。20世纪,在美国成功赶超英国之后,德国、日本和苏联三大经济体试图赶超美国,但最终都没有成功。尽管其各有特殊时空背景等原因,但这三个经济体面临的一个共同挑战是,难以用自身的单循环经济赶超美国的双循环经济。

捕捉全球增量

自改革开放以来,我国面临的外部环境发生了根本变化。根据全球经济增长增量的区域性变化,可以粗略划分为三个阶段。

第一个阶段：发达国家消费，新兴市场生产（投资）

改革开放初期，我国政府提出参与国际经济大循环的目标，主线是对外开放，基本要点可以概括为"发达国家消费，新兴市场生产"。

从全球经济增长的逻辑来看，G20经济体中，发达国家的消费决定了新兴市场经济的投资需求：一方面，发达国家的消费增速决定了其进口增速（见图3-4）；另一方面，新兴市场国家的出口增速决定了其投资增速（见图3-5）。由此推理，发达国家的消费增速决定了新兴市场国家的投资增速，除亚洲金融危机时期外，两者高度正相关。如果我们将投资近似地视为产能投资的话，在过去相当长时间内，全球已形成了"发达国家消费，新兴市场生产"的全球产业分工模式。1978年，我国GDP仅为G20的2.7%，以廉价劳动力为基本特征的中国经济，与以美国为代表的发达国家经济具有高度的互补性。作为新兴市场的一个部分，我国参与外循环将全球化推上新台阶。

第二个阶段：美国消费，中国生产

随着时间的推移，部分发达经济体失去了可持续增长的能力（见图3-6）。从季度名义GDP总量看，日本从1995年开始就进入平台期，2012年虽有一个小高潮，名义GDP水平有所上升，但也是昙花一现，2019年按汇率计算的季度平均GDP只有1995年的91.4%。欧盟（含英国）名义GDP的平台期始于2008年，2019年季度平均GDP水平只有2007年的89.1%。

日本与欧洲经济失去了复苏能力，中国经济占新兴市场的比重不断上升，全球经济格局演变为"美国消费，中国生产"。21世纪以来，新兴市场经济对G20增长的贡献快速上升，但投资贡献远快于消费贡献。在20世纪90年代，新兴市场投资与消费占G20的比重基本相当，略低于15%。2000年以后，投资占比增长近了两倍，接近45%，消费占比则增加了不到一倍，我国是造成这一差异化发展的主要来源。从2000年到2020年，我国投资占G20投资的比重从5.7%提升到32%，同期占G20新兴市场的比重从39%增加到73.7%。

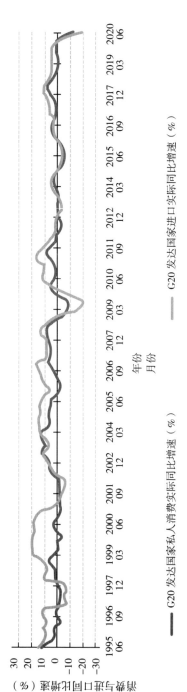

图3-4 G20发达国家：消费与进口同比增速

数据来源：CEIC，广发证券。

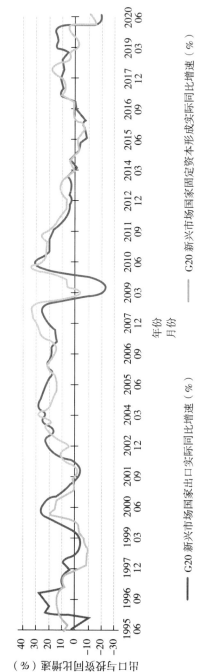

图3-5 G20新兴市场：出口与投资同比增速

数据来源：CEIC，广发证券。

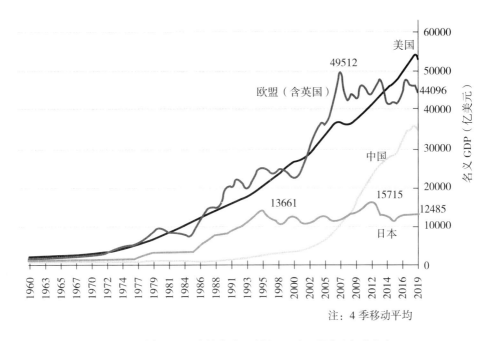

图3-6 从名义GDP走势来看,欧洲、日本已经失去复苏能力

数据来源:CEIC,广发证券。

第三个阶段:中国消费,中国生产

未来美国经济能否"内卷化",即日本化或欧洲化?第二次世界大战以来的经验证明,美国经济和市场具有很强的修复能力,如没有明显的例外,新冠肺炎疫情之后,仍然可以为复苏铺平道路。只是在社会分化、刺激政策接近极限的大背景下,美国经济复苏的力度不如从前。换句话说,仅靠美国的消费增量,已不能支持我国经济的高速增长,我国经济已经开始从过去的生产约束向未来的消费约束转变。

与此同时,在全球总需求(投资与消费)增量不足的大背景下,我国的消费增量将成为全球增长不可或缺的一部分。我国消费增量与发达国家的消费增量一起,成为推动全球经济增长的混合动力。仅仅依靠发达国家的消费增量,或仅仅依靠我国的消费增量,都不足以带动全球经济回到正常增长的轨道。

由此,我们可以勾画出我国双循环新格局的两大基本特点。第一,未来我国经济增长从主要依赖外循环,转向内外双循环并重。需要说明的是,到目前为止，还没有一个现代化经济体，是只靠外循环或只靠内循环建成的。第二，在内循环中，经济增量主要来自消费，资源配置要从注重投资转向投资与消费并重，再转向注重消费，投资与生产将更加注重效率的提升。归根结底，双循环经济就是"向投资和生产要效率，向消费要增量"，从而构成"中国消费，中国生产"的内循环，与"美国消费，中国生产"的外循环并举，为我国现代化建设提供双驱动力。

未来 15 年是畅通和形成我国双循环经济的关键时期。从长期的视角看，人口老龄化是日本和欧洲失去复苏能力的主要原因之一。目前，我国 65 岁以上人口占比低于日本、欧洲和美国，然而，预计到 2035 年前后，这一比值将会超过美国，人口老龄化对我国经济增长的负面影响将会显现出来。构建双循环经济，就是要利用这 15 年时间，将我国从消费小国打造成为全球消费大国。

提升增长自主性

畅通内循环经济的主要推动力来自市场制度效率和规模优势。在市场制度效率方面，我国政府已明确指出，要在"十四五"期间，建成"高标准市场体系"，实现要素市场化（土地要素货币化、财政性收入货币化、打破刚性兑付），建立公平竞争制度。在充分发挥规模优势方面，要打破地域限制，打破垄断，推动科技产业创新等。

构建双循环经济，将再造我国的增长模式，实现以消费增量为核心的自驱型增长，提升我国实体经济增长的自主性。自驱型增长主要体现在以下三个方面。第一，带动我国消费及消费品牌的崛起，未来 10 年，中国的消费品牌就是国际消费品牌。第二，带动我国从净出口国转为净进口国，提升我国经济的话语权。第三，带动我国制造业升级与进口替代。

消费及消费品牌的崛起

不管从哪个角度来衡量，我国都具备全球最大的消费增量潜力。第一，我们不仅要看到与发达国家在科技方面的差距，还要看到在消费实力方面的差距。在鼎盛时期的 1995 年，日本人口占 G20 的比重约为 3.2%，但消费占比却高达 17.8%，消费占比是人口占比的 5.6 倍。2020 年，我国人口约占 G20 的 29.4%，而消费占比仅为 12.4%，消费占比只有人口占比的 0.4 倍。第二，规模优势是我国成功构建双循环经济的独特优势。以消费电子市场为例，2019 年，我国消费电子市场规模达 2493 亿美元，占前 9 大国家市场总和的近 40%，其规模几乎是美国市场的 2 倍，与其他 7 个国家的市场规模之和相当。

消费崛起，主要表现为消费品牌的崛起。过去 30 年左右的时间里，按市值计算的全球前十大消费品牌主要来自美国，少数来自日本，三星电子是唯一来自非主要经济体的消费品牌。过去 10 年，中国消费品牌渐渐崛起，阿里巴巴和贵州茅台已跻身前 10。如果内循环战略能够成功带动消费增量，未来会有更多的中国消费品牌占据前 10、前 50 全球消费品牌榜。

从净出口国转为净进口国

消费增量主导的内循环经济，最终会使我国从净出口国转为净进口国。国际经验表明，随着人均 GDP 水平的提升，一个国家的外贸顺差占 GDP 比重通常会下降。从 20 世纪 70 年代开始，美国消费占比上升了将近 10 个百分点，使美国逐渐成为世界最大的贸易逆差国，在这一过程中，其贸易顺差与消费占比高度负相关（图 3-7）。此外，日本、韩国、德国等国家也有相似的负相关关系。

图 3-7　美国外贸顺差与最终消费占 GDP 的比重（%）

数据来源：CEIC，广发证券。

成为净进口国,是我国双循环经济成形的重要标志之一。从反面的例子来看,日本和韩国作为亚洲两个重要的经济体,仍然维持外贸顺差的地位,相应地,其内循环一直没有有效形成。在20世纪80年代初,当日本人均GDP超过1万美元之后,日本出口占GDP的比重从高位的14.8%降至90年代最低时的9%,但同期居民消费占GDP的比重也同步下滑;进入21世纪后,日本出口占比创出新高,但居民消费占比在短暂上升后再次回落,日本经济的外循环特征仍然非常明显。

从净出口国转为净进口国,将会强化我国经济增长的独立性和自主性。从G20成员在历次"衰退—复苏"期间的增长表现来看,净进口国的增速波动远小于净出口国,且复苏的时点通常会更早(图3-8)。

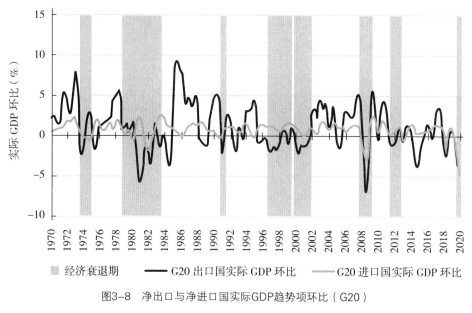

图3-8 净出口与净进口国实际GDP趋势项环比(G20)

注:出口国指阿根廷、巴西、加拿大、中国、印尼、日本、韩国、沙特、南非、俄罗斯和欧盟(含英国),进口国为剩余其他G20成员国(不含德国、法国、意大利)。
数据来源:CEIC,广发证券。

推动制造业升级与进口替代

成为净进口国,是国力增强的结果。在成为净进口国的过程中,也会带动外贸结构的不断升级迭代。外贸升级的变化，主要表现为出口升级和进口替代两个方面，前者意味着出口更多高附加值的产品，而后者则意味着减少高科技、高附加值产品的进口。

根据日韩经验，从制造业进口替代的角度看，我国在电子机械设备和能源化工产品等行业具有明显的优势。在过去近20年的时间里，我国进口替代发生在很多行业中，但电子及通讯设备、交通运输设备和食品饮料烟草等行业的进口占比仍在增加，而随着我国消费需求驱动的制造业创新、转型与升级，这些行业很有可能是下一阶段进口替代的主要方向（图3-9）。

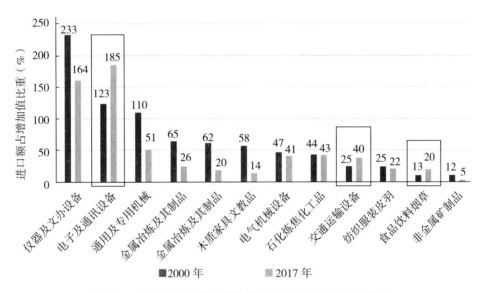

图3-9　中国各制造业进口额占增加值比重（2000与2017年）

数据来源：国家统计局，广发证券。

赋能资本市场外循环

畅通实体经济内循环，可以赋能资本市场外循环，推动我国资本市场进入双循环新格局。构建双循环新格局的过程，就是内循环持续产生增量，提升我国经济增长自主性的过程。这个过程将深刻影响下一步我国资本市场的发展。

实体经济内循环赋能资本市场外循环,开启我国资本市场发展2.0版。第一,与外向型经济靠量的扩张不同,内循环经济向投资要效率、向消费要增量(消费增量来自发展质量的改善),多层次资本市场则是必需的金融基础设施,其中最核心的是提高直接融资比重。第二,外循环以美元为中心,内循环以人民币为中心。以国内消费增量为核心的自驱型增长,带领人民币进入升值通道。第三,双循环提升增长自主性,提高人民币资产回报的独立性,因而提升人民币资产在全球组合中的配置价值。第四,资本跨境双向流动,是中资金融机构国际化的源动力。

提高直接融资比重

在经济发展早期,出口导向的经济体通常以间接融资为主。从G20国家的数据来看,出口占GDP比重越高,银行信贷占GDP的比重也就越高。据统计,我国企业融资中仍然有近60%来自银行贷款,20%左右来自非标融资,而以股票、债券、股权形式获取的直接融资量占比不足20%。这其中最主要的原因是,出口占比较大的行业通常是传统的成熟行业,银行间接融资有其优势。随着全球经济增量的转移,在满足财富管理的多样性需求和提升投资效率方面,风险偏好相对较高、对风险定价能力相对较强的直接融资渠道将占优势。

提高直接融资比例是我国政府多年的目标,在双循环经济的助推下,将会加速该目标的落地。现有的实证经验也支持这样的判断,即消费占比高的经济体直接融资的比重也高;同样地,一个经济体消费占比的提升也会提高其直接融资的占比(见图3-10)。在国内消费增量驱动的高质量发展中,直接融资在捕捉多样化发展机会方面,将会扮演更加重要的角色。

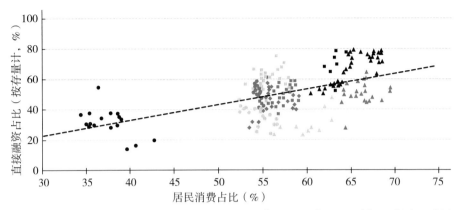

■ 阿根廷 ■ 澳大利亚 ■ 加拿大 ■ 中国 ■ 法国 ■ 德国 ◆ 日本 ▲ 土耳其 ▲ 英国 ▲ 美国

注：基于1977—2019年间各国公布的年度历史数据核算。

图3-10 消费占比与直接融资占比

数据来源：世界银行，国际清算银行，广发证券。

人民币国际化与人民币升值

人民币国际化已经提出多年，到目前为止，人民币国际化的程度与我国经济地位有很大的差距。人民币国际化程度低，是资本市场长期内循环的结果。首先，长期资本管制，核心是担心外汇流失影响国内投资和生产，但外汇流失，很大一部分原因是投资者需要分散投资风险，意味着优化资源配置，长期看有利于国内消费增长。其次，在我国过度依赖海外需求增量这一阶段，没有技术含量或资源壁垒的劳动力密集型产品不具备定价权。再次，在存在外贸顺差的条件下，全球外汇市场上人民币需求不足。最后，由于我国人民币增长自主性差，很多海外投资者通过投资与人民币相关性高的其他国家货币，来替代对人民币或人民币资产的直接投资需求。

一个大国的崛起，很难建立在别国消费的基础上。同样地，作为大国货币的人民币，其国际化也需要明确以下两个基本事实：一是人民币国际化不可能以外循环为基础；二是本币的国际化很难全面建立在对外贸易顺差的基础上。从G20的经验来看，无论是发达国家还是新兴市场经济，消费比重提升，都是本币相对于美元升值的主要原因之一（见图3-11）。

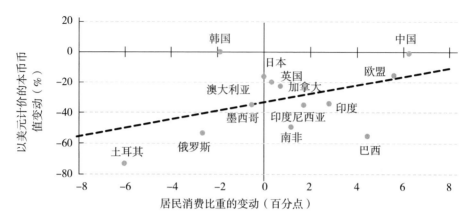

图3-11　G20本国消费占比与币值变动（2010—2019年）

数据来源：CEIC，广发证券。

人民币资产崛起

双循环经济成形，为人民币资产崛起奠定坚实基础。这主要表现在以下几个方面。第一，在巨大的消费潜力释放过程中，人民币资产回报的确定性较高；同时，经济增长的可持续性和自主性增强，也打开了人民币资产的估值空间。第二，我国消费增量的确立，在提升人民币自主性的同时，也会增强人民币资产回报的独立性，即人民币资产的收益率与美元资产等非人民币资产的收益率的相关性下降。人民币资产在全球投资组合中的配置价值升高，将会成为国际大类资产配置中一个不可或缺的重要板块。第三，自驱型增长提升我国宏观和货币政策的自主性，政策调整的空间更大。

在全球投资组合中，人民币资产占比在逐步上升，但与经济总量相比仍有很大的差距。未来，实体经济内循环使得国内财富管理需求增加，资本市场外循环吸收更多海外资金配置人民币资产，人民币资产进入黄金10年。

加快本土金融机构国际化

一般而言，本土金融机构国际化与本土经济全球化相辅相成，但是，没有强大的内循环经济，没有资本市场的双循环，本土金融机构国际化就没有根。唯有畅通双循环经济，才能推动我国金融机构国际化进入快车道。

首先，应发展人民币计价业务，包括人民币计价的贸易结算、贸易和产业链融资等。在全球主要贸易中，买方具有较大的定价话语权，因而用买方本币或买方通用的国际货币计价、结算的可能性最大。随着我国逐步成为贸易净进口国，人民币计价的业务渐成主流，成为中资金融机构的核心业务。

其次，应开发人民币资产为标的资产金融工具和金融产品，如风险对冲工具、结构化产品等。这些金融工具和产品，既满足实体经济的避险、对冲和盈利需要，也为金融机构带来新的收入。

最后，应加强资本跨境双向流动，带动金融机构流量业务快速发展。一方面，境外机构、企业和个人需要配置人民币资产，中资金融机构比外资金融机构更了解人民币资产的营利性、流动性和政策性条件等，具有本土定价优势。另一方面，中资金融机构跟随中资企业、机构和高净值客户"走出去"，可以利用自身的客户优势和人民币优势参与国际金融市场竞争。

第四篇

大城市群与新型城市化

城市群战略关键是要素的自由流通

> 如果各大城市群发展顺利，2030 年中国经济总量就会赶上美国。

香港中文大学原校长、深圳高等金融研究院理事长、
斯坦福大学李国鼎经济发展荣休讲席教授
刘遵义

实现第二个百年奋斗目标，保持中国经济的高速增长，我国面临着较大压力和挑战。按照传统经济学理论，经济增长依靠"三驾马车"：投资、出口和消费拉动。目前，受国外新冠肺炎疫情影响，短期内，出口会受到相当大的影响。另外"两驾马车"中，消费（包括政府与家庭）虽然已经占 GDP 的六成，但还是有增长的空间。在投资方面，短期内，民间投资增长并不会迅速回暖，主要还是要靠政府带动的基础建设投资，例如可再生能源设施与 5G 电信塔投资等。

在当前的经济环境下，很多人认为城市群和都市圈建设具有未来中国经济增长最大的发展潜能。那么，城市群会是中国经济发展的一剂良方吗？新的城市化战略会如何影响我们的生活？是走向一个更加统一的市场还是趋向于一个更加分化的格局？这会是当今新全球化时代一个更好的战略基点吗？

《北大金融评论》专访了香港中文大学原校长、深圳高等金融研究院理事长、斯坦福大学李国鼎经济发展荣休讲席教授刘遵义，他表示，都市圈与城市群的建设，会大大增加服务业的需求与供给、扩大市场规模、体现规模报酬，从而创造新的 GDP 与就业机会。

中国的城乡差距会消失

《北大金融评论》：您如何评价中国从"小城镇"模式到"大城市引领的都市圈城市群"模式的转变？改变过去"控制大城市人口、积极发展中小城市和小城镇、城乡区域均衡发展"的小城镇模式思路，确立城市群都市圈的城市规划和区域规划战略。

刘遵义："小城镇"模式是中国传统以农立国的模式。2019年农业生产总值只占GDP的7.1%，农民只占就业人数的25.1%，该模式已经不合时宜，改变战略是必然的，也是必需的。以前需要控制大城市人口，主要是因为粮食供应的问题，现在粮食已经不是主要问题了。所以要发展大城市引领的都市圈城市群，从而发挥规模报酬的效应。在大城市中，教育、医疗、卫生、交通、环保等公共服务，都更容易提供；第三产业也可以蓬勃发展，增加GDP与就业。这样一来，城乡的差距会逐渐减少甚至消失。

《北大金融评论》：在新的经济元素中，如在大数据、人工智能等技术驱动下，城市发展的"马太效应"被强化，区域极化现象更加明显，包括利润的极化，也包括线上化、等级化。您如何看待这种现象？

刘遵义：其实，水能载舟，亦能覆舟。是不是有"马太效应"，要看政策如何落实执行。环保办得好，不论贫富，蓝天、青山和绿水，都可以享受。在互联网上，一个大企业与一个小企业，原则上可以平起平坐，只要平台公平公正，不因为大企业肯多付费，就让它优先。所以到了今天，互联网平台，应作为公共事业来经营和监管，就像邮局一样，是国家提供的，可以不收费，或是象征性地收费，不需要靠卖广告赚钱来支撑后续发展。个人资料是个人的，大数据是公共的，不应由私人企业控制与谋利。当然，这会是一个非常大的转变。人工智能也能帮助低智商或残障人士工作。这次我国能够如此成功地抗击新冠肺炎疫情，人工智能的贡献很大。线上化如果能够做到"用户友善"，就不会产生"马太效应"。

反垄断非常重要。参考美国经验，假如当年没有反垄断法遏制IBM

（International Business Machines Corporation，国际商业机器公司），微软与苹果公司都没法成立；没有反垄断法遏制微软，Google 没法发展；没有反垄断法遏制 Google，可能也没有 Facebook 与 Twitter。

然而，有些公共基础设施，例如邮政、电网、油气管网、电信塔等，是有天然垄断性的，应当是独家经营，以非牟利为原则，由国家监督或直接管理。

《北大金融评论》：您之前提到，支持粤港澳大湾区用区块链便利资金流动，您如何看待人民银行数字货币的推行对粤港澳大湾区发展的影响？会对香港金融中心地位产生怎样的影响？美元最近非常疲软，您如何看待与美元挂钩的香港联系汇率制的前途？

刘遵义：人民银行数字货币在粤港澳大湾区推行，应当有助于资金在大湾区内自由流动。香港金融中心的地位，并非完全基于其没有资本管制，香港还有很多需要改进的地方。例如香港应当开拓一个活跃的、有流动性的、长短期兼备的主权债券市场，应当引进东亚地区的股票在香港证券交易所以香港存托凭证（Hong Kong Depositary Receipt）的形式上市，也应开始考虑证券市场可以利用双币——港币和人民币交易。

在历史上，美元也曾经历过多次疲软的时期，只要不是突然的大幅度（15%以上）贬值，香港就能够抵受。香港与美元联系汇率制度应当不会改变，除非美国加强对香港的制裁，不让香港金融机构经营美元业务，或不让香港金融机构使用 SWIFT（Society for Worldwide Interbank Financial Telecommunications，环球银行金融电信协会）清算系统。

《北大金融评论》：香港是国际金融中心，深圳、广州是区域金融中心，您如何看待未来香港在粤港澳大湾区城市群中的地位，和粤港澳大湾区核心城市之间的分工、合作与竞争？比如在金融方面，香港、深圳和广州是否存在一定程度的竞争？

刘遵义：在 1949 年之前，粤港澳大湾区是一个统一的市场，当时很多企业都在三地设有分支机构，但深圳只是一个小渔村。广州、香港、深圳这三个城市，各有所长，互补性很高，应当既分工，又合作，也竞争，但要避免重复建设。这样大家都会进步,这并不是零和游戏。

《北大金融评论》:要素高效流通是粤港澳大湾区市场一体化建设的基础条件,但在新冠肺炎疫情期间,粤港澳大湾区在互联互通方面的一些问题进一步凸显。您认为在政策或技术层面的可行解题思路是什么?

刘遵义:新冠肺炎疫情迟早都会控制下来。需要解决的是长期的人与物快速通关的问题,这应当可以利用人工智能与科技适当处理。

《北大金融评论》:在您看来,粤港澳大湾区的发展对其他城市群有哪些借鉴意义?又可以从其他国际大城市群中学习到什么?您对大湾区未来的发展有哪些建议?

刘遵义:假如粤港澳大湾区能够成功发展的话,就是说,它已经克服了最大的难题,即要素的对内对外自由流通,会为中国其他的跨省市地区,例如长三角、渤海湾等区域,提供一个经济组合的可行的模式。要尽量让商品与服务、人、资金、信息都自由流通,这样才能做到粤港澳大湾区经济一体化。

未来 15 年,中国经济可维持 6% 的年均增速

《北大金融评论》:如果要达到 2035 年 GDP 增长一倍的目标,那么每年需要保持 5% 左右的增长率。您觉得这个增长率对中国这么大的经济体而言是可行的吗?如果说有难度的话,您认为哪些方面是值得注意的?

刘遵义:这绝对没有问题,我个人认为在未来的 15 年中,中国经济可以维持在 6% 左右的年均增长率,因为中国人均 GDP 只有 1 万美元左右。当一个经济体的人均 GDP 持续上升的时候,它的增长率就会开始下降,中国也不例外。但根据美国和日本的经济发展历史经验来看,人均 GDP 在 1 万美元至 3 万美元之间时,GDP 总量还是可以以年均 6% 左右的速度增长。

同时我预测中国的 GDP 在 2030 年左右会赶上美国,达到约 28 万亿美元(按 2019 年汇率折算)。中国只要维持社会主义市场经济体制,平衡分配,避免战争,应当不会有什么难度去达到这个目标。届时中国人均 GDP 才达到 1.9

万美元，这还不到美国人均 GDP 的四分之一，所以还有继续增长的空间。

《北大金融评论》：为了应对新冠肺炎疫情带来的经济危机，全球主要中央银行释放了大量货币，您认为未来世界是否存在滞胀的风险？也有人认为，技术创新已经颠覆了传统的宏观经济学，低利率是常态，未来的"敌人"不是通胀而是低增长，您如何看待？

刘遵义：全球主要中央银行释放了大量货币，造成滞胀是有可能的。其实，这些货币大多集中在资产市场上，使股票与房地产的价格大幅度上升，但对实体经济并没有发挥作用，没有增加总需求，没有增加 GDP 和就业，反而造成分配更加不均。负实际利率，绝对不是常态。

当然，经济日本化，那就是没有通胀，但也没有增长，就像日本经济从 1990 年到现在的模样。这两个结果都不好。我们需要的是增加实际总需求，从而增加 GDP 和就业，在新冠肺炎疫情蔓延、对前景预期低迷的环境中，不可能依赖民间企业投资和家庭消费，必须由政府领头，增加公共投资与公共消费，振兴经济。

《北大金融评论》：在"十四五"规划征求意见过程中，明确提出到 2035 年实现经济总量或人均收入翻一番的目标。也就是说，中国经济总量可能已经超过美国成为世界第一，您认为该目标与都市圈城市群战略的关系如何？

刘遵义：2035 年实现经济总量或人均收入翻一番的目标，是绝对可以实现的。根据我的预测，在 2030 年左右，就差不多可以实现了。都市圈城市群战略需要大量的公共基础设施投资，可以保持国内总需求的稳定增长。同时都市圈与城市群的建设，会大大增加服务业的需求与供给，扩大市场，体现规模报酬，从而创造新的 GDP 与就业。

供给侧视角下的"城市群经济学"

> 合理的空间架构、垂直的产业链集群、高效的要素配置、改善的营商环境,一个都不能少。

复旦大学特聘教授、重庆市原市长
黄奇帆

城市群是人口大国城镇化的主要空间载体。当前我国城市化率已超过60%,各类城市正由各自管理的发展阶段迈向都市圈和城市群发展阶段,特别是京津冀、长三角、珠三角、长江中游等地区已经开启了大都市圈、城市群的发展过程,其中的红利将高达数十万亿级。因此,无论外部环境如何变化,围绕中心城市进行高质量建设,都应成为新形势下扩大内需、提振经济的重要抓手,同时也需要高瞻远瞩地做好规划布局。

合理布局城市群的空间架构

首先,要合理布局中心城市功能集聚区。大城市几乎都有商业区、工业区和住宅区等功能集聚区,在布局上应该结合城市地形地貌和人文特色,按照大连通、小分部的原则,实行多中心组团式的策略。

每个组团内部都配建上述功能设施,但要分类布局、相对集聚、互相配套,使各个相对独立的组团之间,通过城市快速路、轨道交通等互联互通。这种板块特色鲜明、整体效益优化的现代化大都市,能够有效疏导人流、物流、资金流,促进城市资源优化配置,提升基础设施利用效率。

其次，要科学安排城市群内部功能结构。世界知名的城市群一般都有如下几个特征。一是城镇化率在 70% 以上；二是大中小城市规模协调，相邻城市人口比例大多在 1∶3 至 1∶5，一般第一层级城市的人口在 1000 万人左右，第二层级城市的人口在 500 万人左右；三是大中小城市的功能布局合理、分工明确、产业优势互补、交通网络方便。

最后，要规划完善区域综合交通网络，都市圈、城市群要形成有机整体，综合交通网络是血液系统。其中，应重点建设以下四种交通。一是承载区域枢纽功能的大交通，包括铁路、机场、港口通道等，这是城市群提升辐射带动能力的基础要件；二是承载各城市之间联通功能的交通，如城际铁路、高速公路、快速干道等，是城市群的动脉；三是承载市民日常出行功能的城市内部交通，通过城市道路、地铁轨道和公交场站建设，确保在城市正常时段平均车速达到每小时 30 千米，高峰时段不低于每小时 15 千米；四是承载各种交通方式衔接过渡的换乘枢纽。以上四种交通基础设施对城市的运行效率和区域地位产生了重要影响，也对城镇化起到了极其重要的助推作用。

积极构建垂直整合的产业链集群

新冠肺炎疫情造成全球产业链和供应链的断裂，引起了广泛担忧。从目前的复工情况来看，那些产业链相对完整、产业集群自成体系的企业，恢复速度比高度依赖国际供应链的企业更快、更好。

集群化的生产模式降低了从全球采购零部件带来的风险，在新冠肺炎疫情时期凸显了竞争力。一个地方垂直整合的产业链集群与传统水平分工的区别在于，尽管产业链上的企业还是按国际化水平分工，但不再是广泛分布在地球的每一个角落了，而是选择合适的地区，相互之间的触达时间在 1—3 小时，大致的半径范围是 50—200 千米，形成了一个覆盖产业链上中下游的零部件半成品的集群化生产基地。这不仅可以实现产业链上中下游企业之间的资源要素的有机整合，避免行业内供需错配，使供给更加精准有效，还能通过产业链条上生产技术和工艺的良性竞争，推动企业不断创新，促进优胜劣汰，延长产业的生命周期。此外，更具现实意义的是能够有效降低物流成本，补齐创新短板，形成核心竞争力。具体方式上，在城市群内要推动以下三种集群。

首先是某一个行业的上中下游集群。比如汽车行业，一辆汽车有上万个零部件，要形成汽车行业的支柱和体系，就要实现从原材料到零部件再到各种模组的本地化生产。

其次是促进同类产品、同类企业扎堆，形成集群。如果仅仅是一个行业里的一条产业链形成集群，则还是单薄的；如果能集合行业里最重要的几家企业，就有条件把同类产品、同类企业扎堆落户，形成集群。即使有个别龙头企业遇到困难，其他同类企业可能反而增加了订单，这样就形成一个整体平衡稳定、持续向上的健康发展状况。

最后是促进生产性服务业和制造业形成集群。任何一个工业产业链的发展，在新产品的开发过程中都需要许多从事研发设计、科技成果转化、知识产权应用等生产性服务业企业为之配套，这就涉及创新链条的延伸。这方面，有条件的地方应该积极创造条件，促进此类产业在本地集聚。同时，在产品销售过程中还会产生结算和物流等环节。比如，产品在全球销售，就会使得与结算物流相关联的各种服务型企业集聚扎堆，围绕制造业集群来布局产业链。这种集群背后往往是各大企业集团的销售中心和利润中心的集聚，是价值链的整合，也是地方税收的重要来源。所以，在制造业产业链上，往中游走是生产性服务业产业链，往下游走是销售清算结算的服务业产业链。

提升区域要素市场化配置效率

一个城市群是一个要素市场的集聚中心。改革开放以来，我国不仅建立了极为丰富的消费品市场和生产资料市场，而且土地市场、劳动力市场、资本市场、技术市场、数据市场等生产要素市场也得以茁壮成长。

与商品市场不同的是，要素市场的品种相对单一，场所和平台相对集中，优化资源配置需要在业态上做到三个集聚：一是交易量的集聚，这类要素需要在集聚区域内或全国达到 80% 以上的交易量;二是交易的会员单位、中介机构等各类企业的集聚;三是物流通信的枢纽集聚,应有完善的通信基础设施以支撑要素市场大数据、云计算、人工智能的基础条件。

基于此,要素市场的效率往往决定了一个经济体的运行效率,相较于普通经济体,那些拥有全球要素市场、有影响力的经济体,其竞争优势会更为突出。

目前,我们国家要素市场在运行过程中存在四个方面的问题:行政干预过多、市场化运作不畅、资源配置效率不高、要素市场发育不足。2020 年 4 月 9 日,《中共中央 国务院关于构建更加完善的要素市场化配置体制机制的意见》(以下简称《意见》)发布,提出了许多关于生产力集聚、资源优化配置等方面的改革意见,是培育区域经济发展新动力的重要举措。比如,针对土地要素,《意见》提出深化产业用地市场化配置改革,这不仅有利于城市盘活现有利用低效的工业用地,降低企业用地成本,还能使大城市反哺农村,增加农村居民收入。再比如,针对劳动力市场,《意见》提出要放宽除个别超大城市外的城市落户限制,实行以经常居住地登记的户口制度,这不仅将直接改善进城农民工待遇,促进农民工变市民,还有利于在现有基础上延长有效劳动时间,增加劳动供给,释放潜在人口红利。

由此可见,落实好这些措施,有利于提升要素流动性,在未来每年产生上万亿元的改革发展红利,有利于为区域发展增添新的活力和动力。

持续改善区域发展营商环境

新冠肺炎疫情下,广大企业承受重压,需要各地及时出台措施,帮助企业渡过难关。从长远看,打造国际化、法治化、便利化的营商环境,是各地工作的共同任务。

打造国际化营商环境,中国对外开放的广度、深度和高度都会进一步提升,集中体现在自贸区有望扩面提质、服务业进一步扩大开放,和数字经济引领经贸规则制定等方面。对此,有条件的地方应结合自身实际,积极争取先行先试的政策支持，大胆闯、大胆试、自主改，为中国进一步开放探索经验。

打造法治化的营商环境，在地方政府层面应按照竞争中性、同等国民待遇的原则，公平对待各类企业。我们应用进一步开放来遏制全球贸易保护主义和逆全球化，用营商环境的改善来减少外国企业从中国撤资的行为。政府机构更应在办事细节上付诸行动，全面落实准入前国民待遇加负面清单管理，以规则公平确保竞争公平。谁在这方面率先塑造出公平信誉，谁就将赢得下一轮外国资本竞争的青睐。

此外，还要进一步加强知识产权保护。当前唯有中国成功控制了新冠肺炎疫情，才会有一些发达国家希望将其创新成果到中国进行转化，以收获中国庞大市场带来的产业效益。那些对知识产权保护有力的地方，将是这类成果落地转化的首选地点。

打造便利化的营商环境，需要降低各类隐性制度成本和显性成本，如物流成本。当前，中国的物流成本占GDP的比重为15%，而国际上物流成本一般仅占GDP的7%左右。可以采取的措施包括：一是将铁路引入规模以上的开发区，使我们的铁路运输规模达到交通运输总量的20%左右（现在该比例不足10%），铁路运输成本是公路运输成本的1/3左右，比航空运输成本要低更多；二是发展公路和铁路、水路和铁路、航空和铁路无缝对接的多式联运；三是优化企业的园区布局，促进产业在空间上相对集聚，节约上下游之间的运输成本，综合利用铁路、高速公路、港口和机场，以便为便利的运输体系降低物流成本。

如果我们能把上述工作做好，区域经济的营商环境将得到极大改善，无论国际环境如何变化，本地区的竞争力、软实力、创新活力都将继续存在。

如果说，城市群、都市圈的空间架构和规划是区域经济发展的大脑和中枢，那么，城市的快速路、轨道交通、高铁、航空港等基础设施就是区域发展的脊梁骨，垂直整合的产业链集群就是区域发展的五脏六腑，要素市场就是连接区域全局的神经系统，营商环境就是体内微循环健康运行的重要依托。以上各方面构成了区域经济的有机体。在新冠肺炎疫情冲击之下，各地要抓好这些方面的协同发展，这将是应对各种风险挑战的根本之道。

中国城市群的胜利

> 未来大的区域融合现象会更加明显。

复旦大学经济学院院长、中国经济研究中心主任

张　军

从美国、日本的经验来看，人口存在向大中城市群集中的普遍规律。但随着人口密度的迅速上升，"大城市病"也逐渐显现，发达国家通常选择发展大城市周边的城市以缓解"大城市病"。在中国，人们普遍认为，新型城镇化无疑是缓解"大城市病"的一剂良方。

张军在接受《北大金融评论》专访时提出了不同的观点。他认为，未来，推动经济发展的一定是超级城市和都市群。这是因为经济规模发展到一定阶段后，人们的收入增加会对服务业和高端制造业产生更大的需求，诱导经济增长的源泉发生结构性转变，逐步向超级城市和城市群这些空间转移。

超级城市驱动经济新发展

《北大金融评论》：过去人们认为，要想缓解"大城市病"，应大力打造宜居特色小城，比如云南大理、广西桂林等。而现在，更多人认为，应继续"做大"城市使之更有效率。您如何看待这种思维的转变？

张军：随着人均收入水平的提高和经济结构的变化，未来一定是大城市驱动经济发展。过去，由于大城市受到空间等的诸多限制，以加工制造业为主的工业化主要发生在中小城市，像广东的东莞、佛山，江苏的昆山、江阴、

宜兴等。但当经济规模发展到一定阶段后，收入效应开始发挥更大的作用，对服务业和高端制造业的需求开始递增，此时中国经济必然要经历一个空间上的转变，经济增长的动力开始从中小城市逐步向大城市和超大城市转移。金融、贸易、通信等现代服务业在大城市有相对优势和足够市场以实现规模经济与网络效应。技术密集的高端制造业也是如此，原本可以在县城完成的制造业需要发展为技术含量更高、需要系统集成的产业平台。大城市和超大城市能够提供更多研发、专利、技术集成和高端服务，是最理想的场所。所以大城市发展是必然趋势。

实际上，过去10余年，中国的生产要素在向超大城市转移，超大城市在经济增长中的重要性在提高，它所产生的大量就业机会吸引年轻的和受教育程度更高的人口集中流入，城市的规模也在不断扩大。现在深圳和杭州成为中国流入人口最多的城市。随之产生的都市圈的概念便是指超大城市周边的中小城市受到大城市的外溢和辐射，靠近超大城市的其他中小城市通过供应链和发达的交通网络与超大城市联系在一起。

特意打造的特色小镇可能会慢慢失去生命力，因为现代城市建设仍然依赖于现代工业供应链和经济流量，特色小镇只是旅游度假的地方，并不是真正具有经济活力的城市。

《北大金融评论》：张五常教授曾说过，中国经济最精彩的地方，就是县级政府彼此之间竞争在中国经济发展中的贡献和角色。美国的城市群中的城市其实更强调一种合作关系，比如，在波士顿—华盛顿城市群中，纽约是金融中心，华盛顿是行政中心，波士顿汇集了顶尖教育资源。对此您如何看待？

张军："县级竞争"这个概念最早是由张五常教授提出的，主要是对20世纪90年代中国经济增长机制做出的描述。现在大城市开始主导经济的发展，由于经济发展的需要，一些超大城市可能会把一些下属的县变成城市的区，以扩大城市配置资源的规模范围，可以创造更多的就业、居住和产业空间。

如果说20世纪90年代是"县级竞争"在主导，那么今天是超大城市在推动中国的经济发展。在发达国家，比如美国，大城市之间好像形成了一些互补关系，但是我个人认为这些关系不都是刻意界定的，并不是说纽约成为金融中心，波士顿就不能成为金融中心。观察一些超大城市的经济功能，要看整个经济流量的空间分布情况，不然就难以更好地理解这些现象，更不能认为城市功能定位是政府给的。

我们看到一些大城市在某些方面发展得比较好，很大程度上就是路径依赖的表现。比如，纽约过去是大港口，来自全世界的资本、人才、货物汇集于此形成口岸；而为解决融资问题，华尔街应运而生，这是历史的必然。我们可以看到，几乎所有金融中心都是港口城市，如果没有港口，不能成为要素流动性极强的地方，就很难形成对金融的需求。

其实，波士顿和芝加哥同样有很多金融机构聚集。一个国家并非只有一个金融中心，有时候一个往往是不够的，特别是对于大国。但一国能有一个国际金融中心就很幸运了。不排除国家利用一些政策推动，希望一些具备金融中心条件和潜力的超大城市能在发展金融上主动作为，加快建成金融中心。过去，上海就有"远东金融中心"之称，上海开放后又重新定位为金融中心。作为国家战略，国家和当地政府都会朝这个方向去努力，提供很多政策促进金融业在上海的发展。这样做的前提是，上海确实具备成为金融中心的大部分条件，现在看来努力是有成效的。

至于上海最终能否建成全球数一数二的金融中心，我想仅靠上海自己努力可能还不够，还取决于中国在全球经济中的地位能否上升。如果中国未来在全球经济中扮演的角色越来越重要，上海应该能水到渠成地成为全球金融中心，而且依照上海现在的排名来看，未来成为全球主要的金融中心，应该说指日可待。

未来，区域融合现象会更加明显

《北大金融评论》：您如何看待我国几个主要城市圈内部城市之间的合作与竞争？

张军：过去几十年，我国超大城市之间总体上没有太多合作，因为每一个超大城市都有其辐射范围，比如，上海辐射长三角，北京辐射京津冀，深圳、广州主要辐射粤港澳大湾区。这样形成的都市圈和城市群能够让周围的中小城市更紧密地与超大城市在经济上联系在一起，从而形成中国经济的多个增长极。在每个区域增长极的内部，城市之间的融合会更好地推动生产要素和资源的聚集，带动整体经济的发展。融合是指要素在区域内部能够跨越行政边界快速流动，这样的要素流动会在产业链上形成更合理的分工协作，对经济发展至关重要。

从区域内部来讲，这不仅取决于行政隶属关系，也取决于市场力量，而市场力量中很重要的一个因素是地理位置。随着经济的发展，我认为市场力量将逐渐超过行政隶属关系的力量。例如，苏州经济发展得好是因为它靠近上海，而不是因为它隶属于江苏；深圳经济发展得好不是因为它隶属于广东，而是因为靠近香港。地理因素所代表的市场力量会超过行政隶属关系，地理意义上的紧密经济联系的力量，可以帮助一个区域内部形成完善的供应链和产业链。

就江苏来说，南京是省会城市，但江苏经济最发达的地区还在苏南地区。苏南地区之所以经济发达，就是因为与上海形成了经济一体化。这当中交通便利是一个很重要的前提。相反的例子是南通，南通也紧邻上海，但过去由于交通不方便，与上海隔江相望，不能很好地接受上海经济的外溢和辐射。长三角一体化发展战略的推进，开始改变这一局面，隧道和高铁等先后建成，南通紧邻长江、面向大海、靠近上海的地理优势一下就得到凸显。我相信未来10年，南通必然会因受到上海的辐射带动而获得快速的经济发展。现在南通提出的发展战略是，靠江、靠海、靠上海。

可以预料，一个城市通过接受超大都市的经济辐射发展得更好。长三角一体化发展战略的推进，临近上海的浙江北部地区肯定会发生很大的变化，而随着苏南地区经济的持续发展，苏北地区的城市也一定会被辐射带动，安徽也是一样。长三角区域的城市间会互相联系、合作和发展。

在我看来，中国若干年以后，大的区域融合现象会更加明显。未来，长三角城市群和粤港澳大湾区城市群可能是经济增长中最重要的两个发动机。长江上游的双城都市圈，也就是重庆和成都也将有非常大的辐射能力，带动长江上游地区更快的经济发展。

《北大金融评论》：您之前指出，要避免形成经济的"内卷化"，大国反而要更加开放才可以。但人们可能会担忧，在当前的国际环境下，国内一些企业原本因为国际贸易限制转向国内市场，如果我们对外开放了国内市场，会受到更多的需求抢夺，您如何看待这种顾虑？

张军：我认为需求不会被抢夺。开放了国内市场后会成为全球市场，从长远来看，国家和企业都会更加明确自己未来的强项在哪里，会有明确的发展方向，而不开放总是守着已有的东西就永远不知道未来会在哪里。作为一个大国，中国对全球最重要的贡献是提供了一个大市场。在这样的大市场中，产品是不可能全部在内部生产和交易的，也不可能把全产业链放在这一个市场中。不然的话，中国就陷入了自循环。自循环的一个后果是经济"内卷化"，与全球的经济隔离开了。

开放市场准入对中国未来长远的发展也是非常重要的，不需要担心需求被抢夺的问题。在很多领域中，目前的消费品和食品进口其实是远远不够的。中国长期以来的对外开放，其实主要还是出口我们的产品，是用人家的市场。中国自己的市场一定要成为全球市场的一部分，为全球经济和贸易增长做更大的贡献。美国和欧洲自由大市场的经验告诉我们，市场开放一定是双赢的。

深圳的发展与角色定位

《北大金融评论》：深圳是发展飞快的城市，但这样一座年轻的城市，房价居高不下，2020年年初出台的限购政策似乎并未给市场足够降温。对此能谈谈您的看法吗？

张军：深圳的房价反映了一个很有趣的问题。即便有深圳这样的一线城市，广东的城市化进程仍然比较慢。深圳的经济体量相当大，可是城市空间依旧紧张，不像长三角地区有很多卫星城可以疏散大量人口。深圳周边地区的城市化水平不高，基础设施做得不够好，交通还不够密集和发达。

深圳周边地区的城镇化进度妨碍了整个片区经济一体化的进程，我们看到惠州的城市空间很大，但整体的建设水平并不能很好地对接深圳。如果可以把深圳与东莞之间用地铁等交通方式相连接，则相当于深圳在行政区划以外扩容，我相信会对深圳的房价有良好的调控作用。而在长三角地区，由于交通足够方便，所以在上海的居住需求压力并没有深圳那么紧张，因此我认为交通规划一定要先行，让深圳周边地区加快城市化进程，分流深圳的人口压力，这是一个很现实、很迫切的问题。

《北大金融评论》：您怎么看深圳未来在全国的角色和地位？

张军：深圳是一线城市中空间最小的城市，这20多年的成功源于科创产业。做个形象的比喻，上海相当于一所综合性大学，综合实力很强，深圳则是大学里的一个研究院或者实验室，相对比较专业。但深圳要想成为一个国际大城市，只把经济局限在这样一个很专业的领域中，未来的发展会受限。所以我认为未来深圳会有一个大的转型的问题，即在保持科创优势的基础上，如何进入国际大都市的行列。

原本作为研究院或实验室存在的深圳，要想成为国际大都市，需要补足短板，需要与周边地区更好融合推进经济一体化，很多产业也需要慢慢地迁出。由于深圳已经到达人口极限，没有土地，导致房价很高，如果不迁出产业未来人们会逃离这座城市，而转型面临的最大问题是需要更多的可布局空间。

但深圳有机会。我想将来深圳与香港的融合会是一个很重要的机会。香港新界有很多空间和土地，深圳福田的经济比香港新界发达，加强两地的合作，主打高科技和研发密集的新经济活动势在必行。粤港澳大湾区不仅是一个经济的概念，而且应该是一个超级大都市的概念，对各方而言，这都是未来的发展方向。

新的发展阶段，新的城市故事

> 城市群发展应考虑韧性、弹性和可持续性。

中国国际经济交流中心首席研究员

张燕生

"十四五"时期中国将进入新的发展阶段，在新发展理念引领下构建新发展格局，我国的城市化道路怎么走？金融深化改革与新型城镇化建设如何相得益彰？《北大金融评论》对中国国际经济交流中心首席研究员张燕生进行了专访。

未来30年讲的是一个新的城市故事

《北大金融评论》：习近平总书记在《国家中长期经济社会发展战略若干重大问题》一文中做出"合理控制大城市规模，不能盲目'摊大饼'""要有意识地培育多个中心城市，避免'一市独大'的弊端"等重要指示，这是否意味着"城市群—都市圈—大中小城市协调发展"的空间发展格局有望成为"十四五"期间区域发展的重要方向？

张燕生：毫无疑问。"十四五"期间我国要建设现代化经济体系，大力推动高质量发展，区域城乡协调发展就是现代化经济体系中非常重要的组成部分。城市群作为新型城镇化的主体形态，无论是城市的结构、模式还是城市的高质量发展内涵，都会成为规划重点。

"十四五"时期开启了一个新的发展阶段。改革开放40多年更多的是推动市场经济、工业经济和外向型经济的发展。而未来30年,随着中国开启全面建设社会主义现代化国家的新征程,一是重点推动科学、技术、人才和创新的发展,打造新的动力源和创新的策源地;二是推动规则、规制、管理和标准的现代化,实现法治的现代化,治理的现代化,不断与国际高标准的规则相衔接;三是推动产业链、供应链、价值链和创新链走向世界高端,并与全球体系对接。

站在新的历史起点,未来30年讲的应该是一个新的城市故事,中国城市、城市群、区域的发展都将发生深刻变化。伴随着新旧动能转换、新旧结构转换、新旧模式转换,伴随着建设更高水平开放型经济新体制,打造科技创新驱动的全球标杆城市、实现国际科技创新中心的目标,将成为不同区域城市群的重要发展考量。数字经济、服务经济、创新经济和人文交流的全球化,又会进一步把城市和城市群推向一个与过去不一样的前景。

《北大金融评论》:2015—2020年中央批复了11个城市群规划,城市群内的基础设施、公共服务、市场建设在不断优化完善,但也面临着内部发展差异大、分工协作不足等问题。我国应如何平衡好政府与市场在城市群建设和发展过程中的作用?

张燕生:我国社会发展的主要矛盾已经转化为人民日益增长的美好生活需要和不平衡不充分的发展之间的矛盾。解决不平衡发展的矛盾主要靠政府的作用,解决不充分发展的矛盾主要靠市场的作用,两者之间平衡协调发力,推动高质量发展。其中,推进更符合经济规律的区域一体化过程,是一个去行政化、去中心化、去垄断化的过程。

近年来,我国城市群建设取得了明显进展。比如,粤港澳大湾区由三个极点带动:第一个极点是港深,有香港的金融优势和深圳的创新优势;第二个极点是广佛,有广州的服务优势和佛山的制造优势;第三个极点是澳珠,有澳门的旅游休闲优势和珠海的绿色发展优势。大湾区城市群的最大优势在于,城市间差异化分工定位明确,且在各自领域具有差异化的竞争优势,六个中心城市优势的组合就形成实体经济、科技创新、现代金融、人力资源协同发展的现代产业体系。其中,产城融合较好,能够强强联合提升其参与国际合作与竞争新优势。长三角区域一体化以上海为龙头，包括杭州、合肥、南京三个都市圈。长三角城市群的发展基础较好，人均 GDP、人均受教育水平和整体研发强度都位居全国前列，但城市群的差异化分工不及粤港澳大湾区城市群。京津冀协同发展的前景较好，但创新活力、市场活力不及粤港澳大湾区和长三角城市群。成渝双城经济圈拥有航空运输、中欧班列、西部陆海新通道等多条国际货运物流通道，成渝机场群的航空旅客吞吐量已经超过 1 亿人次，发展空间巨大。

随着城市群建设的推进，我们在打破行政区划、建设统一大市场、推动区域一体化方面的步伐明显加快。一是迫于外部竞争压力，不同行政区划的城市形成利益共同体。以粤港澳大湾区为例，三个极点之间既合作又竞争，每一个极点带动都形成一个利益共同体，政府间的合作将变得更加主动。二是国家层面的顶层设计。国家从法律法规等层面明确要求打破资源要素的跨区域流动屏障，将有力推进新型城镇化的发展，城市间的分工也会变得更加合理。

《北大金融评论》："十四五"规划建议首次提出建设"韧性城市"，您是怎样理解"韧性城市"的？

张燕生：韧性、弹性和可持续性，意味着城市的功能比较协调、发展比较充分。"韧性城市"要处理好发展与安全、政府与市场、开放与自立三对关系。首先是发展与安全的关系。一方面要推动城市的高质量发展，使创新成为第一动力、协调成为内生特点、绿色成为普遍形态、开放成为必由之路、共享成为根本目的；另一方面要确保城市粮食、能源、金融、科技、产业和供应链等领域的安全。其次是政府与市场的关系。待新冠肺炎疫情结束后，类似于 1933 年罗斯福新政、1936 年"凯恩斯革命"，政府的作用、社会的作用在显著提升，因此要研究提升政府公共产品、公共服务的韧性，研究提升市场配置资源发挥决定性作用时抵抗各种风险冲击的韧性。最后是开放与自立的关系，要不断推进全方位的开放创新，打造自主知识产权、自主品牌、自主营销渠道，提升自立于世界民族之林的能力。

新冠肺炎疫情向全世界揭露了一个深刻事实，超级全球化的浪漫时代已经过去。那个浪漫的时代充满了新科技革命和产业革命，全球化所形成的全球产业链分工，可以让一个产品在全世界的不同地方完成，然后通过高水平的综合物流、全球供应链管理实现及时供货和零库存。新冠肺炎疫情使供应链受到很大影响，零库存无法保证。而中美贸易摩擦，首当其冲影响的是外资企业及全球供应链，从而加剧全球化的退潮。过去的那个浪漫时代，我们更多强调效率、竞争力、时间，而太少考虑供应链安全，下一步的城市发展必须也必然要更多考虑韧性、弹性和可持续性。

金融的深化改革与新型城镇化建设

《北大金融评论》：城市群建设是一项需要综合运用多种经济手段的系统工程，离不开强有力的金融支持。您认为金融该如何更好地支持城市群的发展？

张燕生：先从国际来看，目前英美系国家的金融资源集聚和配置能力最强，全球金融中心在纽约和伦敦，区域中心包括中国香港和新加坡等地。英国脱欧后，金融机构大量迁往欧洲大陆，伦敦的全球金融中心地位会受到影响。美国市场经济成熟、法治完善、金融监管强大，同时经济虚拟化、空心化、泡沫化现象也很严重。"特朗普现象"的存在，正是因为美国中产阶级萎缩，大部分人越来越贫穷。显然英美金融体系高度市场化、极具创新活力，但也存在金融脱实向虚、体外循环的风险，容易诱发金融危机。欧洲大陆和日本的金融虽未脱离实体经济，但其市场化程度、创新活力均不及英美。

就中国而言，随着新型城镇化的不断推进，特别是世界级城市群的打造，可以预见越来越多的资源将由市场集聚、配置。现代金融体系是现代化经济体系的重要内容，要发挥好金融支持实体经济的作用，就要加快推进金融的深化改革，坚持金融的市场化和对外开放，同时也要加快形成更高效的金融监管体系，避免金融脱实向虚。此外，金融为实体经济服务这个课题也应包括金融为创新服务、金融为绿色服务、金融为普惠服务等内容。

《北大金融评论》：目前各类金融创新活动层出不穷，信用风险的传播跨越城市群而存在，如互联网贷款、网络理财等。您认为应该如何提高城市群的金融风险防范能力？

张燕生：整体而言，要牢牢把握发展实体经济这一坚实基础，坚持金融为实体经济服务，并对金融可能会出现的系统性风险进行监管。目前科技进步对金融业的影响愈发明显，而监管往往滞后于金融创新。有效监管的一个重要前提就是能准确判断互联网金融、金融科技等这些新业态、新模式属于科技行为还是金融行为。如果判定 A 公司为金融机构，A 公司就必须接受《巴塞尔协议》资本充足率的要求，同时要对风险保持高度的敏感性。但大部分城市对 P2P（Peer to Peer，个人对个人）网络借贷的问题认识不足，风险暴露后民众就会蒙受很大的损失。所以，还是要把主动防范化解区域性、系统性金融风险放在更加重要的位置。

《北大金融评论》：考虑到处在开发期、发展期等不同阶段的城市群对金融发展的需求不同，我国是否应进一步实施有差别的金融政策？

张燕生：我们要认清一个基本事实：我国仍处于并将长期处于社会主义初级阶段，我国仍是世界上最大的发展中国家。目前我国金融方面的人才（无论是从业人才还是监管人才）仍比较短缺，能力建设、体制建设和跨地区网络建设能力还比较初级。金融深化的程度还不够，金融业市场准入门槛很高，市场配置资源的决定性作用发挥受限。因此，当下金融业的发展还应坚持稳中求进，避免金融过快、过度自由化可能引起的风险失控。实行差异化的金融政策的一个前提是上述这些能力得到很好的提升，能够对金融投机行为进行有效的监管。

国内大循环是大国发展的战略基点

《北大金融评论》：东盟十国与中日韩等签署 RCEP 协定后，您认为 RCEP 将给世界经济、中国发展带来哪些影响？

张燕生：在国际大三角分工格局中，东亚给世界提供制造和劳动力，欧美提供市场和技术，中东、亚非拉提供能源和资源。本次新冠肺炎疫情，全球率先趋于稳定的是东亚地区。疫情稳定后，我们复工复产遇到的首要问题就是没有订单，因为大部分订单来自欧美，此时东亚就会面临生产网络的转型，就是如何为本地区提供订单。扩大内需和东亚地区的需求将成为重要途径，这就形成了需求东移。有了订单后，我们会发现很多的原料、零部件、关键设备来自欧美，那么下一步要考虑产业链、供应链的本地化，进而出现供给东移。这些变化又会产生后续变化，带来创新东移、服务东移、资本东移、金融和货币合作的东移等。这几个东移构成了东亚生产网络的转型。

同时，东亚生产方式也正从"汗水驱动"向"创新驱动"转型。过去克鲁格曼质疑东亚的经济增长根本就不是奇迹，是靠要素的不断投入实现的，而不是靠效率的提高。但现在世界知识产权组织发布的《2020年全球创新指数》显示，新增国际专利申请的50%来自亚洲，且多为中文、日文、韩文书写。世界知识产权组织前总干事高锐（Francis Gurry）先生认为这是一个根本性的变化。

RCEP本身极具东方色彩。不同于西方主导的自由贸易协定（如《美墨加三国协议》《欧日经济伙伴关系协定》等），RCEP的开放门槛制定得比较包容，既适宜于日本这样的发达国家，也适合于老挝、缅甸、柬埔寨这样的发展中国家。不像西方主导的那种"一揽子一步到位"的激进做法，RCEP充分考虑到不同国家发展状况的具体区别，制定了渐进式的、分阶段推进的方式。作为全球最大的自由贸易协定，RCEP不仅是一个开放、包容、共享的自由贸易协定，而且不具有排他性，是开放的地区主义。从这个意义上讲，RCEP对促进本地区贸易投资的自由化，促进本地区服务业的开放，促进本地区产业链、供应链的合作，促进本地区金融和货币合作都将发挥日益重要的作用。

RCEP对中国未来格局与城市群的发展意义重大。特别是随着西部陆海新通道和新亚欧大陆桥的贯穿，北部湾地区、西南地区和中南地区的城市群将越来越一体化，曾经偏远的西南地区将成为开放的新前沿，曾经面临扩大开放难题的中部内陆地区将借势迎来高速发展新机，而RCEP将进一步强化这一过程。从这个角度来讲，中国整个城市群格局和城市面貌都将发生改变。

《北大金融评论》：双循环新发展格局以国内大循环为主体，一些观点认为这将导致出口和外需的重要性降低，政府对人民币升值的容忍度提高，您怎么看待这种观点？

张燕生： 对于这类问题，关注3个问题即可做出判断。首先，在新发展格局下，未来关税税率是否会进一步下降，非关税壁垒是否会进一步取消，贸易投资便利化是否会加快，服务业的开放是否会进一步扩大？其次，规则、规制、管理和标准等制度是进一步与国际高标准相衔接还是更加偏离，即制度的现代化、法治的现代化、治理的现代化是前进还是倒退？最后，产业链、价值链、供应链和创新链是更加开放创新、开放合作还是走向封闭？如果答案是肯定的，那么国际交易将越来越多的由人民币标价和结算，汇率将越来越由市场决定，人民币将越来越成为国际货币，资本项目也自然会越来越开放。

大国大多是以内循环为主体，而开放大国大多是双循环相互促进，内循环是大国发展的战略基点。以国内大循环为主体，实际就是要把国内经济做实，扩大内需，提升供给、投入产出和宏观经济循环的综合效率，打造新的动力源和创新的策源地，形成统一的大市场和高标准的市场经济体系。我们未来30年要解决的问题，也就是怎么把内循环基础做好，怎么把双循环的格局做好，怎么打造出新形势下参与国际合作竞争的新优势。

中国城市群带:"弓弦箭"的空间轮廓已现

> 未来大的区域融合现象会更加明显。

中国社会科学院财经战略研究院院长助理　倪鹏飞
中国社会科学院财经院博士　徐海东

步入中国城市的新时代,中国经济发展的空间结构正在发生着深刻变化,城市群已经是中国空间结构的主体,掌握中国城市群空间结构的现状与趋势,对于"深入实施区域重大战略、区域协调发展战略、主体功能区战略,健全区域协调发展体制机制,构建高质量发展的区域经济布局和国土空间支撑体系",对于确保第十四个五年规划及二〇三五年的高质量发展和基本现代化目标实现十分重要。城市经济竞争力是一个城市与其他城市相比较所具有的吸引、占领、争夺、控制资源的能力,从表现上看,不管城市或者城市群的规模大小、功能如何、要素构成怎样,都可以通过它们创造的财富即经济密度和经济增长状况来进行衡量。利用《中国城市竞争力报告NO.18》的全国城市竞争力指数数据,进行多维统计分析比较,可以前瞻而精准地洞悉全国经济发展空间结构的当前格局与未来演化趋势。

● 格局:城市群已成南强北弱的"弓弦箭"态势

从总体格局来看,经济竞争力较强的城市主要分布在东部沿海、长江带和京广线上的城市群及中心城市(见图4-1)。城市群成为主导中国城市综合经济竞争力的中坚力量,形成东部沿海、长江带和京广线的"弓弦箭"互动格局，但整体呈现南强北弱的非对称态势。

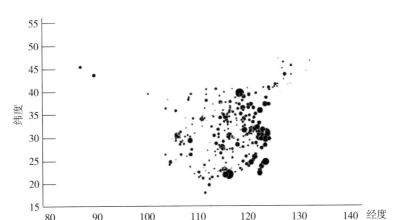

图4-1　综合经济竞争力的经纬度分布（2020年）

资料来源：倪鹏飞.中国城市竞争力报告 No.18［M］.北京：中国社会科学出版社，2020.

具体来看，综合经济竞争力排名前6的城市群分别为长三角城市群、珠三角城市群、山东半岛城市群、长株潭城市群、京津冀城市群和武汉城市群。长三角城市群综合经济竞争力处于绝对领先地位，总体均值为0.53；珠三角城市群与山东半岛城市群的综合经济竞争力大致相当，总体均值分别为0.44

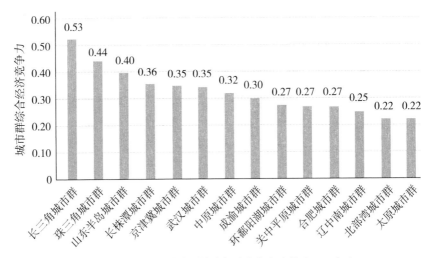

图4-2　中国14个城市群综合经济竞争力比较（2020年）

资料来源：倪鹏飞.中国城市竞争力报告 No.18［M］.北京：中国社会科学出版社，2020.

和 0.40；而长株潭城市群、京津冀城市群和武汉城市群则更为接近，综合经济竞争力均值分别为 0.36、0.35、0.35，特别是京津冀城市群的综合经济竞争力在全国城市群中仅排第 5 名。从综合经济竞争力水平较低的城市群角度来看，合肥城市群、辽中南城市群、北部湾城市群和太原城市群的综合经济竞争力水平较低，综合经济竞争力水平仅为 0.27、0.25、0.22、0.22。而中原城市群、成渝城市群、环鄱阳湖城市群、关中平原城市群则处于中间地位。

变化：城市群呈现北大降、南稳升、中崛起

从城市群总体经济竞争力排名变化角度来看，相对于 2015 年而言，14 个城市群排名上升的有长三角城市群、珠三角城市群、长株潭城市群、武汉城市群、中原城市群、成渝城市群、环鄱阳湖城市群、关中平原城市群、合肥城市群和北部湾城市群；城市群经济竞争力排名降低的有山东半岛城市群、京津冀城市群、辽中南城市群和太原城市群。总体上表现为：北方大降、南方稳升、中部崛起的局面。

首先，辽中南城市群综合经济竞争力大幅降低。相比于 2015 年，辽中南城市群内所有城市的综合经济竞争力排名均在降低，平均降低了 78 名，甚至城市群中心城市大连和沈阳分别降低了 46 名和 65 名。京津冀城市群，除了北京、廊坊和衡水三个城市以外，其他城市的综合经济竞争力排名也均在降低。此外，值得注意的是太原城市群，虽然总体排名变化不大，总体排名仅降低了 0.5 名，但是内部排名分化特别严重，中心城市太原相对于 2015 年上升了 23 名，而吕梁、临汾、长治均下降了十几名。

其次，长三角城市群、珠三角城市群综合经济竞争力稳步提升。长三角城市群综合经济竞争力排名相对于 2015 年上升了 9 名，珠三角城市群综合经济竞争力上升了 10.6 名，虽然城市群内也有个别城市综合经济竞争力排名有所降低，如珠三角城市群中的肇庆、茂名、阳江、清远等城市，长三角城市群中的绍兴、徐州、镇江等城市，但是城市群内排名上升的城市更多。

最后，中部城市群迅速崛起。从上升幅度最大的城市群角度来看，长株

潭城市群、合肥城市群、武汉城市群、环鄱阳湖城市群、关中平原城市群、中原城市群的综合经济竞争力排名上升最多，分别上升了29名、27名、23名、18名、17名、17名，城市群内部各城市的综合经济竞争力均大幅提升，特别是城市群内非中心城市。总体而言，中部城市群综合经济竞争力已经崛起（见图4-3），在6个综合经济竞争力排名上升中高度最大的城市群中，有5个城市群属于中部地区。虽然总体综合经济竞争力水平要低于东部的长三角城市群和珠三角城市群，但是随着其逐步崛起，中部和东部差异定会缩小，并逐步融为一体。

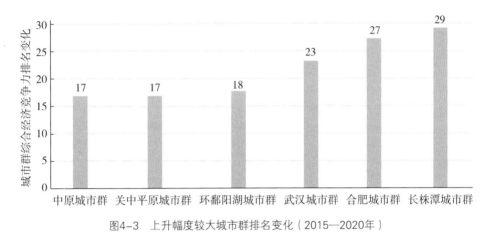

图4-3　上升幅度较大城市群排名变化（2015—2020年）

资料来源：倪鹏飞. 中国城市竞争力报告 No.18 [M]. 北京：中国社会科学出版社，2020.

差异：城市群强者内部差异收敛，弱的相反

从差异角度来看，总体呈现城市群综合经济竞争力越强、内部差异越小，城市群综合经济竞争力越弱、内部差异越大的状态格局（见表4-1）。从2020年的数据来看，综合经济竞争力较强的长三角城市群、山东半岛城市群、长株潭城市群等城市群变异系数大约在0.3到0.4，而经济竞争力较弱的关中平原城市群、合肥城市群、辽中南城市群、太原城市群等城市群变异系数大约在0.4到0.5。总体经济竞争力与变异系数存在显著的负相关关系，相关系数为 –0.25。

表 4-1　各城市群综合经济竞争力

城市群	样本量	2020 年综合经济竞争力		2015 年综合经济竞争力		变异系数 5 年变化
		均值	变异系数	均值	变异系数	
长株潭城市群	8	0.355	0.375	0.315	0.538	−0.164
北部湾城市群	11	0.223	0.345	0.197	0.496	−0.149
合肥城市群	8	0.267	0.524	0.221	0.336	−0.146
武汉城市群	11	0.345	0.394	0.314	0.495	−0.100
环鄱阳湖城市群	6	0.274	0.416	0.244	0.497	−0.081
关中平原城市群	8	0.268	0.504	0.230	0.583	−0.079
成渝城市群	14	0.299	0.482	0.291	0.553	−0.072
珠三角城市群	23	0.439	0.560	0.427	0.632	−0.071
中原城市群	14	0.320	0.300	0.293	0.344	−0.044
长三角城市群	23	0.530	0.317	0.512	0.353	−0.035
京津冀城市群	12	0.348	0.56	0.409	0.583	−0.022
辽中南城市群	7	0.250	0.392	0.395	0.410	−0.020
山东半岛城市群	10	0.398	0.294	0.436	0.287	0.007
太原城市群	6	0.222	0.541	0.209	0.497	0.046

资料来源：倪鹏飞.中国城市竞争力报告 No.18［M］.北京：中国社会科学出版社，2020.

从变化角度来看（见图 4-4、表 4-1），我国大部分城市群处于收敛、上升状态。长三角城市群、珠三角城市群、长株潭城市群等城市群处于收敛状态，城市群变异系数处于降低状态。从 2015—2020 年综合经济竞争力变异系数变化来看，长株潭城市群、北部湾城市群、合肥城市群和武汉城市群的收敛幅度最大，变异系数分别降低 0.164、0.149、0.146 和 0.1。而山东半岛城市群和太原城市群处于分化状态，城市群变异系数处于扩大状态，其中山东半岛城市群的变异系数扩大了 0.007，太原城市群的变异系数扩大了 0.046。但从 2020 年数据来看，这两个城市群又有所不同，山东半岛城市群本身内部差异较低，变异系数仅为 0.294，而太原城市群内部差异较大，变异系数高达 0.541。

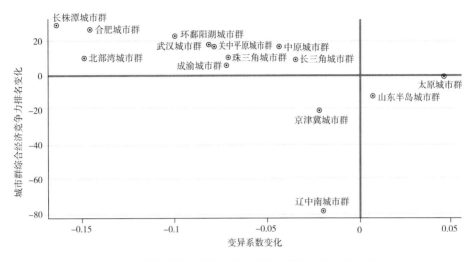

图4-4 各城市群综合经济竞争力排名及差异变化（2020年）

资料来源：倪鹏飞.中国城市竞争力报告No.18［M］.北京：中国社会科学出版社，2020.

结构：城市群体系已成多中心，但城市群仍少多中心

以城市群首位与次位经济竞争力比值衡量，城市群既有多中心，也有单中心，但仅有极少数城市群呈现多中心，大多数城市群仍以单中心为主（见表4-2）。

表4-2 各城市群经济竞争力格局（2020年）

城市群	首位除以第二位	首位除以第三位	首位除以第四位	首位除以第五位
珠三角城市群	1.019	1.212	1.547	1.555
北部湾城市群	1.110	1.128	1.517	1.575
山东半岛城市群	1.126	1.496	1.502	1.509
辽中南城市群	1.141	1.687	1.778	1.881
成渝城市群	1.200	2.021	2.176	2.286
长三角城市群	1.301	1.376	1.392	1.423
中原城市群	1.529	1.596	1.683	1.913
长株潭城市群	1.655	1.677	1.782	1.784
关中平原城市群	1.701	1.888	2.393	2.522

续表

城市群	首位除以第二位	首位除以第三位	首位除以第四位	首位除以第五位
环鄱阳湖城市群	1.780	1.904	2.244	2.333
武汉城市群	1.784	1.798	1.816	1.982
太原城市群	1.877	2.311	2.795	2.848
京津冀城市群	2.017	2.102	2.127	2.543
合肥城市群	2.110	2.395	2.648	2.694

资料来源：倪鹏飞.中国城市竞争力报告 No.18［M］.北京：中国社会科学出版社，2020.

长三角城市群呈现"一超多强"格局，中心城市上海，次中心苏州、南京、无锡、杭州、宁波也均较强且差异不大，在 0.7 左右，与上海的差距也不大，除此之外的其他城市均较为接近，都在 0.5 左右。

珠三角城市群、北部湾城市群的综合经济竞争力呈现显著的三中心格局，其内部首位城市与第二位城市、第三位城市的综合经济竞争力比值均较低，即珠三角城市群内部的深圳、香港、广州，北部湾城市群中的南宁、柳州、北海各城市之间的综合经济竞争力均比较接近。但北部湾城市群与珠三角城市群显著不同，珠三角城市群总体表现为强—强多中心，北部湾城市群表现为弱—弱多中心。

山东半岛城市群、辽中南城市群和成渝城市群呈现典型的双中心格局。具体来看，山东半岛城市群呈现典型的双中心格局，城市群内青岛、济南两个城市综合经济竞争力比值仅为 1.1 左右，其他城市如潍坊、济宁、淄博均较为接近，综合经济竞争力指数在 0.4 左右，此外城市群内其他城市均在 0.3 左右，总体城市群层级显著。辽中南城市群也呈现双中心竞争力格局，辽阳和沈阳的经济竞争力基本相当，其他城市则较低。成渝城市群也是典型的双中心经济竞争力格局，中心城市成都和重庆的经济竞争力水平大致相当，城市群内首位城市成都与次位城市重庆的综合经济竞争力比值为 1.2，而与城市群内部其他城市的比值则在 2 以上，并且第三位、第四位、第五位城市的比值均比较接近，表明其他城市的综合经济均显著较低且接近，总体仅成都和重庆竞争力较高。

中原城市群、长株潭城市群、关中平原城市群、环鄱阳湖城市群、武汉城市群、太原城市群、京津冀城市群、合肥城市群均呈现单中心格局。具体来看，中原城市群与长株潭城市群较为类似，均为中心城市经济竞争力水平较高，城市群内其他城市群较为接近，城市群内部其他城市不存在显著差异。关中平原城市群、环鄱阳湖城市群、武汉城市群则中心城市的经济竞争力水平显著，城市群内其他城市差异显著。而京津冀城市群、合肥城市群则为中心城市具有绝对优势，单中心城市经济竞争力格局非常显著。

总体来看，综合经济竞争力较强的主要为多中心、差距小、增长快的城市群，如长三角城市群、珠三角城市群、山东半岛城市群、辽中南城市群等，而竞争力较弱的城市群主要为单中心、差异大、增长慢的城市群，如京津冀城市群、武汉城市群、合肥城市群、太原城市群等。虽然单中心城市群的中心城市经济竞争力较强，但是总体仍然要弱于多中心均衡发展的城市群。当前我国较强的城市群处于多中心均衡发展的格局，但数量仍然较少，未来应当推动各城市群均形成多中心格局，促使多中心城市群越来越多，并以此带动城市群和区域经济发展。

城市群嬗变：从"中心—边缘结构"到"网络结构"

> 寓城市发展于城市群，寓城市群发展于全球化。

上海全球城市研究院院长、上海市经济学会会长
周振华

40年间，我国的城市化率从1978年的17.9%提高至2018年年末的59.6%，近6.6亿人口从农村进入城市，尤其是1998年住房市场化改革之后，城市化建设进入"超车道"。目前，京津冀、长三角和粤港澳大湾区，我国这三个最大的城市群的居民总数超过3亿人。"十四五"规划明确强调，我国要进一步发挥城市群的资源集聚效应、辐射带动效应、要素配置枢纽效应和科创引领效应，打破五大壁垒，推进城市群一体化、深融合和高质量发展。

上海全球城市研究院院长、上海市经济学会会长周振华在接受《北大金融评论》专访时指出，城市群、都市圈的概念早已有之，随着时代变化，其内涵也发生新的变化。当前，区域一体化发展的核心问题是如何形成有效的区域治理结构，特别是利益协调机制。要想改变区域中心越来越强、边缘越来越弱的状况，就应将传统的"中心—边缘结构"转变成"网络结构"。

从"中心—边缘结构"到"网络结构"

《北大金融评论》：区域经济学指出，在发达地区与不发达地区之间存在着"扩散效应"和"回流效应"。一般来说，"回流效应"总是大于"扩散效应"，

资本和劳动总是流向报酬更高的地区，这使得地区经济差距问题不可能完全靠市场解决。您认为我们的城市化进程应如何减少"回流效应"带来的影响？

周振华："回流效应"或者"虹吸现象"本身与我们传统的"中心—边缘"区域结构密不可分。在该结构中，"回流效应"大于"扩散效应"是必然现象，呈现中心越来越强、边缘越来越弱的状况。

要想改变这种状况，就应将传统的"中心—边缘"结构转变成"网络结构"。比如在京津冀城市群中，北京和天津分别是两个不同的网络节点，它们之间是平等的。要想做到这一点，前提是各个城市需要有明确的分工，各自具备不同的功能。如果同以往一样，在京津冀地区，北京集聚了几乎所有的城市功能，那么其他城市的作用便很难发挥出来。

美国东部地区便提供了一个很好的案例。波士顿—华盛顿城市群以纽约为中心，北起波士顿，南至华盛顿。在该城市群中，各个城市都有不可替代的功能：纽约是金融中心，波士顿汇集了顶尖的教育资源，华盛顿是行政中心。这便使得各个城市在资源、人力等方面形成了良好的互补关系，做金融的人集中在纽约，大学教授大多居住在波士顿，在这种集聚—分散中城市群达到了一种平衡状态。

所以，在建设城市群的过程中，要格外注重城市之间的分工与合作。比如，在上海城市建设中，不能将上海建设成一个"全能城市"，将所有主要功能都集中在上海。一方面，上海的空间是有限的，无法容纳过多的城市功能。在空间拥挤的情况下，核心功能便无法发挥，最终会使得各个功能都平淡无奇；另一方面，这也会制约城市群中其他城市的发展，不能有效发挥其各自的比较优势。

《北大金融评论》：一些观点认为，目前我国的城市群数量规划过多、规划空间尺度太大，其实施效果可能不尽如人意，您怎么看待这个问题？

周振华：城市群数量规划过多、规划空间尺度太大与实施效果不尽如人意之间其实并没有直接关系，或者讲，不是一种因果关系。这里的关键在于，城市群、都市圈的发展更多的应该依靠市场机制，而非行政驱动，但在当前行政分割体制下，这种市场配置资源的作用往往受阻。这实际上指出了区域一体化发展的核心问题，就是如何形成有效的区域治理结构，特别是利益协调机制。事实上，区域发展中同时存在着两种空间——"地点空间"和"流动空间"。"地点空间"是有边界的，如行政边界、行政管辖区等，"流动空间"是无边界的，是有交集的、渗透的。这两个空间是天然对立的。如何在两个空间中找到平衡、形成一种协调机制，这不仅是中国，也是全世界在区域发展过程中面临着的一个难题。

国外实践经验显示，因国家、地区实情的不同，区域治理存在着以政府为主导、民间各利益相关方参与，政府和民间联合组织，和以民间为主、政府为辅等多种协调模式。现阶段中国采用的是一种以地方政府为主导的协调模式，例如长三角区域合作办公室的成立是这方面的一个重要尝试，但社会各利益相关方参与度还不高。

按照区域经济发展规律，区域治理将越来越趋向于既不是一种没有政府的纯粹民间治理，也不是完全由政府主导的区域治理，而是一种以国家、地方政府、企业和本地参与者参与的混合治理结构。例如，在制定规划引领时，一方面是中央政府要制定区域的总体战略规划，解决好区域的发展定位、城市体系、轴带模式等宏观问题；另一方面，涉及区域交通建设、环境保护等专项规划时，往往由社会各利益相关方共同参与，聚焦各方关注的问题，运用先进的科学和技术辅助决策，找准各方利益结合点和平衡点，协调多方面利益，就相关问题达成共识。这些专项规划研究的数据和结论都要真实详尽地在网上公布，对全社会开放，供政府、企业和公众随时取用。这些方面是今后中国区域一体化发展中要进一步加以改进和完善的。

《北大金融评论》：您觉得"十四五"时期的城市化发展会出现哪些新的变化？

周振华：城市间的要素流动会增强，资源配置将更加合理。以人口流动为例，在过去城市化进程中，主要是农村过剩劳动力向重要城市、城镇转移，人口多集中于区域内的单个城市。随着都市圈、城市群的建设，在同城效应下，人口转移的目标不再局限于单一的中心城市，而是扩大至整个大都市圈以及所在区域的城市群。从长期来看，区域内的人员流动将更加频繁，中国的城市化将往更深层次的方向发展。

城市群是双循环的中心节点

《北大金融评论》：在构建双循环发展新格局背景下，您如何看待城市群、都市圈的定位？其作用如何？

周振华：先看定位问题。城市群、都市圈的概念早已有之，随着时代的变化其内涵也发生了新的变化。国外现在更多的是从全球城市的角度来研究城市群的问题。当今全球城市的发展，早已不是一个城市单元，而是作为一种地区现象，演化为全球城市区域或巨型城市区域，所以"美国2050"空间战略规划的一个主要内容就是巨型城市区域规划。从空间尺度来看，国外全球城市区域实际就是大都市圈，以中心城市为主，周边中小城市紧密连接，城际间同城效应显著。巨型城市区域就是我们所说的城市群概念。对中国而言，随着双循环建设的推进，城市群、都市圈将更加面向世界，参与全球合作与竞争，所以其定位更要引入全球化的考量。

具体到城市群与都市圈本身的建设，二者差异明显。首先，区域一体化发展的逻辑顺序是从大都市走向城市群。大都市是基础性空间组织载体，只有在大都市成功发展的基础上，才能更好形成城市群，实现区域一体化。其次，大都市内的网络关系紧密，中心城市与周边城市的功能分工相对明确，互补性较强；城市群则更多的是区域内都市圈之间的大分工，有相应错位即可。最后，在大都市圈中，中心城市和周边城市在经济容量、人口、产业等方面差异较大，而城市群内各都市圈之间的差别相对较小。因此，城市群、都市圈的发展战略应各有侧重。例如，都市圈建设应着重解决好城际轨交、不同城市功能定位、资源统筹使用、人员流动自由便利化、大都市管理机构等问题。城市群建设要更多地考虑市场连接的问题，推动区域内统一市场的建立，促使资源要素的自由流动。

至于其作用问题，真正能够支撑双循环发展战略的，将是区域一体化这种比较大尺度的空间。一个城市不可能成为全能城市，什么功能都有，也不能成为超能城市，什么功能都是最强的。因此，在双循环发展背景下，不应将城市作为一个孤立的发展单元，而应通过在大都市圈、城市群内的合理功能分工，去承载更多循环的环节。比如上海，要将其打造为国内大循环的中心节点和国内国际双循环的战略连接点。这种区位功能专业化分工，将使得城市间功能高度连接与集成，并最终发挥出区域的全方位支撑作用。

《北大金融评论》：对标伦敦、纽约、东京这些国际金融中心，上海城市建设的不足是什么？

周振华：目前，上海的金融体系已经很完备了，但问题是其能级不高。虽然具备各类型的市场，但规模较小，而且还不具备最关键的定价权。

所以对上海来说，国际金融中心建设其实是一个提高能级的过程。能级的提高有赖于我国制度对外开放的广度和深度，上海只有面向国际市场，才能在全球资产配置方面大有可为。

另外，长三角本身的金融发展的潜力很大，但金融资源的内部有机整合难度较大。加大对外开放力度，不仅对上海，对于整个长三角城市群的区域发展都具有带动作用。

从2019年到2020年，我国在金融开放方面出台了一系列政策，开放必定是大势所趋。需要进一步考虑的问题是，如何在保证金融安全的情况下进一步开放。

长三角城市群的分工与协调

《北大金融评论》：您提到，不能将上海建设成一个全能城市，但目前，上海是长三角发展的龙头，那么，您如何看待长三角城市之间的分工与合作？上海与其他城市之间的协调机制是怎样的？

周振华：对于中心城市，要明确核心功能是什么，非核心功能是什么。当然，这是动态的，核心功能与非核心功能之间是可以转化的。上海在建设五个中心（国际经济、金融、贸易、航运、科创中心）的过程中，既要强化核心功能，提升能级，又要注重非核心功能的有效疏解。例如，在国际航运中心建设中，重点是培育和发展航运服务功能，特别是航运金融、海事服务等高端服务，而集装箱和货物运输方面的功能，应该适当、合理、有效地疏解到长三角的其他港口城市，如宁波、舟山、连云港。这样既有利于上海在航运服务方面做大做强，也有利于其他港口城市的发展，从而在互补中形成合理的分工。再如，在国际贸易中心的建设中，贸易的清算和结算是核心功能，上海要在这方面下功夫。其他一些贸易功能，如展示、物流等，可以适当加以分流，让长三角的其他城市去做。这样，上海才能在长三角一体化发展中发挥龙头作用，并促进区域城市之间的功能分工。这也体现了经济学中的一个基本命题——分工产生效率。

在具体的实施层面，中央要从全局考虑，给出不同城市的合理定位，但更重要的是，中心城市要认识到，非核心功能的疏解对于长期可持续发展是至关重要的。对于中心城市周边的城市而言，各地政府要形成一种共识，即不是单向、被动地接受中心城市的扩散和辐射，而要在发展中发挥自身优势，形成自己的核心产业竞争力。

此外，与此相配套的分配机制、考核机制等也要进行调整。否则，基于GDP和财政收入方面的考虑，谁都不愿意疏解已有的非核心功能及其产业转移。所以说，中央在给出合理的定位之后，也要在财税政策等各方面调整相应机制。

《北大金融评论》：当前，数字化是全球各大城市的重要发展机会，比如杭州利用互联网和数字技术成为中国的标志。您如何看待数字化对长三角城市群发展的影响？

周振华：数字化是未来的一个重要发展趋势，对产业和城市都有很大的赋能作用。在"十四五"规划中，上海提出了加强数字货币、区块链、移动支付等金融科技的联合研发，长三角的其他省市同样十分重视，将其作为基础设施来对待。在数字经济领域，目前全球基本处于同一起跑线上，因而我们可以更加平等地参与国际竞争。数字化发展将大大加强长三角城市群之间的网络连接，促进智慧城市的建设。

《北大金融评论》：目前金融产业存在集聚现象已成为共识，金融集聚影响城市化的同时，城市化也反过来影响金融的发展。您如何看待城市群与金融之间的共振？您如何看待长三角城市群金融市场的融合与发展？

周振华：目前在国内的金融体系中，间接金融占较大比重，而且主要依靠中央银行的贷款份额的分配，因而在传统信贷这一方面，目前各大城市群可以发挥的空间并不大。但在直接金融方面，区域性发展还是很快的。例如，上海集聚的许多基金公司和风险投资公司，有相当一部分是投资到长三角的。

当下，长三角城市群的金融融合与发展面临着很大挑战。例如，形成长三角不良资产交易平台，使一些不良资产能够跨越行政区域配置，那么便可以盘活一些"死资产"。否则，按照行政区域来进行配置，便会导致金融配置效率低下。因此，如果说交通的互联互通为城市群之间的交流奠定了基础，那么下一步还应继续推进金融基础设施在城市群之间的互联互通，进而推动整个金融体系的互通与开放。

连接、分割与整合："流"数据视角下的城市群

> 对城市大群、小群和群外城市的融入、分离看得更为准确。

上海交通大学特聘教授　陆　铭
上海海事大学讲师　李杰伟

"十四五"期间，中国将在人均 GDP 水平上成为一个高收入国家，而城市群是人口和经济最重要的载体，也是高质量发展的动力之一。因此，对于城市群，我们需要有一个客观的认识，尤其是建立在理论逻辑和证据基础上的评估，这样可以在政策上减少扭曲，为高质量发展奠定基础。城市群的基础，主要是群内城市间经济的分工和关联，以及城市群内的市场整合。

从车流轨迹看城市间联系

目前对于城市群，各界人士都有不同的理解和范围界定。由于城市群涉及城市之间"人"和"货"的交流，只有考虑群内城市之间的经济联系，尤其是需要用"流"的数据对城市间的经济和人员往来进行分析，才能科学地做出评估。而中国的"流"数据相对比较缺乏。幸运的是，在评驾科技有限公司的支持下，我们采用交通运输部"车联网"关于客车和货车的大数据，计算了城市间"人流"和"物流"的联系，然后以此为基础观察城市之间的人员往来，并对城市群进行评估。

当前中国已经形成了"抱团取暖"的城市群。国务院和发改委批复的 11 个城市群（包括京津冀和珠三角城市群），都能明显地找到由汽车轨迹连成的

网络和边界，货车的车流轨迹类似，只是华北地区车流更密集。未批复的城市群中，山东半岛城市群、天山北坡城市群也比较明显，甚至黔中、滇中、辽中南城市群也有雏形。这些城市群往往以一两个核心城市或区域中心城市为基础往外发散，形成放射状，中心城市在城市群中的作用非常明显。

城市群之间的联系，呈现出了明显的梯队。沿海地区的城市群之间联系最为紧密，其中客车车流南部较多，货车车流北部更密，中部的城市群之间及其与沿海地区城市群的联系相对较弱，西部和东北地区的城市群与其他城市群的联系则比较松散。

城市群的联系紧密度和辐射力有着明显的差异。如果用群内城市之间或者群内城市与群外城市之间联系紧密度这个指标进行评估，我们会发现7个成熟的城市群（京津冀、长三角、珠三角、成渝、长江中游、中原、关中平原城市群）。即使有些城市群规模比较大，群内的联系也比较紧密。这些成熟的城市群，与群外城市的车流总量比较大，但是与群外城市的车流占总车流的比重却很低。这说明这些成熟的城市群对外辐射力强，也说明它们的总车流较大且群内循环比较多。在新城市群中，除了山东半岛城市群，其余的只有在较小范围内才能保持紧密的联系，并且对外辐射力有限。

城市群内部问题与可行解决方案

规划的城市群也暴露出了很多问题。第一，有些城市群内部联系还很松散。一些城市"小群"，如长三角的"合肥小群"、长江中游的"南昌小群"甚至"长沙小群"，与"大群"之间的联系并不紧密。而有些双核心的城市群，如哈长城市群、兰州—西宁城市群、辽中南城市群，甚至成渝城市群，两个核心城市之间以及两个城市"小群"之间联系也并不紧密。如果"小群"与"大群"或者两个核心城市之间不能很好地融合，那就会削弱城市群应有的市场一体化作用。

第二，有些人为规划的城市群并未跟上实际的城市群发展。如果用车流数据去界定城市群，会发现很多城市群与规划的并不一致，尤其是地理位置比较靠近的城市，往往就近融入城市群，而这个融入的城市群常常不是规划中的城市群。如湛江、茂名融入了珠三角城市群而非北部湾城市群，遵义融入了成渝城市群而非黔中城市群，滁州、马鞍山、宣城、黄山融入了南京和杭州的"小群"而非"合肥小群"，萍乡融入了"长沙小群"而非"南昌小群"……对于城市间人和货的交流来说，距离是重要的，无论是客车还是货车的车流，都会随距离增加迅速下降，因此城市往哪个方向融入城市群，与距离和经济往来有很大的关系。这些经济规律并没有被城市群的规划者充分重视。

第三，城市群内仍然存在市场分割。城市群一个重要的作用是整合市场、消除市场分割，以此获得规模经济。但是我们用计量经济学的方法进行评估时发现，虽然城市群已经开始展现出整合市场的力量，但是只有7个成熟的城市群以及各城市群的核心城市，规模经济效应才比较显著。很多城市群并没有起到应有的作用，或者说，城市之间、省份之间的市场分割依然比较严重。了解城市群存在和发展的机理，就可以有针对性地对城市群的相关问题提出政策建议了。

首先，我们建议，城市群的规划要重视群内城市之间的经济联系，不能硬将城市拉在一起组成城市群。如果群内城市之间没有坚实的经济联系基础，组成城市群会大大增加组织协调成本，收益却很小，最终得不偿失。

其次，在协调城市群和域内小群之间的关系上，尤其要尊重市场规律。"小群"希望融入"大群"以分享"大群"所带来的规模经济，可以理解，但是这会增加城市群的组织协调成本，或者导致城市群的资源分配到收益并不高的地区。如"南昌小群"按规划计入长江中游城市群，但是它的很多城市转身又融入长三角城市群。对于"小群"内的城市来说，哪个"大群"是目标城市群，还是要看经济发展的需要。因此，与"大群"联系紧密的"小群"，可以融入大城市群，而联系并不紧密的"小群"，不要急于将它们与某个城市群捆绑在一起，要看"小群"和"大群"之间是否有实际的经济联系，给"小群"往哪个方向融入留下选择的空间。

再次，需要逐步建立跨行政区域的治理机制。在2020年8月习近平总书记视察安徽时召开的扎实推进长三角一体化发展座谈会上指出,"要紧扣一体化和高质量两个关键词,以一体化的思路和举措打破行政壁垒、提高政策协同,让要素在更大范围畅通流动,有利于发挥各地区比较优势,实现更合理分工,凝聚更强大的合力,促进高质量发展。"一体化是城市群高质量发展的基础。城市群既需要打破市场分割,形成统一的大市场,也需要群内城市之间保持适度的竞争,以获得竞争效应。竞争效应在传统的政府行政分权体系下比较容易获得,而整合市场,却需要一个跨越城市和省级行政机构的组织进行协调。

最后,要重视西部城市群的凝聚力。从车流数据上看,西部城市群如呼包鄂榆城市群、兰州—西宁城市群、成渝城市群、北部湾城市群,核心城市的凝聚力较大,按车流界定的城市群范围比规划所显示的大。虽然它们的外围城市与核心城市之间的车流量并不高,却都形成以核心城市为第一的"车流伙伴",凝聚在核心城市周围。在制定规划时,这些凝聚在核心城市周围的城市可以有意识地纳入城市群内,加强彼此的联系,实现共同发展。

"人民城市人民建,人民城市为人民。"只有更加尊重科学规律,城市才能真正为人民服务。也只有用科学的方法准确把握城市间的联系,才能更好地促进城市群的发展。

第五篇

积极应对人口老龄化国家战略

银发经济和养老金融的发展要适合国情

> 根本性的解决之策是要贯彻《中共中央 国务院关于加强新时代老龄工作的意见》和大力推进改革。

十三届全国政协常委、外事委员会主任，财政部原部长
楼继伟

第七次全国人口普查数据显示，我国 60 岁及以上人口已达到 2.64 亿人，占总人口的比重为 18.7%。我国已进入人口老龄化社会，而且统计数据显示，人口老龄化的程度还将进一步加深。如此众多的群体，蕴藏着巨大的消费潜力。需求侧的规模和结构变化，必然引起供给侧的适配，形成银发经济。

我国银发经济的特点

我国老龄群体的特殊结构决定了银发经济的特点。

第一，城乡之间收入的差距巨大。城乡收入之比尽管近年来有所缩小，但 2020 年仍达 2.56，而且农村居民的收入一半以上来自在城镇打工汇回的收入。老年人的收入差距更大。城镇职工基本养老保险月平均水平接近 3000 元；农村居民基本养老保险月平均水平不足 200 元，而且还是政府做了大量补贴才达到的。农村居民基本医疗保险，政府的补贴比例更高，超过个人缴费水平的 2 倍。由于缴费少，基本医疗保险保障水平相对较低，重点是保大病。

第二，城镇企业职工平均退休年龄为 54 岁，退休人员与传统的老年人相比，收入更多，受教育程度更高，也追求更有品质的生活，如购物、旅游、

"候鸟"式生活、医养结合等，对各个产业都产生大量的需求。70岁以上的老年人对医疗和养老的需求会大幅度增加，同时对其他方面的需求也十分可观。发达国家大多已进入老龄化社会，法定退休年龄基本在65岁以上。渐进式延迟法定退休年龄政策让经济社会成为可持续的。这样一种退休年龄结构使得银发经济很有中国特色。

第三，农村的银发经济与城镇有明显差别。城镇主要是创造需求。而一些农村人口，五六十岁还在打工，相比之下，按照城镇企业职工的退休政策，这类人群是可以提前退休的。由于网络信号的全面覆盖和手机的全民普及，农村人口包括老年人也容易触及各类商品和服务，需求被释放出来。很多电商和服务平台向下延伸，满足县乡以及农村的需求。

第四，不同于发达国家先富后老，我国是未富先老，必须保持高速度、高质量的经济增长。退休年龄过早影响我国经济的可持续性。较早退休的人群中有大量的高素质人群，要尽可能地调动他们的积极性，推动经济高质量发展，例如可以做职业培训工作，包括满足老年人"老有所学"的需求。"十四五"规划提出"发展银发经济"的任务，该任务要求是全面的。

第五，一些极具中国特色的相关制度，有很大的缺陷，要继续加以改进。例如职工基本养老保险和医疗保险都由地方管理，中央主要做政策指导，各地的政策不统一，异地接续难，影响劳动力流动和退休后的生活。目前企业职工基本养老保险正在向全国统筹过渡。随着经济社会数据化转型，养老金远程支付已不难。相比之下，异地就医的基本医保远程支付就困难得多，主要因各地纳入保险的病种、药品、服务和个人支付比例等都不尽相同。要继续加强制度统一和异地接续的力度，过渡到全国制度统一还需较长的过程。

2021年11月，《中共中央 国务院关于加强新时代老龄工作的意见》（以下简称《意见》）发布，主要聚焦于加快建立健全相关政策体系和制度框架，推动老龄事业高质量发展。银发经济大部分可以商业化发展，还有相当一部分具有准公益性质。《意见》中含有支持和扶助市场主体参与老龄事业发展的内容。市场力量和政府政策相结合，可以有力地推动银发经济高质量发展。在文件中可以看到，面对地区和城乡差别巨大的国情，《意见》针对二元经济结构提出了共同但又有区别的政策体系,在制度框架上着力打破城乡和地区隔阂,实事求是,指导性很强。

以上主要是结合我国二元经济的特点谈银发经济,并提出了一些发挥优势和弥补弱势的办法。根本性地解决问题还要靠认真贯彻《意见》和大力推进改革。

探索适合国情的养老金融

《意见》还提出"尽快实现企业职工基本养老保险全国统筹。健全基本养老保险待遇调整机制,保障领取待遇人员基本生活。大力发展企业(职业)年金,促进和规范发展第三支柱养老保险。"这部分内容直接针对养老保险三大支柱,对发展适合国情的养老金融有重要的指导意义。

关于第一支柱

我国社会养老保险以地方管理为主。其他国家多由中央政府统收统支,统一管理,这种方式有助于劳动力的跨域流动。法国是个特例,其养老保险实行分行业垂直管理,是有重大缺陷的。《意见》提出"尽快实现企业职工基本养老保险全国统筹",经过长期研究,我认为这仍然是一个过渡形态,还需尽快实现国家税务总局直接征收社会养老保险费,在统收的基础上实现中央统支。在中央统一管理下,各地的缴费和待遇水平可有不同,但缴费核定和待遇调整制度要统一。

《意见》还提出"健全基本养老保险待遇调整机制,保障领取待遇人员基本生活。"这句话直指要害,社会养老保险待遇调整,应在长期精算的基础上,给出中长期待遇调整公式并向社会公开,争取在社会共识的基础上保持社会养老保险的可持续性。但实际的做法是一年一定,并未做长期精算。

《意见》进一步提出,"保障领取待遇人员基本生活",这句话十分精准,符合一般规律。按照精算平衡原则,待遇调整通常是参照工资增长、物价变动和老龄化演进的趋势来测定中期调整公式,并且每年都做国家精算。

养老金融主要包括第二支柱和第三支柱,但第一支柱是基础,其构架和运行机制对其他两支柱的发展有重大影响。

关于第二支柱

《意见》提出"大力发展企业(职业)年金"。第二支柱的特点,一是在参与的人员范围内实现统筹共济,风险共担。因此筹资比例、个人退出政策、年金给付政策和委托投资管理人等事项,都需职工代表大会参与确定。二是国家有税优政策。包括企业缴付部分和个人缴付部分按工资的不同比例在当期个人所得税税基中扣除,以及受委托基金年度个人分红暂不纳税,实行在年金提取时递延纳税政策。三是对受托基金各类资产配置的比例边界做了大致的规定,并避免投资风险过高的金融产品。目前企业年金委托投资基本正常,截至2020年年底各地的职业年金也都开始委托投资。

问题在于参与企业年金的企业不多,主要是因为国企和部分大型民企,在激励机制上存在问题。企业年金在各个国家发展是不平衡的,与第一支柱的制度替代率高度相关。例如美国的"401K"为第二支柱,发展的规模非常大,其相应的第一支柱制度替代率长期为38%,近年来由于不可持续而有所下降。欧洲国家第一支柱制度替代率大多在50%以上,相应的第二支柱发展规模远远不足。相比之下,英国第一支柱制度替代率仅为28%,第二、三支柱更为发达。我国官方公布的企业职工基本养老保险制度替代率为58.5%,但是以缴费基数作为测算依据的。由于缴费基数总体上低于社会职工的平均工资,这个替代率可比性比较差。一般来说,制度替代率以首年退休金与个人退休年度工薪收入或前几年平均工薪收入为基准相除。如果按此测算,我国制度替代率将有所下降,但这并不是激励不足的主要原因。

主要的问题,一是征管效力不足,实征数和应征数之比不足80%。二是多缴多得、长缴多得的缴费激励机制不足,缴费年限和缴费金额,对个人退休后养老金收入有一定影响,但影响的力度不足。如果上述负激励的问题得以解决,在保持财政一般预算对企业职工养老保险补贴稳定的情况下,还可以适度降费,并保持现存的制度替代率,制度可持续性也可提高,还可增强企业参与第二支柱的激励。

另外一个问题也同第二、三支柱发展密切相关。有些人有买房养老的执念，认为住房价格会不断上涨，从而四处购房，指望退休后卖出一部分，通过价差收入养老。国家会长期坚持"房子是用来住的，不是用来炒的"定位，而且随着房地产税试点出台，自住房之外的住房持有成本将增加，会纠正买房养老的执念。这也有利于第二、三支柱的发展。

关于第三支柱

《意见》提出"促进和规范发展第三支柱养老保险"，第二、三支柱都是对第一支柱的补充，特别是第三支柱，更适合灵活就业人员。这类人员往往在不同企业变动就业，导致养老保险缴费难、接续难。第一支柱作为社会养老保险，国家可以通过强制性规定解决这一问题。但第二支柱是企业和职工的自愿行为，灵活就业人员很难参与，第三支柱就可以做有益的补充。一些参加企业（职业）年金的长期就业职工，有意增加今后的养老权益，第三支柱也可以满足此类要求。

在这方面要考虑中国的特殊情况，不能照搬西方的模式。对于税优型个人参与的商业养老保险，我国税优政策提供不了多少激励。以美国为例，其第一、二支柱养老保险在支取时都须缴纳个人所得税，资本利得（Capital Gain）也作为一个税项，个人所得税基础扣除只有200美元左右，主要是为了减少税务纠纷，从而对税延型政策有足够的激励。我国社会养老保险在退休后领取时无须缴税，个人所得税基础扣除为5000元，资本利得不作为一个税项，当然也进入不了税延政策。假定某人退休金为3000元，则不必纳税的数额就达8000元；如果六项专项扣除①中可以扣除1000元，那么退休收入在9000元以上才需要纳税，因此参与第三支柱的税延激励低。2018年5月起，个人税延型商业养老保险在上海市、福建省（含厦门市）和苏州工业园区进行试点，截至2020年累计实现保费收入约3亿元，参保人数不足5万人。对

---

① 截至本书出版，个人所得税专项附加扣除共包括八项。

社会保障法和个人所得税法做根本性的改动,在短期内是不可能的,我们必须另辟蹊径。

前面已经讲过,长期坚持"房住不炒"的定位,房地产税即将出台,已大幅度削弱了购房养老的执念。"资管新规"发布以来,严格限制发行高息刚兑固定收益产品,目前新发行已清零。这些都改变了投资者的预期,为个人商业养老保险创造了有利的环境。但是中国人特别是老年人,由于其风险收益特征,特别执着于保底收益承诺。截至2021年10月底,全国32个省份与全国社保基金理事会签署了委托投资合同,全部为承诺保底模式,金额为12820亿元,委托期限均为5年,保底收益率为同期5年国债平均利率(2016—2020年年化为2.96%),按当前风险政策约束下的战略资产配置比例测算,5年平均收益率战胜保底收益率的概率为92%。经过专业化的投资运作,实际年化收益率为6.45%。按照基金投资的一般规律来看,如果委托期限拉长到8—10年,可以跨商业周期,则战胜保底收益率的概率可以提升到99%,投资收益率也会更高。理事会受托管理中央财政战略储备资金,20年的年化收益率为8.18%,如果平滑到任意一个10年周期,从未出现过平均年化收益率低于同期国债平均利率的情况。

可以观察到,经相关部门的共同努力,一些低息保底承诺的个人商业养老保险产品已经见诸市场或者将要上市。一般来说,如果保底承诺比较低,比如低于2.5%,则可以提供在约定期限内灵活存取等各种便利。如果保底承诺比较高,比如达到3%,则合同周期比较长,而且只能到期支取。保险基金管理人可以提供不同的产品系列,由投资人根据自己的需求选取。从金融市场的角度来说,这类产品就是不同种类的"万能险",此类险种在发达市场占有20%—30%的比例。我国这类险种一度变种为高息刚兑产品,现在开始恢复其本来面目。另外还有一点必须提及,就是需要有专业的、富有信托精神的基金管理人。社保基金理事会受托管理地方资金,战略资产配置预期收益率不足4.5%,超预期收益主要来自承担可控风险,战术上主动偏离,把握市场投资机会。

结语

研究和发展银发经济、养老金融必须解放思想、实事求是，紧密结合我国的国情。还有一点必须提及，就是需要认真学习《意见》的精髓，作为"十四五"规划所提出的"实施积极应对人口老龄化国家战略"的具体部署，《意见》针对我国二元经济社会结构的基本特点，提出的各项任务要求指导性很强，同时有些还是开篇探索性的。例如，通过资产收益扶持制度等增加农村老年人收入，这些任务实现的难度很大，更需要理论研究者和实务工作者的认真探索。总之，只要把握正确的研究和工作方法，认真贯彻中央的要求并大力推进改革，我们就一定能够实现新时代老龄事业高质量发展的战略目标。

老龄化时代如何提高生产率

> 中国要从人口红利产业转移的库兹涅茨过程,走向以知识红利促进创新的熊彼特过程。

中国社会科学院国家高端智库首席专家、学部委员

蔡 昉

在20世纪80年代,有经济学家大胆预言,经济学将从此进入熊彼特时代。这个判断针对那个时期西方国家过分注重以宏观经济政策刺激增长,而忽略创新对于经济增长可持续性的重要作用,强调的是经济学范式的转变。中国日益加速和加深的人口老龄化,给经济增长特别是生产率提高带来一系列严峻挑战。为了有效应对这些挑战,中国也面临着一个经济研究范式的转变。

如果说预言的经济学范式转变,意味着告别凯恩斯而接受熊彼特,我建议在库兹涅茨范式的基础上,增加一个熊彼特范式。这样,我们的经济分析工具箱便得到充盈,使我们能够认识中国在迈入高收入国家行列的发展进程中,如何发掘所有可能和必要的生产率源泉。本文简述中国人口老龄化带来的经济增长挑战,阐释两个提高生产率的相关经济学范式,揭示政策含义和提出市场启示。

老龄化要求转换增长动力

在改革开放以来的40多年里,中国不仅创造了人类历史上经济高速增

长的奇迹，也经历了人类历史上最大规模的人口转变。前者把中国从1978年人均GDP只有156美元的贫穷国家，转变为2020年人均GDP达到10500美元的中等偏上收入国家；后者在同一时期把总和生育率从2.7降低到1.3，使中国进入世界上生育水平最低的国家行列。这个人口转变最引人关注的结果，就是人口的日益老龄化。2020年中国总人口达到14.12亿人，自然增长率创历史新低，65岁及以上老年人口达到1.9亿人，占全部人口的比重为13.5%。展望未来几十年，中国人口老龄化速度将是世界上最快的，中国老年人数量也将长期保持世界第一的位置，预计2040年中国65岁及以上人口将占全球老年人的26.4%。

几乎所有的国家都会经历一个以生育率下降为标志的人口转变过程。人口转变阶段的特点，决定一个国家的经济增长模式。人口转变过程可以粗略地划分为两个对比鲜明的阶段：一是以劳动年龄人口迅速增长为特征的人口红利时期；二是以快速老龄化为特征的后人口红利时期。以2010年15—59岁劳动年龄人口达到峰值为转折点，中国此前处于收获人口红利的发展阶段，随后便面临着人口红利消失的挑战。这个人口转折点对经济增长模式的转变提出紧迫要求。

人们常常以为，人口红利仅仅表现为劳动力数量充足和成本低廉，因而有利于在劳动密集型制造业形成比较优势，并以此支撑高速经济增长。这样简单理解不利于认识人口红利消失对经济增长挑战的严峻性。事实上，人口红利来自人口因素对经济增长所有变量的正面效果。具体来说，大规模并快速增长的劳动年龄人口，和低水平且持续降低的人口抚养比，给经济增长带来充足的劳动力供给、不断改善的人力资本、高储蓄率和高投资回报率，以及充分的资源重新配置效率即生产率提高空间，最终表现为劳动生产率和全要素生产率对经济增长的驱动作用。经济学家从不同角度解读过促进中国经济增长的各种贡献因素，证实了这种人口红利的作用。

中国的劳动年龄人口在2010年达到峰值后便逐年减少，相应地，上述有利于经济增长的各种变量也都发生了逆转性的变化，即劳动力短缺、人力资本改善减缓、资本报酬率和投资回报率降低、资源重新配置空间缩小，从而生产率的提高减速。影响经济增长的基本因素无非就是上述变量，一旦所有这些变量都发生从有利到不利的变化，以往行之有效的增长模式便走到了尽头。

具体来说，老龄化提出的增长模式转换包括两个任务。第一，从生产要素驱动的增长转变为生产率驱动的增长。要素投入固然是经济增长不可或缺的因素，却不是报酬递增的可持续源泉。一旦劳动力不再是无限供给的，则意味着劳动力的短缺和成本提高，也意味着资本回报率下降。由于生产率特别是全要素生产率来自创新和优化配置，因而不受报酬递减规律的影响。第二，从主要依靠剩余劳动力转移获得资源重新配置效率的生产率提高模式，转向更加依靠竞争优胜劣汰或创造性破坏的生产率提高模式。由此提出的增长模式转换任务，可以同经济学范式的转变需求相辅相成。

关于生产率源泉的两个范式

生产率归根结底是资源配置效率。在产业之间、行业之间和企业之间存在着生产率差别，当生产要素朝着生产率提高方向流动，即以产业、行业和企业为依托，从低生产率向高生产率进行重新配置，现存生产率差异得以缩小的同时，生产率也会得到整体提高。有两个著名的经济学范式，从理论上阐释了这样的资源重新配置从而让生产率提高的过程，即库兹涅茨式的产业结构变化和熊彼特式的创造性破坏。

经济学家库兹涅茨基于对经济发展过程中产业结构变化的研究指出，这种产业结构变化，本质上是一个劳动力从生产率极低的农业向生产率更高的非农产业转移的过程。按照经济学家青木昌彦（Aoki Masahiko）的说法，遵循生产率从低到高这个方向进行的产业结构变化，就是库兹涅茨过程；相反，如果产业结构发生一种生产率从高到低的变化，则可称其为逆库兹涅茨过程。很显然，从库兹涅茨过程获得生产率提高的源泉，与人口红利密切相关。很多亚洲国家和地区都经历过收获人口红利的时期，因此，农业剩余劳动力转移成为这一地区生产率提高的显著特点。

在中国的改革开放过程中，劳动力从农业向非农产业转移、从农村到城市流动，被称为人类历史上和平时期最大规模的人口迁移现象。伴随着农业劳动力比重从1978年的70.5%降低到2020年的23.6%，中国经济整体劳动生产率（劳均实际GDP）在此期间提高了20.5倍。在这20.5倍中，固然有第一、第二和第三产业各自的贡献，然而三个产业之间的资源重新配置，即劳动力从农业转向非农产业的过程中，对整体生产率提高做出了约44%的贡献。虽然这个生产率的提高源泉并没有枯竭，中国仍有大量劳动力有待从农业和农村转移出来，但是，毕竟中国已经进入劳动年龄人口负增长的时代，亟待开启不完全依靠人口红利的生产率提高模式。

依据熊彼特的理论，企业家的职能就是在日常经营中从事创新，即创造新产品、采用新生产方法、开辟新市场、获得新的供应来源和实施新的组织方式；而在发生经济衰退时进行生产要素的重组，即创新企业获得更大的要素配置空间。这些职能都是通过使高生产率企业生存和扩张，让低生产率企业消亡或退出，即通过创造性破坏过程实现的。所以，这样的生产率提高方式，可以被称作熊彼特过程。而那些生产率低下不具有竞争力的企业，甚至既不消亡也不退出的"僵尸企业"继续占据市场，同时生产率更高或者具有提高生产率潜力的企业难以进入市场，这些现象共同形成一个逆熊彼特过程，整体生产率就会受到伤害。

防止资源配置的僵化和退化

中国在迅速失去人口红利这个经济增长源泉的同时，提高生产率的"低垂果子"也即将告罄，也就是说库兹涅茨过程不再能够满足生产率提高的要求，需要尽快转向更加依靠熊彼特过程的新生产率源泉。正如发展中经济体能够利用人口红利，从结构变化的库兹涅茨过程获得生产率提高一样；发达经济体在更大程度上依靠熊彼特式的创造性破坏，获得整体经济的生产率提高。

例如，研究表明，企业之间竞争所发生的进入与退出、萎缩与扩张、生存与死亡等结果,对美国生产率提高的贡献高达 1/3 到 1/2。中国正处于从中等偏上收入到高收入发展阶段的转变阶段,人口红利也在加速消失,应该在保持库兹涅茨过程的同时,加快推动形成熊彼特过程,以实现经济增长从要素驱动向生产率驱动的转换。目前,在这两个生产率源泉上,都存在着现实的障碍,阻碍着中国经济整体生产率的提高。

第一个需要高度关注的现象,是企业之间的要素配置出现逆熊彼特化。在制造业比较优势弱化的条件下,企业遇到经营困难终究是不可避免的。然而,是迁就乃至保护丧失竞争力的企业,还是"刮骨疗伤"以保持整体经济的健康,结果有云泥之别。一些丧失了比较优势和竞争力的企业,热衷于寻求各种政策保护,并且在宽松的宏观经济政策和宽容的产业政策保护下,得以苟延残喘甚至死而不僵。该退出的低效率企业不退出,就意味着该进入的新创企业不能进入,导致资源配置僵化。

第二个值得注意的现象,是产业之间的要素配置出现逆库兹涅茨化。随着中国制造业的比较优势趋于弱化,这个产业占 GDP 的比重自 2006 年以来在迅速下降,吸纳的劳动力也大幅度减少。与此同时,第三产业成为农业转移劳动力、新成长城镇劳动力和制造业转岗劳动力的主要吸纳产业。由于第三产业与第二产业特别是与制造业相比,生产率更低,这种就业的相对变化就意味着劳动力从高生产率部门向低生产率部门转移,导致资源配置弱化。

政策含义和市场启示

在老龄化条件下,经济增长动能亟待从要素投入转换到提高生产率。与此同时,中国经济却出现逆熊彼特化和逆库兹涅茨化的趋势,为生产率提高增添了新的障碍。在各国的经济发展过程中,这两种不利于生产率提高的现象均有表现。如果能够准确地发现问题,有针对性地进行政策调整,及时回到库兹涅茨过程和熊彼特过程的正常轨道上,生产率提高就可以成为经济增长的新引擎。

对中国来说,关键是通过深化改革和政策调整,形成竞争政策、产业政策和社会政策协同作用的政策体系。首先，政府职能应从直接介入经济活动和选择赢家，转向维护和促进充分竞争，让各市场主体同样地经受创造性破坏的考验。其次，产业政策应从提供更有效的公共产品，如保障研发费用规模和比例、引导投资低碳和去碳行业、鼓励创业创新等方面着手，稳定制造业比重并促进其升级优化。最后，应进一步完善社会福利体系和社会保障机制，在允许市场竞争发挥优胜劣汰作用的同时，为所有人群提供托底保障。

无论是通过熊彼特过程还是通过库兹涅茨过程，生产率提高都需要借助企业家精神，而中国的企业家精神也需要在老龄化条件下与时俱进。莎士比亚（William Shakespeare）曾经借戏剧中的角色之口说道：世事如潮。激流勇进，便可成就一番事业；错过潮流，终将一事无成。老龄化对经济发展来说，不是一时一事的扰动因素，而是不可逆转的长期趋势。因此，对参与提高生产率过程的企业家和投资者来说，既要对中国老龄化挑战有深刻的警醒，也要善于在应对这些挑战的政策导向中寻找创新、创业机会。只有在宏观层面上形成正确的政策意图，才能在激励相容的条件下，在微观层面上得到贯彻和实施。

养老金可持续的逻辑与算法

> 如何能在统一账户里激活个人感受?

全国社会保障基金理事会原副理事长

王忠民

近年来中国人口老龄化程度加深,从投资的角度去看财务是否足以支持所有的养老服务和社会保障事业,是我们需要思考的方向。如果现在还不足以支持,怎样的投资管理策略能够改变这种格局,使养老走向一条更加光明、健康、有效的道路,是我们要探讨的重点。

养老金存在断崖式风险

一些观点指出,中国的养老金存在断崖式风险。许多专家学者都在从精算的角度研究养老金的供给是否能够支持需求,他们给出一个令人震惊的结果:20世纪80年代以后出生的人口到退休时,中国养老金储备池子里的资金便会全部用光。

2014年,缴纳养老金的人口与使用养老金的人口基本持平,但未来,情况会越来越不乐观。此外,不同省份、不同地区的养老金结构有所不同。深圳市这样的年轻的城市在职员工基本养老金方面结余较多,而老工业区如东北地区等年轻人口流失的地方,每年收取的养老金不足以发放,过去的欠账也弥补不上,在中国大约有5个省份有这样的结构性问题。

还有另外一种算法验证养老金的不可持续性。全国社保基金是做养老金投资的，它在过去 19 年间开放了储备型基金，对涉及二级市场、一级市场中的各种权益类、私募股权类、固收类投资，和境外投资都有所开放，年化回报率达到 8.4%。而现在结余的 6 万亿元养老金只被允许存入银行或购买国债，年化回报率仅为 2% 左右，只是为了保持现在的支付而已（数据截至 2019 年 4 月）。但如果结余的部分不能被有效管理，从社会机会成本的角度来看，将会损失 6.5 个百分点左右的收益。从投资学的角度来看，不仅没有了复利结构，而且新的社会经济在城镇化、市场化、产业化的发展过程中找不到头部投资场景，不仅不能够分享中国社会经济发展的红利，而且还会使社会经济发展中多达 6 万亿元的资源偏离市场配置。除此之外，如果社会资源在低效率配置中存在，便无法出现养老金结余。

两难困境面面观

面对上述问题和困境，养老金的社会投资管理政策和养老服务的社会政策等一系列问题成为社会焦点。

2019 年两会中的政策纠结

2019 年两会的关键词是"减税降费"。减税表现在全年减轻企业税收和社保缴费负担近 2 万亿元，关键是要降低费率。从运行逻辑来看，降费首先是在养老保障里，城镇职工基本养老保险单位缴费比例各地可从 20% 降到 16%，另外生育和失业共降 1 个百分点，加起来在全部的社会保障费用中降 5 个百分点。

但同时，每一年城镇职工基本养老金的支付提高了 5%。如果缴费人群和花费人群全部持平，且原来的替代率和投资过程不发生变化，那么缴纳的费用和花费的资金会基本保持平衡。但如果人口结构不平衡，那么每一年要减少的费用便需要和增加的费用相抵，而现在，难题在于，一方面要降费，另一方面还要增加支出。

这不仅是政府的两难选择，而且是微观主体中小企业的两难选择。2018

年经济增速下滑，中小企业的利润率水平已经很低了。在全球范围内，中国微观主体的费率和税率均处于较高的水平。如果按照这样的缴纳标准，企业必须要有足够的利润率水平和竞争力。即使政府不再追缴，从 2019 年开始全部按照现有水平缴纳五险一金，也有一部分企业的利润率水平和竞争力达不到要求，它们会退出生产，宣布倒闭。所以面临两难，为了未来的税基和费基，政府不得不采取免追缴政策。

多层次的收支矛盾

2019 年，国务院宣布把养老金费率从 20% 降到 16%，降低了 4 个百分点，生育和失业大约各降低 0.5 个百分点。但这是否实实在在落实到每个企业的缴费水平中了呢？少缴纳的 5% 全部基于省级层次（深圳市是计划单列市，也属于这个层次）。过去，虽然要求各省份缴纳 20%，但有一部分省份只缴纳 16% 或 17%。甚至各省份具体的每一家企业和每一家企业的具体个人在层次结构中都不一样。

于是出现了"深圳逻辑"。深圳市是一个年轻的城市，也是一个创新活力迸发的城市，即使不收取 20% 的养老保险也可以满足全市发放养老金的水平，因而倾向于少收取，因为一多收便有可能会影响微观企业的活力。如果多收了，多收的钱会用在两个方面：一是作为多余的存留下来，但年化收益只有 2%，这实际上是资源配置不当；二是将结余资金统筹调配去补充其他不足的地方。比如，2018 年我国从养老金结余省份中拿到 1.5%，2019 年拿到 3.5%，去支援养老金不足的省份。

也就是说，多收取的养老金，结余的部分要么收益损失了，要么被其他的地方拿走。像深圳市这样的城市就做了几个方面的努力，向中央要求把结余资金委托出去，像社保基金一样参与有竞争力的股权投资。中央没有同意，最后深圳市委托全国社保基金理事会对这些结余资金进行投资，当年大概是 1000 亿元规模，10 年的时间内带来了年化 10% 的回报。深圳市的逻辑是，不用收到 20% 就可以满足现在的支付，收取多了不但不能拿来获取平均市场资源配置的回报，还有可能被拿走。所以深圳市考虑，要不要对中小企业不收取任何费用？创业企业的失败率是80%，如果完全不收取任何费用，企业便不会受到五险一金的影响，客观上就增强了活力。

对深圳市来说，仅大型企业缴费便已经可以满足整个市场的养老金发放，且只收取16%就足够了。所以中小创业企业在深圳的税费是最低的，创业成本也是最低的。当成本降到最低的时候，竞争性、创业积极性随之提升，也增加了整个城市的活力和就业率。

在养老金实际的收取和支出的过程中，如何收取、如何支出，均需要从个人层面、企业层面、城市层面和国家层面出发。到现在为止，中国的养老金还是以市级统筹为主，省级统筹只占不到一半，还没有做到全国统筹。由于没有做到全国统筹，政策结构的不匹配便会带来一系列问题。

从痛点走向奇点的逻辑定位

我的观点是把2020年的政策拿出来，解决2019年一些已经捉襟见肘的问题。我们先看一个概念，IRA（Individual Retirement Account，个人退休账户）。我们现在大部分的金融机构和基金都在做一件事情：让自己的金融产品在市场中的生命周期是延续的，特别是保险行业，已经发放了三款这样的产品。所有的基金，特别是母基金，都有生命周期的概念，人们将可支配收入委托给基金公司管理，按照生命周期的久期配比资产，获取稳定的回报。如果未来有复利，那么总回报率是收益率加复利，保证投资者拿到资产的有效回报率，用来支付个人养老金等财务支出。

我们把所有这些探索叫一个名称：个人账户。个人账户在养老金保障体系中被称为第三支柱，也就是个人以商业的逻辑在市场中投资理财，并保证这部分钱用在自己家庭未来的养老中。而我们今天做的所有投资理财端，如发的产品、做的基金都是从这个角度出发，形成社会供给和社会投资的链条来解决这个问题。

我们现在看到两种现象。一方面，不管基金、保险怎么努力，人们用现在手里的可支配收入去投资这些产品的数量微乎其微，因为手里的可支配收入可以在全市场中选择任何金融产品去投资，甚至还可以选择境外产品去投资。当人们可以选择所有金融产品时，保险和基金等产品要思考这样一个问题：如何确保自己的保险产品和基金投资回报率是最高的。

如果从 2019 年年初到现在买了一个保险类产品，损失掉的一定是此期间股市平均上涨的 30%。如果有选股能力，而且还懂得阿尔法策略，那么可能有 50% 甚至 70%、80% 乃至翻倍的收益率，也就是说还有更多的可能性。所以在过去的几年间，以第三支柱的名义推动金融市场提供新的养老产品的延税逻辑没有得到有效发展，原因在于推出来的金融产品的竞争性、收益性、保障性和风险收益等特征都不足以吸引人们选择。

以上是基于现在的可支配收入。另一方面，是否我们原来的总收入中有一个部分就叫 IRA，却没有按照 IRA 的逻辑、算法和投资去管理它？实际上，原有的城镇职工的养老保险中分为两部分：城镇职工基本养老保险整体占工资的 28%，其中占职工工资 20% 的部分叫作社会统筹账户，占职工工资 8% 的部分叫个人账户。

如果把个人账户翻译成英文或者把英文的 IRA 翻译成中文，会发现这两者是等同的。原来我们有第三支柱，只是并没有将它称为第三支柱。我们把社会统筹账户和个人账户混在一起叫作"统账结合"，"统"是社会统筹账户，"账"是个人账户。虽然两个账户的名字不同，但没有分成两个账户按照各自的逻辑去管理、运营，而是全部放在一起，放在一个"现在工作的人缴、现在退休的人用"的逻辑中。

因为每个账户有自己的逻辑，有各自支付的社会基础和管理制度体系，"统账结合"就出现问题了：现在结余的 6 万亿元到底是社会统筹账户的结余还是个人账户的结余？因为两个账户是混在一起的，如果现在收取的人数和现在支出的人数不对应了，那么就用现在的社会统筹账户来支付缺口。如果用了社会统筹账户，现在结余的 6 万亿元就应该是个人账户的结余。这是第一个逻辑，结余的是个人账户。

第二个逻辑，如果结余的是社会统筹账户，那么主要支出的就是个人账户。借个人账户资金是否应征得本人同意？更关键的是，要让本人同意是不是应该支付一点利息？给利息的时候要不要给到社会机会成本下的利息，还是想给多少利息就给多少？如果有利息，那么什么时候支付，是自动返回账户，还是需要的时候才支付？利息进入账户以后有没有计入本金，有没有产生复利？所有这些方面有没有一个中间人可以承担起受托人的责任把它管理好，或者有没有一个 SaaS（软件即服务）APP 已经替养老人口轻松管好了，他们只要在手机上一点，就可以看到每天的结余是多少、利息是多少？

结果所有这些逻辑都没有出现，原因在于个人的权利、个人的义务、个人的社会责任和个人的未来被放在一个统一的账户中，消除了个人的感觉。

所以我们对比 IRA 后发现中国养老金体系里不是没有第三支柱，而是在社会保障制度建立之初就有第三支柱，只是没有将其按照真正的第三支柱的逻辑去管理、运用和实践，结果产生了现在的误解和社会资源配置不当的问题。

而现在如果回归到一个超级节点上，每个人都知道自己的账户中有多少钱，每个人都关心自己账户中的钱投到了哪里，那么当你选择的投资带来较高的回报之后，心情会是愉悦的，未来也是有保障的。有了养老的财富保障效应以后，人们的消费行为、投资行为、社会其他的外部性消费和投资行为就会带来更多的欢乐和正能量的传递。

反之，由于不知道自己的个人账户情况，便不知道借给别人资金的利息是多少，也不知道在过去选择的投资管理人中谁是最好的。这说明资金的管理权和决策权都不在个人手上，所以养老人口容易对这部分社会资源漠视，从而失去了对它真正目标的追求。

中国养老金模式的选择、路径依赖与前景展望

> 企业少缴,扩大个人账户,中国要建立"福利社会"而非"福利国家"。

全国政协委员、中国社会科学院世界社保研究中心主任
郑秉文

中国社会保障制度框架与基本描述

中国的养老基金的资产可以分成四大类别:战略储备、第一支柱、第二支柱、第三支柱。

战略储备是指全国社保基金理事会负责投资管理的主权养老基金。它有两种类型:一种是来自财政转移支付筹建的养老基金,用于老龄化高峰时的调剂和补充,称其为"非缴费型";另一种是受托投资管理的来自大家缴费形成的养老保险基金,称其为"缴费型"。"缴费型"主权养老基金与养老保险制度的设计相关;"非缴费型"主权养老基金与制度就没有什么关系了,因为它是"外生"的资金池。全国社保基金理事会自成立以来,资产总额由200亿元上升至2021年来的超3万亿元,目前还处于积累时期,其回报率很高,年化回报率已超过8.0%,这是养老金的第一笔钱。

养老金的第二笔钱是第一支柱,它是指国家制定的基本养老保险制度。目前,60岁以上的中国公民领取的养老金,大部分来自此制度。中国的二元社会特征非常明显,第一支柱分为城镇职工基本养老保险和城乡居民基本养老保险两大分支。在我国,城镇职工基本养老保险制度更重要,主要散落在

全国1000多个统筹地区，只有小部分上缴到全国社保基金理事会进入投资系统，其他作为各地的基金余额。城乡居民基本养老保险更像一个救助型制度，保险的因素很少。

第三笔钱是指由雇主发起、税收支持的补充养老保险制度，分为企业年金和职业年金，是第一支柱的补充，被称为第二支柱。相对于第一支柱覆盖9亿人口，第二支柱覆盖的人数较少，企业年金创建于2004年，2021年年末覆盖人数达2875万人。企业年金经常被人诟病为"富人俱乐部"，因为它只覆盖了中石油、中石化、四大国有银行等大中型国有企业。在深圳市等发达地区，第二支柱的覆盖面要稍好一些，职业年金覆盖将近3000万名机关和事业单位人员。

第三支柱是新生事物，是养老的第四个资金池，包括个人储蓄型养老保险和商业养老保险。2018年，证监会发布了《养老目标证券投资基金指引（试行）》，但当时这个政策还没有税优政策，这使得公募基金很难锁定到60岁再赎回。目前税优政策已出台，它锁定到60岁退休才能赎回，才能变成养老金，是真正意义上的第三支柱了。2019年已成立55支养老目标基金，募集规模达170亿元，认购的投资者超过150万人。

2018年5月，我国开始试点个人税收递延型商业养老保险，这是我国第三支柱的一个重要产品，并在上海市、福建省（含厦门市）和苏州工业园区试点，但情况不太好，参与保险公司数量、销售产品种类、累计实现保费收入均不够理想。

在中国的养老金制度中，只有第一支柱发展得比较完善，主要依靠第一支柱，而第二支柱、第三支柱占比很小。美国没有战略储备，第一支柱的规模是28900亿美元，为全球最大；第二大的是日本，为15000亿美元（均为2019年数据）。加拿大的三个支柱养老金也同样非常发达，其中一个重要原因在于法律继受的传统，欧洲大陆继受的是民法，而北美继受的是不成文法。

中国的养老保险可以用"三个支柱"这个概念来衡量，美国在此基础上还有一个住房养老保险，又叫作反向抵押，其被称为一个独立的支柱，很重要，被排在第二位，仅次于基本养老金制度。2018年8月，中国银监会发布通知将住房反向抵押养老保险在全国推广，几年来一共做了130多单，业绩十分有限。除此之外，美国还有一个层次的养老金制度被安排在其他资产，包括非养老以外的所有其他资产性收益或资产。加上这两个，美国人称自己的养老金制度为"五支柱"。

基本养老保险基金投资体制改革

2018年3月的国务院机构改革方案里，有针对全国社保基金理事会的两项改革：一是从由国务院直接管理变成由财政部管理；二是不再明确行政级别。全国社保基金理事会的本质是一个大型机构投资者，我认为这两项改革是重要突破。

全国社保基金理事会有以下几个功能。第一，受托管理个人账户试点中做实中央补助的那部分资金。之前，做实个人账户试点后中央将资金交给地方，但地方的收益率较低，于是由全国社保基金理事会管理，各省份与全国社保基金理事会签协议。第二，承接国资划转的股权管理，至今已经划转多次。第三，城镇职工基本养老保险基金的投资运营。第四，负责受托投资，当年做实个人账户时由财政部给予的补贴，还有个别省份基本养老保险基金的委托投资管理，合计约为几千亿元。

图5-1是全国社保基金投资的路线，上千个统筹单位把资金拿到省里，然后每个省与全国社保基金理事会签协议，把资金集中到全国社保基金进行投资。全国社保基金理事会将大约一半的资金通过4家银行托管给21家外部投资管理人，实行二级市场的证券投资，其余的一半资金是自营部分，主要是债券和货币。目前的瓶颈是统筹层次太低，各省上缴资金的积极性不是很高，使得资金很难上缴到位。

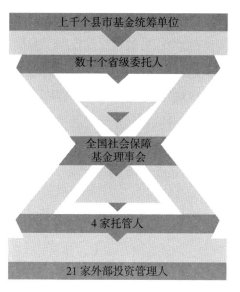

图5-1　全国社保基金投资路线

社会保障改革的中国道路与中国方案

中国社保制度的选择

中国的社保制度应该走什么道路呢?"福利国家"这条路在中国肯定是不适用的,供给侧结构性改革以来社保大幅降费的事实已经证明了这一点,尤其是2018年以来,为了"六稳",确保就业为第一福利,中央实施大幅降费。2019年4月宣布企业的社保缴费率从20%降到16%,缴费基数改为城镇职工全口径工资,就是把私人单位工资也纳入,实行加权平均,这就大幅缩小了缴费基数。这充分说明,高税收高福利的传统欧洲"福利国家"的老路在中国是行不通的,我国的企业难以承受那样高的税负水平。

在中国,福利的来源应该是多元化、多层次的,结构也应该是多样的,我们的模式选择应该是"福利社会",而不是"福利国家"。在"福利国家"里,一切福利都来自国家,比如在北欧,全国10个医生里有9个被国家雇用;而在美国,10个医生中只有1个是由公立机构雇用的,9个医生属于私立机构,这就是"福利国家"和"福利社会"的区别。在"福利社会",福利的提供虽然也是全周期的,但社会福利的来源是多样性的、多层次的、多元化的,所以,中国追求的福利模式应该是"福利社会",而不应是欧洲版的"福利国家"。在这方面,美国做得比较好,它是典型的"福利社会"的样板,国家的福利负担不是很重,但国民的福利水平加总之后并不比欧洲差,可社会结构的弹性好多了,劳动力市场弹性也好。所以,中国应该瞄准的是"福利社会",而不是"福利国家"。追求什么样的福利模式,这既是一个国家的主观愿望的结果,同时也是国情使然,是有条件约束的,与一国的历史文化传统有关,不是完全由主观愿望决定的。这几年经济下行压力大,大幅减税降费,大幅降低社保缴费,这就足以说明,追求"福利国家"在中国企业层面是受不了的,我们要承受巨大的就业压力,而就业是第一福利,在"六稳"中居于首位。对于模式的选择,我们从建立社保制度到现在,尚未达成共识,但我认为,中国应该朝着"福利社会"的目标迈进,而不是"福利国家"。

如果全球的社保制度是一个频谱仪,一个端点是单一国家提供的极端模式,代表国家是北欧国家,另一个端点是提供多元化的模式,代表国家是美国。在这两个端点之间,分布着上百个模式。在这个频谱仪上,中国应该选择哪个位置呢?是往左边靠,还是往右边靠?我们应该有个共同的理念,在这个问题上,我们需要达成共识。

降费是必然趋势

2018年年初印发的《深化党和国家机构改革方案》规定,社会保险费由税务部门征缴。以前主要是由社保部门征缴,改革之后完全从社保部门转移到税务部门,税务部门根据掌握的数据进行社保基数和工资总额的核定。税务部门有个"金税三期"系统,简称"金三",特别强大。之前,名义税费率是28%,由于有各个方面的道德风险,实际仅有15.8%。但"金三"系统连接的是税务数据库,很难作假。在这种情况下,企业对高费率表示担忧,中央政府决定必须降费。

但问题是,到底应该降费多少呢?税务多征收资金就意味着现在的社保部门少征收资金。此外还要计算税务部门无法征缴上来的资金有多少,以及这些资金能对冲掉多少个百分点。如图5-2,由于存在道德风险,缴费率从 F 点移到 E 点,替代率从 D 点下降到 C 点,A 便是最终的均衡点。在这里,实际缴费率用19%代替,也就是说缴费率从28%降到19%,下降9个百分点。

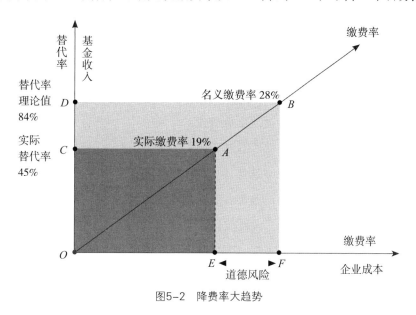

图5-2 降费率大趋势

降费的同时扩大个人账户

另外,我有一个扩大个人账户的设想,目的是增加制度的激励性,有点像住房公积金的激励机制那样,即个人缴多少,单位就配比缴多少,这就是我始终主张的扩大个人账户的想法,就是把单位的缴费划过来一部分,给个人账户,激励个人多缴费,激励所有行为都把缴费基数给做实,按真实的收入去缴费。

具体而言,在降费的同时扩大个人账户,比如,如果现行的是个人按8%的比例缴费,所缴费用计入个人账户,单位按20%的比例缴费,那么将其中与个人缴费相同的金额计入个人账户。那么,降费以后,个人账户仍然实行1:1的配比缴费。假定单位和个人缴费同比例下降,个人缴费率从8%降到6%,单位从20%降至13%,这样,从单位缴费中就拿出缴费基数的6%计入个人账户，这时单位缴费用于社会统筹的部分就剩余缴费基数的7%，个人账户上升至12%。按照北京市2017年的社会月平均工资8467元和个人缴费率6%核算，个人平均月缴纳费用为508元，单位再向个人账户划入508元，个人账户每月就是1016元；我们再假定社会平均工资增长率为5%，还假定按照目前个人记账利率8.31%来计算，35年后个人账户里的资金为432万元。

按照目前的个人账户养老金发放公式和增长率的预测，2053年，北京社会平均工资达每月4.4万元，年平均工资约为53万元，仅个人账户养老金就3.1万元。届时，仅个人账户养老金替代率就将是70%，而现在统账结合只有45%。按照这个制度，就能实现社保缴费实际负担有实质性下降的目标，因为加上统筹养老金以后，总体替代率就超过90%了，要是继续维持目前45%的替代率，就具备下调费率的条件了。

扩大个人账户比例的目的是要充分发挥参保人积极性，调动个人积极性，这是基于"经济人"的假设，即我们所有参保人都追逐利益最大化。设计社保制度要基于经济学关于"经济人"的假设，这在现实中也得到了验证。例如，原来新农保规定有5个缴费档次，每年可缴纳100、200、300、400、500元，选择其中的某一个档次即可。事实证明，全国95%的农民都选择了100元的最低档次，选择500元的很少，这是因为制度不透明，农民不知道在每个档次里能够拿回来的钱有多少。在此情况下，按照利益最大化的原则就会选择最低的缴费档次，这便是参保人基于"经济人"假设的最好例证。所以根据"经济人"假设设计的制度才是符合实际情况的。

近年来也有声音说应该取消个人账户，认为个人账户没有共济的作用，对此我是反对的。这就是从个人账户到名义账户制的改革与转型过程。做实个人账户当然是好事，但在做不实的情况下，还是要保留账户，可以实行名义账户制，把它做成发放养老金的工具和凭证，也就是说让制度与人口老龄化的变化趋势相关联。如果要退回到完全纯粹的、传统的现收现付制度，那么就彻底与人口老龄化不挂钩了，人们的缴费积极性就更差了，那将毁掉我们刚刚建立20多年的统账结合的养老保险制度，它的可持续发展形势将更加严峻，财政将更加陷入风险之中，国家竞争力、企业竞争力将受到严峻挑战。

正是基于上述考量，我不但反对缩小、取消个人账户，反而我坚决主张扩大个人账户。因为扩大个人账户是基于参保人是"经济人"的基本假设，这个做法可以提高制度的缴费收入，可以提高制度的可持续性，可以提高个人养老金替代率，可以提高参保人的积极性，这是于国于民于己"三赢"的制度设计，是目前中国社会保障制度改革的基本方向和最佳选择。

保留和扩大个人账户，为以后条件具备时做实个人账户进行市场化投资保留了最基本的条件。那时，当年建立统账结合的决策者们的制度设计初衷就真正实现了。

加快推动全国统筹构建中央统筹公共养老金制度

> 基本养老保障,中央说了算。

中国科学院大学副教授　胡乃军

老龄化已经成为全球各国政府面临的共同挑战。21世纪银色浪潮席卷全球,发达国家依靠早期的资本积累和制度创新形成了较为完备的应对机制。而我国处在特殊的历史时期,经济发展进入新常态,养老保障体系结构性失衡,公共养老金压力过大,统筹层次低,地区间养老福利不均衡等问题突出。

直面问题与挑战

老龄化已经成为我国人口结构变化的一种趋势。2018年全国老龄工作委员会办公室(简称"全国老龄办")公开发布的数据显示,截至2017年年底,我国60岁以上的老年人口达到2.4亿人,占总人口的17.3%,平均近4.7个劳动力抚养1个老人。预计到2053年,我国老龄人口将达到4.83亿人,其中80岁以上的老年人将会超过1亿人,老龄化和长寿化给养老保险制度的可持续性带来前所未有的挑战。当前我国养老体系三支柱存在严重的结构性缺陷,政府养老金一头独大,雇主养老金发展尚未充分,个人养老金储蓄不足。作为第一支柱的公共养老金,将要面临更大的压力。因此在国家养老金体系尚未健全的情况下,现阶段养老保险制度改革的主要任务是构建和夯实中央政府为责任主体的公共养老金,应对老龄社会的危机。

由于基础养老金统筹层次较低,除个别省份实现省级统筹外,大部分省份统筹层次还停留在市县一级，养老保险责任分散，基金的支付能力和整体抗风险能力有限。一方面，在地区分割统筹下，将国家统一的制度安排异化为地方利益，直接导致不同地区间呈现收支余缺两极分化的现象，加剧不同地区间社会福利的非均衡状态，无法共享经济发展的成果。另一方面，处在统筹层次较低的基金，因为分散和规模小加上地方政府能力有限，很难通过投资运作实现保值和增值，造成基金的隐性损失。

全国统筹的共识与复杂性

关于推进全国统筹构建基础养老金的问题，国内学者已达成了基本的共识，认为在当前人口老龄化和社会经济发展的大环境下，尽快推动和实现全国统筹是养老保险制度改革的必由之路。

第一，统一全国人力资源市场。在当前我国经济处于深层次市场化改革的阶段，较低的养老保险统筹层次严重阻碍了劳动力按市场规律的合理流动，长期的属地管理和制度碎片化，使得参保劳动力在市场流动过程中制度的交易成本过高，造成养老权益的渗漏和损失。另外劳动力分布不均还会造成不同地区养老基金使用效率差异大。劳动力资源丰富、基金积累多的地区，养老金使用效率低，很难发挥与基金规模相当的福利效益。

第二，推动区域协调发展。在当前的养老保险制度框架下，地方政府普遍存在自身利益最大化的行为倾向，这种异化的利益保护主义之下缺乏平等的公共博弈机制，导致养老保险权益在地区间差异明显。对于基金结余较多的省份，掌握和积累更多的基金，意味着可以进一步发展本地区的福利。很多养老负担轻、基金积累较多的省份为了本地区福利和经济的发展，降低企业和个人的缴费负担，提高福利待遇，对落后地区形成"虹吸效应"，影响区域协调发展。落后地区在较高的养老压力下，过度依赖统筹调剂金和中央财政补贴，对养老金的征缴和扩面形成逆向激励。

第三，保障公平的养老保险权益。养老保险金是国家制度安排，要保障全体参保劳动者的合法养老权益，但在现实中由于统筹层次和地区差异，制度性损害养老金权益公平性的现象普遍存在，基本养老保险待遇在人群之间和地区之间存在较大的差距。

第四，明确央地责任划分。全国统筹构建基础养老金需要全国一盘棋，对于中央的政策和制度，地方政府的消极抵制和不作为，将会造成社会整体福利损失。在推动基础养老保险全国统筹的过程中，中央和地方的关系处在一种博弈的状态，但在增进社会福利的目标上二者又是一致的，因此地方政府要顾大局，明确制度的长远利益。对于公共养老金，中央政府是最终责任人，全国统筹并不是央地责任的直接转移和分摊，而是明确各自的责任，在统一的制度框架和法律体系之内，中央和地方共同推进养老事业。

从 1997 年国务院出台《国务院关于建立统一的企业职工基本养老保险制度的决定》以来，历经多年的改革，表明国家推进统筹事业的决心。然而，目前我国大部分地区还处在省级统筹层面，全国统筹尚停留在中央调剂金制度阶段，可见其复杂性和紧迫性。

全国统筹意味着在一个整体的制度框架下，统一养老保险基金的征缴计发、管理投资，其核心是制度的统筹，但在现实中养老保险制度随着社会转型造成交叠和分割，在此基础上又形成纵横交错的利益关系，制度统筹呈现高度的复杂性。在统一的制度安排下，明确中央政府的责任，按照团结共济的原则，协调多元利益主体的利益诉求和矛盾，构建公平的公共博弈机制，应对多样性、流动性、复杂性的社会变迁是养老保险全国统筹的内在要求。

我国现有养老保险体系与公共养老金

我国现行三支柱的养老金制度体系：第一支柱包括城镇职工基本养老保险和城乡居民基本养老保险，是政府主导的基本养老保险制度；第二支柱包括企业年金和职业年金，由企业和单位主导，采取自愿的方式；第三支柱包括商业养老保险和个人储蓄型养老保险，是个人利用金融手段增加养老保障供给的有效形式（见图 5-3）。

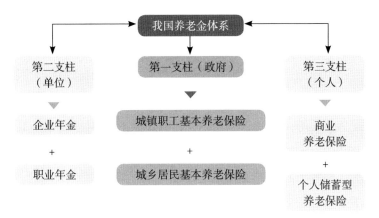

图5-3　我国现有养老保险体系

1997—2018年，经过多年的改革和制度变迁，我国建立了基本养老保险、企业补充养老保险和个人补充养老金，以满足不同阶段和群体的养老保障需求，但是仍然存在结构性缺陷。在公共养老金缴费率偏高的情况下，企业负担较重，加上相关政策和制度还不太完善，作为第二支柱的企业年金发展缓慢。个人养老金计划启动不久、个人储蓄不足、税延型商业保险市场混乱，社会统筹和个人账户混账管理，个人账户资金被社会统筹账户透支，形成空账，导致养老保险体系结构严重失衡。

在现行养老金制度体系下，公共养老金一头独大，承担养老保障的主要压力和负担，但是在人口急速老龄化的趋势下，公共养老金的充足性和可持续性的问题突出。人力资源和社会保障部统计公报显示，截至2018年，全年城镇职工基本养老保险基金收入为51168亿元，基金支出为44645亿元，年末城镇职工基本养老保险基金累计结余为50901亿元。《中国养老金精算报告2019—2050》预测指出，全国城镇职工基本养老保险基金当期结余将在2028年出现赤字并不断扩大，到2050年当期结余为 −16.73万亿元，而随着深度老龄社会的到来，养老金缺口还将进一步扩大。除此之外，由于基础养老金尚未实现全国统筹，养老保险区域差异还将进一步加大。虽然2018年7月国家已经出台和实施了基本养老保险基金中央调剂制度，但是其调剂能力有限，各省份养老保险基金支付能力和累计结余差异仍然明显。

从理论上来看，公共养老金应该具有统一性，包括统一制度、统一政策、统一管理，以中央政府为责任主体在全国范围内统筹，为参保劳动者提供均等的公共物品。作为一项国家制度安排，要保证制度的公平性，保障参保人年老退出劳动市场后的基本生活和融入社会的能力。提升基础养老保险统筹层次，实现全国统筹，实质上是要确保基本养老保险金的公共物品属性。在目前我国养老保险地方统筹格局之下，基本养老保险金待遇在不同地区和群体之间呈现非均衡的状态，特别是不同地区的养老保险差异明显。人口结构年轻、经济效益好的省份，养老金待遇好，企业缴费负担轻；而劳动力流出省份的养老保险财务状况很不乐观，只能依靠政府财政补贴和高缴费负担来维持收支平衡。

例如东北老工业基地退休职工多，养老负担重，企业要按照工资总额的20%缴纳基本养老保险；而广东省是劳动力主要流入省份，退休人员少，养老负担轻，企业缴费负担较轻，基本养老保险单位缴费比例为工资总额的14%。公共养老金作为保证职工平等权益和完善劳动力市场的基础性制度，正在固化地方利益格局，形成养老保险制度的恶性循环。

如何建立中央统筹公共养老金

要完善公共养老金供给机制

由于存在市场失灵问题，公共物品和有益物品应由政府提供，基本养老保险金作为一种公共物品，其供给责任主体是政府。基本养老保险金应在全国统一的制度安排下，保证其供给有效和分配公平，但在现实中，较低的统筹层次决定了地方政府基于自身利益的考量，有动机扭曲统一的供给机制，使得公共养老金在同一地区内分配不均，使不同地区之间差异明显。在统一的制度体系内，提高统筹层次，公共养老金可以在全国范围内统收统支，中央政府直接承担供给责任，为所有劳动者提供基本养老金。

破除壁垒，降低养老保险制度交易成本

劳动力具有流动性，这要求养老保险制度具有可携带性，能够顺利实现转移、接续。我国现行的基本养老保险制度存在依人群设计和地区分割的问题，由于制度和统筹层次的壁垒，参保劳动力在区域间流动过程中会造成养老保险权益流动性损失，也可以称之为养老保险制度的交易成本。全国统筹后的公共养老金，在统一的制度安排下，可缩小不同地区养老保险待遇的差异，同时完善供给机制，合理划分中央与地方政府之间的责任，统一制度安排，降低劳动者在流动过程中的信息成本和谈判成本。增强劳动者养老保险权益的可携带性，能够有效降低制度的交易成本，促进劳动力在各地区之间流动。

提高公共养老金投资管理效率

在较低的统筹层次下，所谓的公共养老金在各省内进行统筹调剂，大部分省份实行现收现付的管理模式，累计结余资金投资运作能力弱。截至2019年第一季度，仅有17个省（区、市）与全国社保基金理事会签署委托投资协议，共有6248.69亿元到账投资运营。人社部统计公报显示，截至2018年年末，全国城镇职工基本养老保险基金累计结存50901亿元。根据《中国养老金发展报告2019》公布的利息收入等信息综合分析，中国基本养老保险基金的投资收益基本维持在2%左右，而在2000—2015年间的年均通货膨胀率约为2.35%，同时期全国社会保障储备基金年均收益率达到8.82%，反观之下，基本养老金贬值明显。

虽然有投资稳健性和投资市场不成熟等诸多因素的影响，但总体上结余基金运作管理效率低下，在地方统筹格局下仍有很多小规模的养老基金躺在账面上造成隐性损失。在当前养老压力下，维持公共养老金的支付能力，除了要扩大征缴面、完善财政补贴机制，还要依靠基金的投资运作收益，通过全国统筹，将分散的基金统一到中央一级，进行集中管理和运作，提高基金整体抗风险能力，实现公共养老金的保值增值。

完善顶层制度设计，体现中央政府责任

加快推进全国统筹，建立中央政府统筹的公共养老金，坚持老人老制度、新人新制度，全覆盖、保基本的原则。在统一制度下夯实公共养老金、建立养老金税，根据全国平均工资水平，由国家税务机构统一征收，消除不同群体和地区之间的差异，使公共养老金作为一种公共物品，由国家生产、中央政府承担兜底责任，解除国民的后顾之忧，让所有劳动者都能够享受一份分配公平、待遇适度、长期可持续的养老金。

年金投资的精细化管理

> 以收益率分解来选择股票型养老基金产品。

清华大学就业与社会保障研究中心主任　杨燕绥
国泰基金管理有限公司养老金业务部产品经理　吴　骞

我国企业年金制度建立于2004年，企业年金基金于2006年正式开始市场化投资运作。2019年，人社部发布的《全国企业年金基金业务数据摘要》数据显示，截至2019年年底，企业年金实际运作规模约为1.8万亿元。职业年金制度建立于2015年，职业年金基金于2019年正式开始市场化投资运作，通过行业沟通了解到，截至2019年年底职业年金基金规模在7000亿元以上。

企业年金和职业年金共同组成养老金的第二支柱，截至2019年年底，总规模已超过2万亿元。在过去的旧格局里，养老基金管理以跑马圈地、扩面增收为主，兼顾投资收益。在新经济时期，企业多为小型化、低成本甚至短期化，扩面发展时期已过，经济大环境进入低收益阶段，养老基金管理需要有新格局，资产配置精细化的投资收益管理至关重要。

目前，我国企业年金和职业年金基金投资于养老金产品的比例超过40%，权益资产是年金投资的重要弹性收益来源，因此，如何选择股票型养老金产品进行配置尤为重要。本文通过选取适当的标的指数对全市场所有股票型养老金产品的收益进行拟合，分解出股票型养老金产品的选股能力，再从中选择选股能力前三的产品进行配置，并对配置方案进行回测，结果表明用该方式选择股票型养老金产品可获得积极效果，或可为年金权益资产的产品化配置提供一定的参考。同时，针对在实际配置养老金产品过程中可能存在的问题做了简要分析，并提出建议供业内参考。

年金产品化投资具备空间

企业年金和职业年金基金对大类资产配置比例的限制基本相同，权益类资产仓位不超过基金净值的30%。截至2019年年底，在单一计划企业年金中，含权类组合规模约为1.3万亿元，固定收益组合为0.23万亿元。含权类组合自人社部2012年披露年金投资业绩以来，到2019年年底的累计实现60.90%的收益，固定收益组合累计实现51.69%的收益，含权类组合收益明显高于固定收益组合，由此可见，权益资产是年金弹性收益的重要来源。

2013年3月，人社部出台了《关于扩大企业年金基金投资范围的通知》（人社部发〔2013〕23号）和《关于企业年金养老金产品有关问题的通知》（人社部发〔2013〕24号），对养老金产品做了相关规定，并将养老金产品纳入企业年金的投资范围。2016年，人社部、财政部印发了《职业年金基金管理暂行办法的通知》（人社部发〔2016〕92号），明确养老金产品属于职业年金可投资范围。

人社部统计数据显示，截至2019年年底，全市场养老金产品备案共计533只，实际运作共计456只，规模达到9054亿元。有研究对企业年金和职业年金产品化投资比例（当年配置于年金基金中的养老金产品规模/当年年金基金实际运作资金规模）进行预估，结果显示企业年金产品化投资比例由2013年的2.58%快速上升到2019年的36.80%，而职业年金在2019年的产品化投资比例约为53.59%。总之，第二支柱养老金（企业年金和职业年金）产品化投资比例超过40%，养老金产品已逐步成长为年金资产配置的重要工具。

随着第二支柱年金规模不断增长，基于投资管理效率、分散化等因素，年金投资的产品化比例仍有向上空间，养老金产品仍具备较大的潜力。因此，在年金投资管理过程中，股票型养老金的选择将对收益产生较大的影响，是一个值得关注的问题。

股票型养老金产品收益率分解

下面,我们筛出选股能力,据此为年金挑选股票型养老金产品,为年金资产实际投资管理提供参考。我们获取了截至 2020 年 4 月 29 日的市场上所有股票型养老金产品名单,共计 151 个,并提取了各产品从 2014 年 1 月 1 日到 2020 年 4 月 29 日以来每个交易日的收益率,同时也提取了同期沪深 300 价值、沪深 300 成长、沪深 300、中证 500 价值、中证 500 成长、中证 500、中证 1000 和中证货币基金指数的日收益率,并对其进行复权。将获取的股票型养老金产品日收益率数据进行清洗,默认建仓期为 60 个交易日,剔除各产品建仓期收益数据。所有研究数据来自 Wind 金融终端,数据通过 Python 进行处理。

根据股票型养老金产品特征及投资中的现实情况,假设股票型养老金产品无杠杆,持仓资产只有股票类和货币类,并假设货币类资产权重低于 20%。本文采用威廉·夏普(William Sharpe)于 1992 年结合资产因子模型(Asset Class Factor Model)提出的收益率分析法,将资产风险进行划分,利用多元线性回归方法,对养老金产品收益率进行回归,目标函数为最小残差平方和,约束条件是各类资产权重之和为 1,且货基指数权重小于 20%。

产品收益率与标的指数的回归方程式如下:

$$R_t = \sum_{i=1}^{n} \omega_i r_{i,t} + \varepsilon_t$$

目标函数为最小残差平方和,表达式如下:

$$\min(\sum \varepsilon_t^2)$$

约束条件如下:

$$\sum_{i=1}^{n} \omega_i = 1$$

$$0 < \omega_i < 1$$

$$0 < \omega_{\text{货基指数}} < 0.2$$

其中，R 表示产品收益率，ω 表示标的指数权重，r 表示标的指数收益率，n 表示用于回归的标的指数个数。下面分两种情形进行分析，第一种情形用沪深 300、中证 500、中证 1000 和中证货基指数分别代表大盘股、中盘股、小盘股和货币基金，进行回归。标的指数如表 5-1 所示。

表 5-1 标的指数（情形一）

大类资产	风格基准	标的指数	指数代码
股票	大盘股	沪深 300	399300.SZ
	中盘股	中证 500	399905.SZ
	小盘股	中证 1000	000852.SH
货币	货币基金	中证货币基金指数	H11025.CSI

第二种情形将大、中盘股票风格细化为价值型和成长型，用沪深 300 价值、沪深 300 成长、中证 500 价值、中证 500 成长、中证 1000 和中证货币基金指数分别代表大盘价值股、大盘成长股、中盘价值股、中盘成长股、小盘股和货币基金，进行回归。标的指数如表 5-2 所示。

表 5-2 标的指数（情形二）

大类资产	风格基准	标的指数	指数代码
股票	大盘价值股	沪深 300 价值	000919.CSI
	大盘成长股	沪深 300 成长	399918.SZ
	中盘价值股	中证 500 价值	H30352.CSI
	中盘成长股	中证 500 成长	H30351.CSI
	小盘股	中证 1000	000852.SH
货币	货币基金	中证货币基金指数	H11025.CSI

根据回归结果，将超额收益拆解为风格因素和选股因素，即可求得每个产品每月的选股 Alpha，计算式如下：

$$R_P - R_B = (R_P - R_S) + (R_S - R_B)$$

其中，R_P 为产品收益率，R_B 为基准收益率，R_S 风格指数收益率；以 $R_S - R_B$ 作为选股 Alpha，用于衡量产品的选股能力。

策略回测结果比较

根据上述说明，将各产品的每日收益率分别和情形一、情形二中的标的指数日收益率进行回归，以月为单位，每月的回归系数即为每个产品对应的各标的指数当月的权重，并由此算出每月的 R^2 和选股 Alpha。

以过去 6 个月为单位，对 R^2 和选股 Alpha 求滚动平均，分别将过去 6 个月平均 R^2 大于 0.6 的产品定义为有效产品。若当月有效产品数不低于 10 个，则筛选出平均选股 Alpha 排名前三的产品，并等权重买入以构建组合。持有 3 个月以后，根据上述条件，重新选择产品进行更新调仓，最终将策略获得的收益与同期产品中位数收益和沪深 300 收益进行对比。

策略 1

对于情形一，若以过去 6 个月为单位计算 R^2 和选股 Alpha 滚动平均，获得的股票型养老金产品组合有效区间为 2015 年 11 月 30 日至 2020 年 4 月 29 日，总收益率为 70.04%，而同期股票型养老金产品中位数收益率为 28.48%，沪深 300 收益率为 8.43%。

按照年金常用算法，以 1 年期定存利率 1.5% 为无风险利率，分别计算策略、同期股票型养老金产品中位数、沪深 300 的夏普比率，并计算最大回撤、收益波动率等指标。该策略收益率远高于同期股票型养老金产品中位数和沪深 300 指数，夏普比率和回撤方面也较优，收益波动率高于同期股票型养老金产品中位数组合和沪深 300 波动率。具体数据整理对比如表 5-3 所示。

表 5-3 策略 1 的风险收益指标

组合	收益率	夏普比率	收益波动率	最大回撤
策略组合	70.04%	0.65	19.25%	−23.06%
同期股票型养老金产品中位数组合	28.48%	0.35	15.59%	−24.04%
沪深 300 组合	8.43%	0.11	19.00%	−29.59%

策略 2

对于情形二，若以过去 6 个月为单位计算 R^2 和选股 Alpha 滚动平均，获得的股票型养老金产品组合有效区间为 2015 年 11 月 30 日至 2020 年 4 月 29 日，总收益率为 61.55%，而同期股票型养老金产品中位数收益率为 28.48%，沪深 300 收益率为 8.43%。该策略收益率、夏普比率、收益波动率优于同期股票型养老金产品中位数和沪深 300，最大回撤介于二者之间。具体数据整理对比如表 5-4 所示。

表 5-4 策略 2 的风险收益指标

组合	收益率	夏普比率	收益波动率	最大回撤
策略组合	61.55%	0.58	19.25%	−25.75%
同期股票型养老金产品中位数组合	28.48%	0.35	15.59%	−24.04%
沪深 300 组合	8.43%	0.11	19.00%	−29.59%

从整体来看，在收益波动率和最大回撤相近的情况下，策略 1 的结果比策略 2 的结果获取了更多的超额收益，以下着重分析策略 1 中入选产品及调仓情况。

若以过去 6 个月为单位计算 R^2 和选股 Alpha 滚动平均，最终配置的有效月份为 53 个月，共入选产品 28 只，同一产品持仓月数前三的为 18、12、9 个月。从连续性方面来看，1 只产品连续持仓 15 个月，期间该产品投资经理一直未发生改变。另有 1 只产品连续持仓 9 个月，多只产品连续持仓 6 个月。

◉ 以收益率分解方式选择股票型养老金产品的效果

综上，通过收益率分解，并选取过往选股 Alpha 较高的产品形成组合，可见其收益率在回测中高于同期股票型养老金产品中位数收益率和沪深 300 收益率，表示该方法具备一定效果。

从具体结果来看，采用情形一中的标的指数进行回归形成的策略（即策略 1），最终结果整体略优于采用情形二中的标的指数所形成的策略（即策略 2），分析原因可能在于，情形二中的标的指数虽然数量更多，风格更细，但标的指数成分股之间存在交叉重合，在一定程度上影响回归结果。因此，采用情形一的标的指数，即沪深 300、中证 500、中证 1000、中证货币基金指数对样本而言相对较优。

整体而言，我们采用该方式选择股票型养老金产品获得了较为积极的效果，该思路可为年金权益资产的产品化配置提供一定的参考。我们通过对全市场股票型养老金产品收益进行分解，挑选选股 Alpha 高的产品进行配置，但因养老金产品整体运作时间不长，我们选取样本有效区间为 2014 年 1 月 1 日至 2019 年 4 月 29 日。其中，通过滚动平均和剔除建仓期数据等处理，有效区间更短，未能充分历经极端市场验证。

同时，我们假设股票型养老金产品只投资于股票和货币类资产，在用于回归的标的指数中未能纳入固定收益类指数等，并不能完全覆盖产品投资范围，同时，假定货币类资产比例限定为不高于 20%，与现实情况不能完全相符，可能对结果产生一定的影响。此外，我们并未考虑部分养老金产品的申购赎回等费用问题，也会使得最终策略收益结果在一定程度上有所高估。

执行中的问题和对养老金产品的建议

以上方法在实际配置时将面临在旧格局下固有的问题。

一是从自身角度来看，配置其他投资管理人的产品意愿不强。本方法旨在全市场挑选股票型养老金产品进行配置，但由于年金组合配置养老金产品后，部分配置养老金产品在产品端收费，组合端计算费用时则剔除该部分。因此，目前养老金产品配置模式大部分是自家发行自家配制的模式。

二是从其他投资管理人角度来看，部分产品不愿对外开放申购。出于业绩之间存在相互竞争关系、频繁申赎会对产品业绩造成影响等原因，部分产品对外销售的主动性不强，甚至不对外开放。

三是目前年金组合投资管理考核短期化，对组合资产配置并不友好。长期资金投资短期化，不利于配置策略的实施。

在新格局下，制度整合、操作精细是必由之路，具体建议如下。

一是建议适当修改养老金产品收费模式，比如在投资其他公司发行的养老金产品时，可在组合层面收取适当的投资顾问费用等，以增加配置其他公司发行的养老金产品的积极性，将选择范围扩大到全市场，利于为组合配置更多优质产品。

二是通过投资者教育和激励政策，引导企业年金委托人和职业年金代理人持长期价值投资理念，弱化超短期考核，提高对短期业绩波动的容忍度，使得长期资产真正做到长期配置，避免组合在配置产品中出现无谓的申赎。

三是强化年金的战略资产配置。有研究表明，对多元化投资组合而言，资产配置可以解释90%以上的组合收益波动，虽然该研究存在争议，但目前资产配置对组合的重要作用已得到市场共识。我们只是提供了一种年金组合权益战术资产配置的方法，该方法应在战略资产配置的框架下执行。

欧洲养老储备基金及其治理结构：以法国为例

> 一个异于美国的视角。

中国社科院世界社保研究中心秘书长

房连泉

公共养老储备基金（Public Pension Reserve Funds，PPRF），也被称为"主权养老基金"（Sovereign Pension Funds，SPFs），是政府利用公共资源或社保缴费余额建立的国家主权基金。从资金来源上看，养老储备基金可划分为两大类。第一类是"非缴费型"主权养老基金，这类基金的融资渠道主要包括一般税收、外汇储备，或某种专属的自然资源。例如，澳大利亚未来基金（Australian Government Future Fund，AFF）来自预算盈余以及政府出售、转让国有公司的收入，挪威政府全球养老基金（Government Pension Fund Global，GPFG）来自石油收入，而智利养老金储备基金（Chile's Pension Reserve Fund，PRF）则来自铜矿收入。这类基金的特点是十几年甚至几十年内无须支付，专门用于在未来老龄化高峰时应对社保制度的支付压力。在我国，于2000年成立的"全国社会保障基金"（National Council for Social Security Fund，SSF）即属于此种类型的主权养老基金，至今已有20多年的历史，资产规模已超过2.2万亿元。第二类是"缴费型"主权养老基金，即由政府或社保部门建立的支撑现收现付制的公共养老基金，其资金主要来自参保者的缴费余额。在美国、加拿大、法国、日本、韩国等国家都有较大规模的社保储备基金。

2018年年末，在OECD统计的17个具有公共养老储备基金的国家中，养老基金储备资产合计达到了6万亿美元，达到了这些国家GDP总和的14.2%。

在这些国家，养老储备基金大多采取市场化的投资策略，由国家公共部门或单独建立的法人机构进行运营，投资进入全球资本市场，采取越来越主动的积极化投资，以增强社保制度的营利性。

法国是欧洲国家中较早建立社保制度的国家之一，其现收现付的公共养老金制度覆盖国家公务人员、私人企业和农业产业等部门的工人。自 20 世纪末以来，随着人口老龄化问题越来越严峻，养老金的支付压力也越来越大，成为历届政府上台后最为头疼的问题之一。近 20 多年来，法国因养老金改革引起的罢工、游行示威等街头政治活动爆发越来越频繁，甚至成为几届政府下台的直接原因之一。近 2019 年年末，法国爆发了 25 年来规模最大的罢工活动，反对的主题依然是养老金改革。众所周知，法国养老金制度的突出特点之一是碎片化，各个行业的养老金计划千差万别，在财政上难以持续。马克龙政府这次改革的目标旨在将各部门的职业养老金计划进行统一管理，实行储蓄激励效应更强的积分制（Points System），但改革势必触动许多部门工人的既得养老金福利，因此在方案推出之际，即遭受大规模的社会反对。以上情况充分说明了维护养老金制度可持续性的重要性，这是各国建立公共养老储备基金的原因之一。事实上，法国早在 1999 年就建立了养老储备基金制度。

根据法国国内预测，养老金制度的资金支付缺口将会在 2020—2050 年期间大规模出现。为应对这段时期的资金短缺，1999 年法国政府决定成立一支养老储备基金（Fonds de Réserve pour les Retraites，FRR），目标是在 2020 年前预先积累起一笔资产，使其逐步增值，届时满足私营部门养老金计划支出的需要。根据法国政府的设想，设立养老储备基金的主要目的，是通过储备的积累增加收益，弥补现收现付制度下所缴养老金的不足，使得在较长时期内养老金缴费率的变化相对平稳，减弱经济周期的不规则性对财政平衡的影响。因此，养老储备基金扮演的是"平滑机制"角色。作为一项过渡措施，它不会替代对现有退休保障制度的改革计划，而是为改革逐步实施奠定基础。

2001 年 7 月，FRR 被改造为一个独立的运行实体，它的法律地位是一个国家主权享有、政府管理的独立机构，接受法国社会保障部、经济预算部的双重管理。根据当时的计划，在 2020 年前该基金作为一个信托管理基金，不得用于养老金支出，之后该基金开始对参加特定养老保障制度的退休者支付费用，将于 2040 年停止运行。总体上看，FRR 主要有两方面的筹资渠道：一是暂时性的超额缴费，即要求实际缴费率高于平衡现收现付体系所必需的缴费率，从而使计划产生部分资金收支盈余；二是外部分配资金，即来自养老金体系外的资金。

最初，FRR 的注入资金主要来自四个方面：一是税率为 2% 的社会税，该税收征自房产和资本收益；二是法国"国家老年基金"的盈余；三是变卖部分国有资产的收入，包括来自储蓄银行的拨入资金和出售移动电话经营许可证的收入等；四是社会赠与和基金收益。

在治理结构上，FRR 是一支由国家拥有、政府管理运作的独立基金，基金金融信息要定期向社会公众进行披露，工会、参保人和立法者都要加入 FRR 的管理过程中。法国参众两院、预算部、社会保障部是 FRR 的政府监管部门。监管委员会（The Supervisory Board）和执行委员会（The Executive Board）是基金运营管理的两个主要部门。监管委员会负责监管基金的投资政策，监管基金的投资管理状况，其成员由 20 人组成，包括参议员、工会代表、雇主协会代表、相关资深人士以及国会、国家预算部和社会保障部等部门的代表。基金执行委员会是基金管理的执行机构，它执行基金的基本投资政策方针，定期向监管委员会报告基金的管理情况，尤其是陈述基金在社会环境和责任投资领域中的投资政策。执行委员会由 3 名成员组成，主席由法国信托储蓄银行的首席执行官担任。2003 年 7 月，FRR 还在内部成立了管理人选择委员会，帮助执行委员会完成选择基金管理公司的任务。国家信托局是 FRR 基金资产的托管机构，它负责基金资产的管理工作，例如基金每天的现金流动管理、资产托管服务等方面的活动。为防范投资、管理方面的风险，FRR 还建立了内部的风险委员会，该委员会每月都要开会，制定 FRR 的风险管理政策，管理和衡量风险并分析风险发生概率。

至 2018 年年末，FRR 的基金资产积累规模达到 326 亿欧元，自 2000 年成立以来的年化投资收益率为 4.2%。在 2004—2017 年的 14 年期间，FRR 在大部分年份内获得了正向收益率，但在 2008 年的金融危机中，损失接近 1/4。2018 年受全球经济不景气（特别是利率下滑）的影响，基金投资风险增加，

投资回报率为 –5.2%，在 2008 年之后出现了第二次投资亏损。

在投资风格上，FRR 是一个长期机构投资者。考虑到作为储备基金的性质，它要在长期内实现收益最大化，因此可以容忍一定程度的短期风险。投资风格是根据基金的资产负债长期目标而设定的。在 2010 年之前，FRR 的发展目标是在 2020—2040 年期间进行支付，因此长期投资占比较高。但是在 2010 年，法国国内进行了一项养老金制度的重大改革，规定 FRR 从 2011 年伊始就要用于弥补养老金缺口，在 2011—2024 年期间每年的支出为 21 亿欧元。这项改革在很大程度上改变了 FRR 的投资策略。从 2011 年开始，FRR 的投资资产被划分为两部分。一部分被称为"套期保值投资"部分，其目的是保障 FRR 每年 21 亿欧元的支付承诺。FRR 为此制定了 80% 以上的筹资充足率目标，这部分资产配置主要包括两类：一是与支付期相匹配的法国国库券（Obligations Assimilables de Trésor, OAT），用以产生每年的现金流；二是投资等级较高的公司债券（至少 BBB– 级以上）。另一部分被称为"绩效投资"部分，该部分的目标是通过积极性更强的多元化投资，带来长期额外收益。同时，这一部分投资也要满足基金负债支付目标的需求，在"套期保值投资"部分支付不足的情况下，要运用"绩效投资"部分来补足。这两个部分投资合起来，可以使得整个基金的筹资充足率达到 100% 以上。当前"绩效投资"部分的资产配置主要包括面向新兴和发达市场的股票、高收益公司债券和新兴市场政府债券等，其中，大约 1/3 的资产面向新兴市场债券。2018 年年末，FRR 的"套期保值投资"资产占比为 45%，"绩效投资"资产占比为 55%。从图 5-4 可以看出，"绩效投资"部分以股票投资为主，收益 – 风险配置更高一些；"套期保值投资"则以债券类固定收益为主。因此，"绩效投资"的主要目的是博取收益；"套期保值投资"的主要目的是保障短期支付。

作为一个国家投资机构，法国政府规定 FRR 应完成体现社会集体价值观，服务于经济均衡、促进社会和环境发展等目标。该项投资策略被称为"社会责任投资策略"（Social Responsible Investment Strategy），已成为国际上主权养老基金投资理念的主流趋势。在 FRR 的管理过程中，基金参与法国和全球的社会责任投资，投资战略主要有两方面。一方面通过基金管理人，在基金投

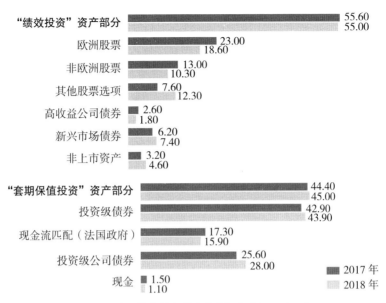

图5-4 法国养老储备基金的实际资产配置（%）

注：可能存在进位误差。
数据来源：FRR年报。

资对象公司的股东大会上，行使积极的投票权利。2016年，FRR对36个国家的2176只股票进行了投票，并在2610次股东大会上发表了72314项决议。FRR出席了99.4%的股东大会，仅缺席了16次，相当于总数的0.6%。另一方面，在制定基金的投资组合和做出决策时，FRR要优先考虑环境、社会和政府要求的投资标准，包括以下几个方面：一是遵照国际法，保障工人权利；二是通过更好地管理人力资源创造就业机会；三是考虑公司的环境保护责任；四是建立更好的公司治理结构。

根据2001年的《法国社会保障法案》，FRR的资产投资要全部托付给外部资产管理人来完成。选择管理人的具体事宜由"管理人选择委员会"负责，在选择外部管理人时，该委员会首先通过数量方法，从所有可选择的资产管理机构中选择少数历史业绩较好的公司；然后向其发放调查问卷，要求管理人对投资限制办法、投资风格、基准等指标进行说明。FRR的资产配置策略主要通过下达不同类型的资产组合指令来实现。外部资产管理人有两类，一类是消极或指数化的战略投资者，主要是复制某个特定市场的指数；另外一类是积极的战略投资者,投资经理可以在投资收益和风险组合范围内任意选择。消极战略主要适用于成熟市场,在长期内获得一定收益,成本较低;而积极战略主要适用于新兴市场,具有较高的风险组合。

FRR 的管理成本主要包括管理人员工薪、金融投资、托管服务、信息系统成本以及咨询费等项目,基金管理成本由该基金自我负担,从基金收入中扣除费用后再计算基金的净收益。2018 年基金成本总支出为 7130 万欧元,在近几年一直呈下降趋势。这一方面反映了基金管理机构持续控制成本支出的努力,另一方面也说明了在投资业绩下跌的同时,基金的管理费用预算也趋于紧张。

总结起来看,FRR 作为一支储备型国家主权养老基金,其设置目标明确,运营独立,建立了比较完善的治理结构,在投资上采取面向全球市场的开放式投资策略,风险控制和运营体系较为公开透明,并采取社会责任投资策略,积极参与公司治理。这些特点都反映了国际上公共养老储备基金的一些共同特点和发展趋势,也为我国发展社保储备基金提供了一些有益的启示。

一是完善立法,立足社保储备基金的战略定位。全国社会保障基金是一项战略储备,建立的初衷是"专门用于人口老龄化高峰时期的养老保险等社会保障支出的补充、调剂",但目前我国对于在何时何种情况下使用该基金,尚无明确的政策规定。在此,应学习国际惯例做法,从立法上对全国社保基金的筹资规模、封闭期和支付使用等事项加以明确规定。

二是加快国有资产划拨进程,做大做强全国社会保障基金。受制于多种因素,目前国资划转充实社保进程较慢,难以落实,需要加强顶层设计,统筹筹划。

三是建立科学的基金治理结构,增强市场化投资运营能力。从国际上看,大部分国家的公共养老储备基金都是独立的法人机构,采取市场化的委托投资运营策略,投资渠道面向全球。在我国,基本养老保险基金和全国社保基金作为典型的主权养老基金,应充分参照国际上养老储备基金的发展趋势,在改革中健全治理结构,采取更加市场化、多元化和全球化的投资策略,增强基金盈利能力,为促进社保制度的可持续发展做出贡献。